U0897153

我只是时代的书记员。

梁晓声

梁晓声散文精选
情怀的分量
LIANG XIAOSHENG
DEVOTION TO FAMILY AND HOMELAND

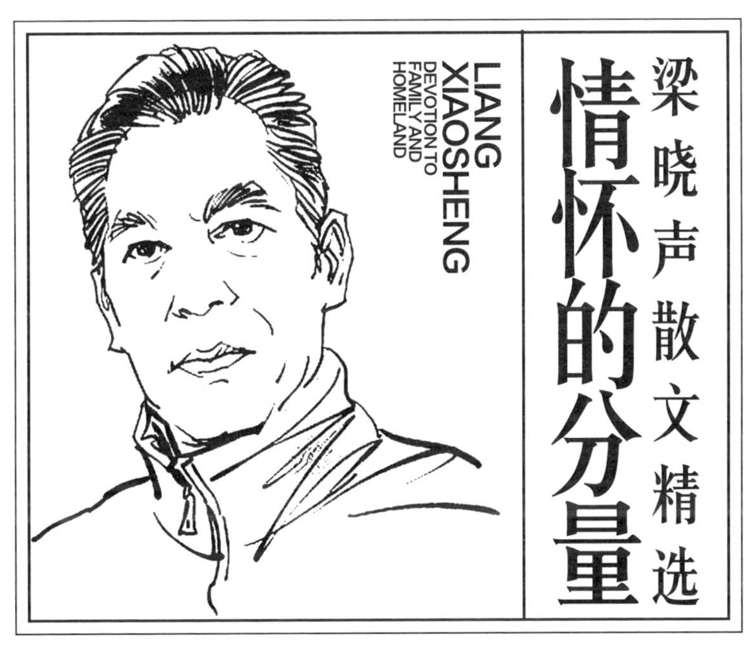

中国工人出版社

图书在版编目（CIP）数据

情怀的分量 / 梁晓声著. —北京：中国工人出版社，2023.6
ISBN 978-7-5008-8191-9

Ⅰ. ①情… Ⅱ. ①梁… Ⅲ. ①散文集－中国－当代 Ⅳ. ①I267

中国国家版本馆CIP数据核字（2023）第105616号

情怀的分量

出 版 人 董 宽
策划编辑 王学良
责任编辑 刘广涛
责任校对 张 彦
责任印制 黄 丽
出版发行 中国工人出版社
地 址 北京市东城区鼓楼外大街45号 邮编：100120
网 址 http://www.wp-china.com
电 话 （010）62005043（总编室） 62005039（印制管理中心）
（010）62379038（社科文艺分社）
发行热线 （010）82029051 62383056
经 销 各地书店
印 刷 天津中印联印务有限公司
开 本 710毫米×1000毫米 1/16
印 张 17.5
字 数 275千字
版 次 2023年7月第1版 2023年7月第1次印刷
定 价 58.00元

本书如有破损、缺页、装订错误，请与本社印制管理中心联系更换

目 录 Contents

1 Chapter 同代人赋

Chapter 2 我的使命

Chapter 3 论崇高

4 Chapter

千年病灶

5 Chapter

划时代

情怀的分量

Chapter 1

同代人赋

改革不唯是人改造时代的举动，

亦是时代改造人的措施。

对时代而言，

人其实只分为四类——

推动它的、顺应它的、抗拒它的或被它甩弃的。

推动它的不仅有普罗米修斯，

而且有“威尼斯商人”——

他们是时代巨乘的两排轮子。

时代不是，从来不是独轨列车……

俯瞰商业时代

世界的历史始终是一个人寻找面包和黄油的记载。

——洛思《人类的历史》

俯瞰商业时代，常感到中国和它的关系，正如同一个“再婚”的男人和自己已娶进了家门，已由自己替“她”掀去了红盖头，看着又爱又心存种种疑虑，又陌生又受到诱惑，又抱有莫大的希望又没法儿完全信赖的妇人的关系一样。

红盖头·“新娘子”

红盖头已然由自己的手替“新娘”掀去了。它还拿在自己手里。自己一时间愕异地瞪着那一张浓妆艳抹的脸——“她”的漂亮显而易见地超出了自己的企盼和想象。“她”诱惑意味儿十足地向自己媚笑着。分明的，“她”极其性感，称得上是一个勾魂摄魄的美人儿……

但——“她”的漂亮又似乎那么的妖冶，使自己不禁地对“她”的品德究竟怎样产生大的怀疑。何况此前也就是在“她”没被娶进家门的时候，对“她”的那些风流韵事，自己早就耳闻多多了。于是凝视“粉面桃腮”“花容月貌”，一切怀疑仿佛便都非是无根据的了。事实上“她”也的确够虚荣、够放荡的。水性杨花而且势利眼，而且还是个彻底的拜金主义者。将“她”调教成“贤妻良母”，明摆着需要一个相当长的“过渡时期”。需要充满了矛盾、争吵和冲突的“磨合阶段”。需要高超的驾驭“她”的能力和心理承受方面的实力。有时甚至需要取悦于“她”。为了最终达到能够驾驭“她”、调教“她”成为可敬的“贤妻良母”的目的，也需要放弃许多以前的原则，改变许多以前的思想方法。哪怕在以前看来那都是足可引以为自豪的，足可流芳百世的好原则、好思想的典范。

于是“她”的诱惑显出邪狞来……

于是“她”的笑靥在自己看来伪若妩媚的陷阱……

性感自然便性欲旺盛。性欲旺盛自然便也会刺激和鼓舞起自己的性能力……

后悔了么？不！

谁会面对一个风情万种、正值芳龄的妇人而后悔不该娶了“她”呢？

只不过在以下几方面实在是没多大把握——自己真的能驾驭得了“她”么？真的能管束得住“她”那放荡的不贞不专的性情么？真的能靠其实并不丰厚的家业笼络住“她”那一颗贪图荣华、嫌贫爱富的心么？真的可以指望“她”和自己组建成一个和睦的家庭举案齐眉、白头到老么？真的可以指望“她”以身作则地教诲出有作为、有教养的下一代和下几代么？倘驾驭不了“她”，管束不住“她”，笼络不成“她”，可如何是好呢？“她”肚子里是不是已经暗怀着别人们的“杂种”了呢？一旦生出些完全不像自己，一长大就离家出走，从此忘家、弃父、背祖，对家对父对祖丝毫也没有责任感、义务感和起码亲情的不肖子孙，自己将会落得个什么样的下场呢？

我凝视商业时代，常感到中国和它的关系，正如同一个“再婚”的男人和自己已娶进了家门，已由自己替“她”掀去了红盖头，看着又爱又心存种种疑虑，又陌生又受到着诱惑，又抱有莫大的希望又没法儿完全信赖的妇人的关系一样。

这一种关系，使中国和商业时代的“洞房花烛夜”不免地忧喜参半。有心欲道：“娘子，‘愿为双鸿鹄，奋翅起高飞’。”又恐伊人那厢“沉恨细思，不若桃杏，犹解嫁东风”。

在中国这一个“男人”业已五千余岁的漫长经历中，一九四九年十月一日乃是他刻骨铭心的一次“婚姻”。“前妻”的音容笑貌给他留下的记忆是那么的难以磨灭，“她”有着美好的“理想主义”的基因。

因为“她”是从一个叫马克思的很伟大的犹太人以毕生的精力所从事的关于“共产主义”的思想之中孕生出来的，是半个多世纪以前，一些中国的有志青年去西方为中国寻访到的。马克思是“她”和中国的“月下老人”。青年周恩来的一首诗则能表达他们当年的宏愿大志。诗曰：

大江歌罢掉头东，
邃密群科济世穷。
面壁十年图破壁，
难酬蹈海亦英雄。

他们要为中国“父亲”迎娶回一位前所未有的“理想伴侣”，要为中华儿女们恭请回一位伟大的“母亲”。“她”堪称是划时代的。“她”那无比年轻的、丝毫也不沾染人类历史污迹的，并因此而感到无比自豪的风采，使当年的中华儿女极易联想到中国古代传说中炼石补天的神母女娲。“她”那毫不动摇毫不畏惧地向自己“横空出世”以前的一切世纪宣战的，不战胜毋宁死的雅典娜般的精神气概，使一切贫穷的、落后的、以严酷的剥削和压迫制度为统治手段的国家的儿女膜拜顶礼，甘于为“她”而破釜沉舟，而赴汤蹈火，而前仆后继，而肝脑涂地，而粉身碎骨。

“她”有一半俄国——不，准确地说是“苏联”血统。因为“她”是在“苏联”向全世界证明了，“她”存在的划时代的伟大意义的。中国人将“她”迎娶到中国，付出了半个多亿的儿女们的生命的代价。其中许多是中国“父亲”最优秀最卓越的儿女。与此相比，中国历史上一切求新生、求富国、求强民、求“永远站起来”的悲壮奋斗，都显得黯然失色了！与此相比，世界上一切国家一切民族同样性质的奋斗，似乎也都显得容易了。

中国这一古老的“男人”，曾怎样地喜悦于感奋于此一次“婚姻”所带来的十年“蜜月”啊！

中国的的确确地“从此站起来了”！

“她”曾使中国显得多么的朝气蓬勃啊！

但是，“她”在“苏联”的划时代成功，使“她”的思维方式难免地“苏维埃模式”化了。其后，“她”便引导中国变成为“苏联”的另一个拷贝。从政治到经济，“苏联”发生过的，中国无一例外地重演了。“苏联”没发生的，中国也惯性式地发生了。“她”使中国患了“苏联综合征”。“斯大林神话”的破灭，使“苏联综合征”在“苏联”总体爆发，这对中国意味着巨大的危机。“文化大革命”是为了避免类似事件在中国发生所采取的应急手段，其目的当然是出于自救意识。但手段于目的缘木求鱼。结果无异于自残和自虐，使中国陷入了十年之久的一场内乱。

于是，中国与“教条社会主义”或曰“书本社会主义”的“婚姻”难以为继。

于是，中国告别传统的教条的书本的“社会主义”，转向改革开放。这也好比“休妻”，休掉加于中国身上的旧模式。

“休妻”之举乃势在必行的选择，也是唯一明智的选择。然而毕竟的，“她”对于中国“站起来了”是功不可没的。如果“她”真的是人，将最有资格唱光荣“有你的一半儿，也有我的一半儿”。

十几年前，当中国知识分子在天安门广场扯开写有“小平你好”的字幅时，意味着向那一位铁腕政治人物发出紧急呼吁——“为了中国，拜托了，赶快做！”

鲁迅日记的最后几页中，也曾记下过“赶快做”三个字。

当时之中国内乱方息，百废待兴，不但需要做，而且的确需要刻不容缓、“只争朝夕”地“赶快做”！

二十世纪八十年代初，我曾积极而又自觉地充当“改革开放”的马前卒。尽管在中国这个古老的大棋盘上，本无须我起什么作用。我是一颗自行地从棋子盒里蹦上棋盘硬充“车、马、炮”的卒子。热忱、真诚、义无反顾、一往无前，被言行谨慎、胆小怕事的中老年人视为“异端”也不在乎。非是为了实现什么个人野心，而纯粹是受一种时代使命的感召和驱使。当年我才三十几岁，正是热血男儿。觉得经历了一些大事件，其实并没有什么异于我的同代人的不寻常的经历。觉得已经相当成熟了，其实头脑仍简单得很。“天下兴亡，匹夫有责”——还有比积极自觉地充当中国改革开放之马前卒更能体现兴国责任和时代使命的么？

新中国成立以后的中国运动频繁。去年运动，今年运动，朝也运动，夕也运动，每一场运动又似乎总是和国家命运紧密相关。因而中国人的头脑中渐渐形成了一条逻辑，仿佛只要有一场运动搞对了而不是搞错了，搞好了而不是搞糟了，搞到底了而不是半途而废了，那么中国肯定就从此国泰民安、兴旺发达了。

所以，当年“思想解放”叫“运动”，“改革开放”也是被当成一场“运动”来理解的。中国知识分子“文化大革命”后第一次评职称那一年，许多朋友曾请我帮他们起草过“自我申报鉴定”。现在回想起来，他们不分年轻年老，无一例外地要求我一定别忽略了重要的一条，即在“改革开放”运动中的表现云云。我去单位资料室翻阅旧报，发现当年的报上经常抢眼夺目的通栏大标题也是“改革开放运动”。既曰运动，时间总不至于太长吧？“运动”二字，使普遍的中国人对于“改革开放”的时间性的估计是短暂的。普遍的中国人绝没有想到它会又延续十几年之久。绝没有想到在十几年后的今天看来，分明的，关于它的思想方向似乎只不过依然处在刚刚开始似的阶段。

当年的报刊、电台、电视台里，官员、知识分子和文化人乃至国营企业的管理者们口中，所说最多的话语之一是“阵痛”。其实当年中国人说“痛”的时候，除了“下岗”工人，并没有谁真的被“改革开放”弄伤了。当年说“痛”是非常夸张的，起码当年的腐败没有到如今这么严重的程度，当年贫富悬殊没有到如今这么咄咄逼人的程度，当年工人下岗也没有到如今这么多的程度，当年说“痛”是由于心理承受力实在太脆弱。如今真的使许许多多的人感到很痛却不言“痛”了，“欲说还休，欲说还休，却道天凉好个秋”。的的确确可以被认为各方面的承受力都增强了。

当年，许许多多的中国人在“改革开放”这面大旌旗下，站在距政治大舞台极远极远的边缘为自己的国家击鼓呐喊，不遗余力，其实呼唤的不是未来，而是过去，是和它的“前妻”那一段朝气蓬勃又喜气洋洋的短暂的“蜜月”。是的，那乃是“中国梦”中最美好的回忆。它在普遍的中国人的思想中留下了一种乌托邦式的迷幻的光彩。许许多多的中国人的希望其实只不过是——在他们不遗余力的击鼓呐喊声中，由某一位或某几位自己最信赖的、对中国之命运最具掌控能力和权威的人物，高明地将保留在自己头脑中的那一段美好的回忆，直接剪辑在二十世纪八十年代初的改革开放的后面，从而组成一部历史和现实巧妙连接天衣无缝的“中国故事”。

这个期望值似乎一点儿也不高，但是历史将注定了会重演一遍。

当年便知道“改革开放”这位中国的“再婚”之“新娘”居然还有另一个名字叫“商业时代”的中国人，实在是不太多的。

然而，如今“她”已经被迎娶进中国的“洞房”了！

“她”的红盖头已经被中国的手替“她”缓缓掀掉了！

“她”正坐在喜床沿儿诱惑味儿十足地向中国媚笑着……

“她”似乎在默默地问——中国，我的真名叫“商业时代”，“改革开放”那不过是你一厢情愿的叫法。我随便，入乡随俗，任你怎么叫我都成。你这五千余岁的“二婚头男人”究竟打算不打算和我从此以后长过下去？长过下去，你得听我的！按你以前的过法那可不成！

中国放眼世界，在二十世纪的最末一页，“商业时代”是它唯一能“娶”的“新娘”。而且，迄今以后，世界“婚姻介绍所”的档案库中，也只存在“商业时代”这一种类型的“待嫁女”了。一切国家，无论奉行怎样的主义，无论坚持怎样的体制，无论情愿或不情愿，最终都是要与“商业时代”“结婚”的。早早晚晚而已。早“娶”了“商业时代”的，非但并未被“她”搅得国无宁日、“四邻不安”，反而受益多多。这一点，也是中国放眼世界看得分明的。中国其实已没了别种选择，除非打算与“前妻”破镜重圆，再立山盟海誓。而这又不符合最广大的中国人的意愿。

说过去好的，回到过去；

说现在好的，留在现在；

说将来好的，随我前去！

中国当然知道——这是鲁迅的话……

历史，曾令商人声名狼藉，

商业活动是人类史的基本内容。

“地球村”这一个词是一个舶来词。

在宇宙中，地球实在是太渺小了。尽管称地球为“村”，开始体现出人类对自身存在意义这一最基本的问题的极度谦虚的美德，但若按照《时间简史》的天才作者、杰出的理论物理学家史蒂芬·霍金的观点看来，这极度谦虚的美德无疑仍意味着极度的夸张。说是“村”至少将地球夸大了几十亿倍。

我常想，如果我是历史教师——小学的也罢，中学的也罢，大学的也罢，在第一节课上，我将告诉学生些什么呢？

我肯定会这样说——人类历史所记载的一切最重大的事件，尤其那些最惊心动魄的事件，比如改朝换代，比如战争，其实都只不过是人类史中最微小的章节罢了。相比于漫长的人类历史，正如同“地球村”和整个宇宙的关系。

好比一个人所能记住的，往往是他或她生命历程中极特殊的日子和极特殊的事件。对于时间概念而言，对于具体的某个人，那些日子和那些事件，可能意味着便是他或她生命历程的大部分乃至全部内容。一个人在二十岁那一年被判了无期徒刑的结果就是这样。但是，连上帝也不能将整个人类关进监牢，也不能对整个人类判处无期徒刑。

那么，人类更多更多的时间里在做什么呢？

我觉得一个学生如果将他所学过的历史中的那些大事件发生的原因、年代以及结束的时间背得滚瓜烂熟，却对以上的问题懵懂不知所答，那真是白学历史了。

人类更多更多的时间在做什么？

我觉得一位教历史的教师，如果日复一日、年复一年地只管在课堂上倒背如流、绘声绘色地讲述某些大事件，而根本忽略了对以上问题的解答，那么几乎是在做着“篡改”历史真相的事了。

因为这起码会导致一种最为简单可笑，同时当然也是极其荒唐极其错误的理解——仿佛只要将一个又一个大事件“剪辑”起来，便是人类社会发展的全部似的。而所有那些大事件加起来，可能也不会超过人类历史时间总和的百分之一。

那么，我们可以得出这样的结论——百分之九十九的时间里，人类历史的真相其实是，并没有发生什么惊心动魄的大事件。它不是情节跌宕的章回小说，而是从容不迫地进行着的极为寻常的状态。

正是这一点，既被一切形成文字了的历史所摒除和排斥，又最接近着人类的历史真相。托尔斯泰对“历史”二字有过相当贴切的解释，他说：“历史是国家和人类的传记。”伏尔泰则认为：“古代的历史只是些脍炙人口的寓言罢了。”艺术讲述人们体现了什么。文学讲述人们感受了什么。宗教讲述人们信仰什么。哲学讲述人们思考什么。历史讲述人们曾做了什么。休谟在此一点上对历史持最不以为然的态度。他说：“人类在一切时代和一切地方都是非常相同的，历史在这个特殊的方面并没告诉我们什么新奇的东西。”看得出，他不满于历史对人类“非常相同的”方面被隐去了，避而不提，讳莫如深。洛思回答了休谟的质疑，他说：“世界的历史始终是一个人如何寻找面包和黄油的记载。”我觉得他的话有一定的道理。只不过，俄国人寻找的是“土豆加牛肉”。中国人寻找的简单朴素一些，是“大米干饭炒豆芽”，同时“安得广厦千万间，大庇天下寒士”而已。小时候，我常见一些女孩们一边跳皮筋一边这么唱：

姥姥问，吃的啥？
大米干饭炒豆芽！
爷爷问，香不香？
半月一顿咋不香！

而民歌中所体现的中国农民们的温饱要求，比城里女孩们“大米干饭炒豆芽”的向往还要简单还要朴素：

家有二亩地呀，种上那大地瓜，
一家人吃饭全都靠着它！
到了秋天，地瓜熟了。

大轱辘车呀，轱辘轱辘转呀，
转到了咱的家，
一家人笑哈哈！
……

只不过洛思看到的，仅仅是人类在物质方面的“寻找”。而且，这“寻找”的“内容”，早已超出了“面包和黄油”的初衷。

人类几乎变成了地球上最“凶猛”的腔肠怪物，不停地耗费资源，不停地创造商品，不停地消费商品。

在百分之九十九的时间里，人类生生死死，代代繁衍，事农、事工、操百业，行为最终都纳在“商”的“调控”之下。

所以，我又常想，肯定地，“商”若非人类历史最基本的最重要的活动，起码也是最基本的最重要的活动之一。

以人类商业发展的脉络和轨迹梳理人类历史，阐述人类历史的沧桑进退，与以宗教的观点、以文化的观点和以改朝换代的大事件演绎历史的方法相比，倒可能是更符合规律的。

在人类历史上，从商曾是最声名狼藉的一业。古今中外，许许多多的伟人和名人都是非常厌恶商业、鄙视商人的。比如柏拉图，比如亚里士多德，比如培根。他们由厌恶商业而厌恶贸易、厌恶商人进而厌恶金钱以及财富，或也可反过来说，他们在各自所处的时代，眼见人们疯狂地贪婪地不择手段地完全不顾道德谴责地追求金钱、聚敛财富的现象比比皆是，于是由对金钱和财富的厌恶与鄙视，进而导致厌恶和鄙视一切商人，厌恶和鄙视贸易乃至商业。有趣的是，在他们的言论中有过一个共同的比喻，那就是都曾将商人比作“富有的白痴”。以他们的修养和教养，这比喻证明了的厌恶和鄙视已无须多说。

但是，也有和他们差不多同样伟大的人物并不赞同他们。

比如孟德斯鸠。他说：“贸易和商业使纯朴的风俗腐败，这是柏拉图的责难之点；但我们又几乎经常看到相反的事实，贸易和商业正在使野蛮之邦日趋典雅与温厚。”比如爱默生。他说：“我们都咒骂商业，但今后的历史学家们将会看到，商业建立了美国，摧毁了封建制。它还将消灭奴隶制。”他对商业的高度赞美，与培根他们对商业的厌恶和鄙视程度是一样的。他甚至说：“这个世界最伟大的进步，就是自私自利的、讨价还价的商业的出现。”他甚至还赞美被普通的世人斥为万恶之源的金钱。他公然说：“金钱，这个在生活中被虚假地认为是最无聊的东西，这个在公开场合谈起来脸就红的东西，它的实际作用和它的规律却像玫瑰花一样美丽。”

最厌恶商业的声音的确发自一些知识者之口。

《无原则的生活》的作者梭罗曾大发牢骚地说：“这是一个商业的世界，这里是永无止境的喧闹。我每夜几乎都被汽车的喷气声吵醒。它打断了我的睡梦。这个世界上已没有了休息，你如果能有一次看到一个人在休息，那也是好的啊！这世上除了工作、工作、工作，别的什么也没有了。我简直不能容易地买个本子把我的思想记录下来。到处都被金钱统治着。有个人看到我在路边停了会儿，他就会理所当然地认为我正在计算我的工资呢！如果谁从阳台上摔了下来致残，造成了痴呆，那么他终生最大的遗憾肯定是他从此无法经商了。在这个世界上，没有任何东西能比不断地发展商业与诗歌、哲学，甚至与生活本身相对立的了！”

他说得不错，诗歌这一最悠久最古典的文学体裁，几乎就要在全世界绝迹了。这不能说和商业的迅猛发展完全没有关系。虽然一九九六年的诺贝尔文学奖授予了一位写了一辈子诗的爱尔兰女性，却似乎鼓励不了已属“珍奇动物”的诗人们的没落心情。

梭罗不是上帝。如果他是，我想他会毫不犹豫地将他所处的商业时代判处无期徒刑，投入监狱。假如世界上有关押时代的监狱的话。

正因为他做不到，所以他用自己的一本书，将商业时代宣布为“无原则的生活”。

但是，另一个人针锋相对地说：“我不知道任何其他什么事情比商业更与革命的态度截然对立了。商业天生就与那种暴力的感情无缘。它热爱温和，喜好握手，有意识地避免争端。它是忍让的、折中的。除非在一些绝对必要的情况的迫使之下，它从不寻找极端的解决办法。商业使人们互相独立，使人们对私人的重要性予以极高的评价和重视；它引导人们去处理自己的事情，并教会人们怎样才能处理好这些事情。它必然使人们寻求友好关系并谨慎地避免战争。”

说这番话的人是托克维尔。他的《美国的民主》是比《无原则的生活》更著名的一本书。

梭罗在《无原则的生活》中还说：“人能够获得超出自己需要的金钱的各种方式，几乎毫无例外地导致了堕落。有时使自己堕落，有时使别人堕落。”

而普鲁塔克说：“正确地使用金钱是比使用武器更高的成就。”

梭罗的人生观、世界观，看来是与中国的道家思想、佛家思想灵犀相通的。他还说：“中国古代哲学家都是一些在金钱和财富方面几乎一无所有，而内心精神生活博大丰富的人物。我们如果能多理解他们，多学习他们，人们就会明白，一个人活着并不需要太多的东西。世界也根本不需要那么多的财富。”

这个“老外”是非常主张人应该安贫乐道的。

梭罗满怀激情地教导世人：“视贫穷如园中之花草而像圣人一样地耕植它吧！”

他认为：“一个人甚至在济贫院里，也要爱那一种生活。因为生活在济贫院里的人，肯定也有愉快、光荣和尊严的时候。夕阳反射在济贫院的窗上，是和照在富人家的窗上一样明亮的。济贫院门外的积雪，也肯定会和富人家门外的积雪一样地在早春融化……”

但是，这位终生思想激情不泯的“老外”似乎大智若愚地避开了这样一个前提——世人不可能都成为老子、庄子或梭罗。那样的话，十之七八的世人也许早就饿死了，或者又集体地归隐回祖先栖息过的山洞里去了。当和平持久，商业时代自然孕成；当一个商业时代已经孕成，大多数世人的状态，除了按照商业时代的价值观念去生活、去作为，还能够按照另外的什么状态去生活、去作为呢？他还说：“寻找旧的吧！回到那里去！万物不变，是我们自己在变。只要你保留住你的思想，上帝保证你不需要社会。如果我得整天躲在阁楼的一角，像一只蜘蛛一样，但只要我还能思想，世界对于我不是一样的大么？”

比之一切厌恶商业时代的思想家，梭罗是最极端也是最激烈的一个。

如果他地下有灵，知道他所推崇和隔洋喜欢的中国，也正紧紧地搂抱住“商业时代”——这个在他看来简直是娼妓一样的时代狂亲狂吻呜咂有声，他肯定会十分难过吧？

这是他的错。因为他不清楚，普遍的中国人和西方人一样，也是非常爱享受、爱奢侈、爱金钱和爱财富的。“商业时代”其实也很符合绝大多数中国人对时代的选择。一个中国人如果沦落到了济贫院里，并不会像他隔洋想象的那么热爱济贫院的生活。

但我们无须过分认真地批驳他。

因为爱默生有一番话，似乎正可以援引了说给梭罗听——“教士和某些道德家在斥责人们渴求财富方面有着共同之处。但是，如果人们按他们的话来理解他们，并且真的停止对财富的追求，这些道德家们将不顾一切地在人们之中重新燃起另一种欲望之火——而那很可能是权欲之火。如果人类毫无欲望，文明就衰败了”。

在爱默生和梭罗之间，我更能接受爱默生的思想。尽管我实在没法儿像他那么坚定不移、旗帜鲜明甚至不无赞美意味地宣讲商业时代的伟大之处。但是，我也并不反感梭罗。只不过觉得他率真得过于迂腐，偏执得过于简单罢了。他的率真的偏执之中，不失极可爱的成分。他毕竟是思想家，另外许多话是很智慧的。

比如：“多余的财富只能够买多余的东西。”

比如：“人的灵魂必需的东西，是不需要花钱买的。”

比如："奢侈生活产生的果实都是奢侈的。"

同样，对商业时代一向持理智的温和的批判态度的培根，也有许多极为精辟极为深刻的名言。比如他说："金钱和财富好似肥料，如能使民众受益则像施在了土地里。"土地缺少肥料仍不失为土地，肥料不作用于土地却只不过散发出臭气而已。

亚里士多德在他所处的那个商品货币已相当发达的古希腊现实中，对于贫富悬殊现象的深深忧虑，对于贵族和富人们穷奢极欲的生活的尖锐无情的批判，今天看来对于人类依然具有警醒的意义。

他说："这就是富人——过度浪费，庸俗无节制，为了一件小小的事件而耗资巨大，安排阔绰乏味的场面。这样做的目的仅仅是为了炫耀他的富有，认为会被人羡慕……"

他说："富人目空一切，拥有财富使他丧失了理智，似乎人间一切快乐都为他所有，财富和金钱成了衡量一切事物的唯一价值标准。而且，还幻想金钱可以买到一切。总之，由富有而导致的典型特征是——富有的白痴。"

今天，在与"商业时代"拥抱亲吻的中国，我们不是也几乎随时随处可以看到亚里士多德所辛辣讽刺的富人么？

后世的史学家们，在分析强盛一时、商业繁荣一时的古希腊帝国灭亡的原因时，指出社会财富分配的极端不公，贵族和富人的穷奢极欲也是主要的一条，显然根据是相当充分的。

萧伯纳对商人的刻薄辛辣当年在英国也是出了名的。

在一次宴会上，一位大腹便便的富商走到萧伯纳跟前，没话找话地说："萧伯纳先生，您为什么总是这么瘦啊？看了您这副样子，外国人一定会以为我们英国一直在闹饥荒呢？"

萧伯纳瞥了他的大肚子一眼，冷冷地回答："那么，看了您这副样子，外国人一定就同时明白我们英国闹饥荒的真正原因了！"

还有一次，萧伯纳在海滩上遇到了一位家财万贯的房地产商。他倒是对萧伯纳挺崇拜的，希望萧伯纳能给他签个名留作纪念。萧伯纳用手杖在沙上写下自己的名字，冷冷地说："那么请收下吧。最好能让我领教领教，你是怎样连地皮一起刮走的！”

以上两件事，不仅在当年几乎人人皆知，而且在后世广为流传。

萧伯纳曾经这样说过：“全部文明的记录，就是一部金钱作为更有力刺激而失败的记录。”

他的话包含有两重意思：一、商业与人类文明，尤其与资本主义文明的关系是密不可分的。前者几乎贯穿于后者的“全部记录”。二、但这一种关系在本质上又是失败的。

为什么又是失败的呢？

他接着说：“大多数的普通百姓并没有平等的机会去致富，而少数利欲熏心的家伙却在极有限的机会下轻而易举地成为百万富翁。使人们大为惊奇的是，他们的德行和他们的财富形成鲜明的反衬。使我们不得不认真地思考并加以怀疑，商业时代究竟是不是我们找到的一个救世主？”

在萧伯纳所处的时代，他的怀疑，包括他的愤慨的指责与批判，自有道理与根据。

相比于富人们对社会财富的贪婪和聚敛，他“统计过，培养一个穷孩子的费用，包括破衣服在内，只不过需要二先令”。

我对外币缺乏常识。

一英镑是否等于十先令呢？

所幸，我们毕竟有一个“希望工程”。

萧伯纳们，亚里士多德、梭罗们，在他们所处的世纪和时代，目睹的是原始的“商业”。原始的商业的的确确具有邪恶性。

爱默生们对商业时代的歌功颂德，却更是以他们的预见性为自信的。

而我们看到的事实是，商业这个资本主义文明的“配偶”，如今又的的确确在许多方面“改邪归正”，由当初那妖冶放荡、虚荣贪婪的“新娘”，修炼成了一个善于抚养资本主义文明，有不可轻视和低估的能力呵护整个资本主义体制的“贤妻良母”。

正是“她”的这一种嬗变，使二十世纪的世界开始以乐于接受的态度对待之了。

商业将更加紧密地贯穿于世界文明记录的未来……

在中国人心目中，商人是什么？

商在中国的意识形态中从来不是“俊媳妇”。

除了某些客观公正的经济学家，几乎全世界的知识分子，都曾是不同程度的蔑商态度者。经济学作为一门重要的学科，是在近当代才兴盛起来的。此前，古典经济学家们所从事的经济学研究和分析，是不怎么受世人重视的。它的处境往往还不如哲学。古典经济学的魅力是其包含着大量的社会学的思想性，其不足往往也正由于思想性大于经验性和规律性。

与世界各国相比，中国从很古的时期便是一个轻商蔑商的国家。中国的知识分子，古时被称作“士”。由“士”而“服官政”，就成了“士大夫”。仕途不畅的，则便以“文人”自诩自居。中国五千余年历史中，改朝换代，兴兴衰衰，“士”和“文人”们是起过不小的作用的。成了“士大夫”的人直接起作用，成不了的间接起作用。中国五千余年的历史，也是由“士”和“文人”们一代代书写的。被朝廷承认了的，曰“正史”；不被承认的，曰“野史”。

正如希腊思想乃是工商业城邦文化的产物，中国文化的渊源，虽然并非和工商无关，但在本质上是“史官文化”。这是一个生前名字不太被中国人所知，死后依然不太被中国人所知，却思想极为深刻的当代中国人的思想结论。他叫顾准。“士”也罢，“文人”也罢，往往都是“科盲”。不要说化学、物理了，十之七八，连对诸业生产的起码常识都是一窍不通的。所以老百姓讥讽他们“四体不勤，五谷不分”。而他们自己却扬扬得意地说：“万般皆下品，唯有读书高。”他们还说：“书中自有颜如玉，书中自有黄金屋。”理工科的书，他们是不读的。因为皇上不考他们那些。能否中状元、中举人，只看诗写得好不好，文章是不是辞藻锦绣。

凭一篇好诗，一篇好文章，一旦中了举人或状元，将来就可能做宰相，做“中书”，相当于现在意义上的总理或部长。甚至可能入赘皇室，一步登天，做了皇上的乘龙快婿。比如陈世美。

中举是古代中国“士”和“文人”们的至高理想。而在西方，单凭诗写得好，能获得的最大荣誉不过是由宫廷封的“桂冠诗人”罢了。单凭文章写得好，不过会有幸接到一份请柬，参加宫廷宴会罢了。比如普希金。

当然，中国古代也不是没有科技发明。有是有的，比如“四大发明”，但都是能工巧匠的贡献，非是知识分子的成就。中国古代知识分子中也当然是有科学家的，但他们的科学成果，要么被收入皇家书库，束之高阁，要么成了皇宫里的摆设，很难推广于民间，转化为生产力，更很难给他们自己和给国家带来什么“经济效益”。

科举制使中国古代知识分子传统心理上重文轻理、轻商轻百业。又由于他们的传统志向是“服官政”，所以中国古代历代君王的治国思想，也不同程度地受他们的种种“高见”的影响，不能向发展科学、繁荣商业的“立体国策”方面去拓展。当然，科学的发展和商业的繁荣，前提是国家大局的安定。中国古代战事频繁，农业生产倘还能进行着，君王们也就很是高枕无忧了。

《商君书·农战》中有言曰：“国之所以兴者，农战也。”意谓国家若要强盛，重视农业，军备充足，就没有什么问题了。这是一种典型的以农养国的国策。对商又是什么态度呢？《史记·货殖列传》中的一句谚语是这么说的：“千金之子，不死于市。”意谓贵族子弟，就是连死，也不能死在商街上。《史记·货殖列传》中还说：“因贫求富，农不如工，工不如商，刺绣文不如倚市门。”倚市门当然是指女子倚门卖笑，暗娼行径也。这是商的负面。对商的嘲，可见一斑。按照中国传统的意识形态，一个对爱情和婚姻有追求的女人，那是绝不会嫁给商人的。所以，中国古代还有句话是：“好女不作商贾之妾。”说得再明白不过——你是一个好女子吗？那么连给商人做小老婆或外室，你都应该感到羞耻。其羞其耻，不在于为“妾”不为“妾”，而在于为什么人的“妾”。为商贾之妾，当然是抱恨终身的了。

我记不清是否《红楼梦》中有这样的一个情节了：某丫鬟犯了过失，或其实并没真的犯什么过失，只不过无端遭主子嫌弃，将被卖出府去给人做“小”。而她预先得知，对方是商人，于是含恨自尽了……

但中国的“士”和“文人”们的意识形态的影响，无论对于社会、对于时代还是对于女人们而言，毕竟是很“软”的一手。往往只不过是自说自话罢了，哪里抵得过“商”靠了金钱和财富对社会对时代对女人们施加的巨大号召力呢？所以就实际情况看，中国的普遍的女性们和西方诸国的女性们并没什么两样，权势和财富，从来都是她们所喜欢的。“郎才女貌”这句古话，几乎总是意味着“郎财女貌”或“郎权女貌”。而普遍的老百姓们，也是都不太将“士”和“文人”们的絮叨当成一回事儿。只要一有机会，无不向商亲拢。

商的的确确具有难以匹比的贯力。有时候，这种贯力又的的确确是相当令人憎恨的。

我们翻开历史细看一下便会知道——当年南京遭劫之前，上海已然沦陷。日军正从淞沪方向逼近过来，一路烧杀奸掠，而危城南京里，某些商人依然在洽谈最后一笔生意，店铺的幌子依然招展，妓女们依然拉客……

所以，中国的诗词里才有“商女不知亡国恨”一句。

可以认为这是商的丑陋，也可以认为这是商的顽固。

商正是这样的一种现象——只要自己头顶的天还没塌，只要自己脚下的地还没陷，只要抓紧时间还来得及，两个商人一定会为了各自的金钱利益争取做成最后一笔交易，而绝不让时机白白地从身边错过。

正如马克·吐温所说的：“商人是一种一遇到金钱立刻便和金钱融在一起的动物。”

莎士比亚的某部戏剧中有一个商人说得精妙：“只要金钱在向我招手，《圣经》、地狱和我母亲都不可能使我转身。”

而你若跟商人们谈论这句台词，他们则也许认为，那恰恰是一位好商人的本色。他们也许反问你——这就叫商的原则啊。商人不那样能成功么？

但是，世上毕竟还有比商更强大更权威的事物，非是上帝，而是政权。

一九四九年十月一日以后，商在中国遭到了空前严厉的禁止。而此前五千年以来，它只不过遭到灾害的破坏，战乱的摧毁，横征暴敛的打击罢了。“野火烧不尽，春风吹又生。”

是的，不管对它的功过如何评说，在人类历史上，它还从未被某一政权严厉地全面禁止过。

这政权是“红色”的，是革命的，是以“暴烈的行动”方式夺取的，是虔诚地代表最广大的中国人民群众的最广大之利益的。按照毛泽东的说法，“是全心全意为人民服务的”。

它是人类历史上最新的一种政权。它是那么的年轻，那么的虎气勃勃，又是那么的果敢，那么的激进。它一经建立，身躯上带着累累伤痕，征袍上沾染着自己英勇牺牲了的将士的鲜血和敌人的鲜血，在尚未消散的硝烟中和刚刚升起的胜利的旗帜下，声色凛凛铿锵有力地向全世界宣布——从此与资产阶级、资本主义，以及一切同资产阶级、资本主义发生连带关系的事物誓不两立！

在这一点上，它体现出一个新政权的史无前例的英雄气概和非凡自信。但它的英雄气概和非凡自信，又是那么充满着浪漫色彩。

新中国成立初期发生过不法粮商跨省勾结与国家抢购赈灾之粮囤积居奇企图暴发的事，还发生过以次劣布匹棉料为抗美援朝将士生产假冒伪劣军服、军鞋的事——其下场可想而知。

正应了那句话：人为财死，鸟为食亡。

这些仿佛证明了“无商不贪，无商不奸”的事例，在中国，最终导致了对商的“扫垃圾”式的铲除。

一九五七年后，几乎人民生活的一切必需品，都由国家通过票证的方式平等分配了。粮、油、布、棉、火柴、灯泡，糖、烟、酒、茶，当然包括过年的肉、鱼、蛋……

每个人的生存质量都被限制在接近平等但同时又是最低的水准。

一切需求皆票证化了，商似乎也就没用了。今天的票证收藏家曾作出过权威性的统计——最多时共和国发过七十六种票证。在“票证年代”，对十八级局以下的干部的特殊待遇乃是——每月多半斤糖，一斤黄豆。所以，你又真的不能不心悦诚服地承认——共和国对干部和百姓几乎是一视同仁的。

“票证年代”的产生，究竟是由于自然灾害、人口众多、物资匮乏导致的不得已而为之的国策，还是由于对“按需分配”原则的一厢情愿的、求成心切“一步到位”的实践导致的？似乎不可以下非此即彼的结论。以我这个共和国同龄人的身份，重温“票证年代”的感觉，认为两种原因都有。

商被净尽到何种程度了呢？

在我家居住的至少五千户组成的一片社区，只有四个商店，三个饭馆。四个商店中，两个只卖酱、醋、咸菜、火柴、食盐什么的，各有三四名售货员，我想每天营业额大约不会超过五六十元。另两个要算是较大的综合商店了，但也不过各有十几名售货员。三个饭馆，只有中午和晚上卖馒头、烧饼，几乎没卖过包子和糖包，因为缺肉和糖。售货员的工资，由二十一元至三十六元，干一辈子，退休时也许有望长到五十几元。都是拿“公”薪的，因为那些商店和饭馆无一例外是国营的。连夹在它们之间的理发铺也是国营的。

除了年节前夕，它们的售货员往往是挺清闲的。一阵阵忙点儿的，是售酱油、醋和咸菜柜台的售货员。她们往往是初中或高中毕业的女学生。她们刚参加工作，只配从最基本的服务做起。熬了许多年头，接近中年的女人，才有资格站布匹柜台、鞋帽柜台、日用小百货柜台。那儿的顾客永远是断断续续的。身上也不至于沾染酱油、醋和咸菜味儿。如果看到一个显然刚参加工作的姑娘也居然例外地站在那些柜台后，那么不消说，她一定有点“来头儿”，或有什么“后门儿”。不过“来头儿”肯定大不到哪儿去，“后门儿”肯定也不会太宽，否则她就不至于被分配到“商业战线”了。

尽管“商业战线”也同样是很光荣的，但除了侥幸被分配到大百货公司的人不至于感觉委屈，十之七八是不情愿的。

初、高中毕业生的最高理想，是能够被分配到较大的国营工厂，从每月拿十八元开始学徒。车、钳、铣、刨乃“王牌”工种。学徒期满后上了车床，那份荣耀好比英国皇家海军士官生登舰。

应该说，当年已有种种迹象表明，共和国开拓新的就业局面已迫在眉睫，刻不容缓。而轻工业的开拓局面广阔无比，但这需要市场经济来引领和繁荣，需要商的推动作用。

同代人赋

一、英雄与疯子

改革不唯是人改造时代的举动，亦是时代改造人的措施。对时代而言，人其实只分为四类——推动它的、顺应它的、抗拒它的或被它甩弃的。推动它的不仅有普罗米修斯，而且有“威尼斯商人”——他们是时代巨乘的两排轮子。时代不是，从来不是独轨列车……

结束旧时代的是英雄。抗拒新时代的是疯子。置身于二者之间的是理想主义者。时代派生出英雄和疯子的数量大致相等。而理想主义者的数量从不曾超过前两者的总和……

理想主义者是这样一些人——他们赞美玫瑰却道：“倘无刺多好！”理想主义者是任何时代都曾有过的仅供欣赏的副产品……

被时代所甩弃的却常常是将自己完全典当给了昨天，并且彻底丧失了赎回自己愿望的人。时代甩弃他们，如同旅者毫不犹豫地丢掉穿烂了的鞋……

恰恰相反，任何一个时代都无法甩弃那些懂得最充分地利用它的人——哪怕他们是些极其贪婪的人。牛尾甩得再频也驱赶不尽企图叮住它嗜血的牛蝇……

改革不是集体春游或观光，其过程中的乐趣必然少于浮躁。

于动物界，未来将在许多方面与过去相同。千年前的蜂巢与今天的蜂巢构筑得同样好，千年后的蜜蜂也许还要构筑同样的六边形。而于人类，未来将在许多方面与过去不同。尽管人的寿命比蜜蜂的寿命要长久许多，但人绝不甘于连续三代构筑同样的东西。所以，人有历史，而蜜蜂只有传统……

在时代和时代之间，我们看到一批又一批被转折的骤力夹扁了的身躯……

愿未来的人们研究这样的“标本”时，发现可归类于我的同代人的，比我今天预测的要少……

鲸的巨大身躯直竖于海面，然后猛烈地拍击下去——这一壮观的情形更酷似时代的转折，于是某些吸附生物肢残甲碎，某些无着无落……

于是，它泅向更广阔的海域……故此篇是为你作，是为他作，是为她作，是为己作，是为我们大家作的一次反省……

人：给我公平！

时代：那是什么？

人：和别人一样的一切！

时代：你曾和哪些“别人”一样？

……

寒冷。

疏星冻在天，枭鸟僵于树。前无村，后无店。公路两旁的原野，屏息敛气地寂静着。严寒酷冷在寂静中企图将从天到地之间的一切冻脆。那些树的秃枝像被剥了皮的世界裸露的神经，并且是被冻死了印在夜的凛冽的底片上。那只枭鸟仿佛已在树上僵栖一万年了，一万年里不曾舒过脚爪，也不曾发过一声枭叫。一万年里绿眼圆睁。

“吴振海，老子捅了你！”

“别乱来！别……”

“你放开我！我今天非捅了他不可……”

人的激吼声充满绝望。

猫头鹰俯瞰其下，绿眼闪烁着幸灾乐祸。

西北风啸过，仿佛有一队士兵整齐地吹了一阵口哨……

世界的神经瑟抖不止……

树皮冻裂的响声可闻……

北方冬季最寒冷的那一夜并不曾使多少人感受到，也不曾使多少人留下特殊的记忆。那一时刻，你我他她都在拥被酣眠。严寒在夜里仅对极少数人——和动物构成威胁。那一年是一九八一年。哈双（哈尔滨—双鸭山）公路上，两辆超期“服役”并且分明超载的卡车，“趴窝”在公路边上。车厢内装的是煤。这是一次“倒煤”行动，也是一次“倒霉”行动。一路行行复停停，停停复行行，不断受到盘查、罚款、敲竹杠。

因为“倒煤”而“倒霉”的男人中的一个，高且瘦，长脸缺乏立体感，脸上的线条似速描般随意。没有任何特点，因而仿佛便有了某种特点。唯一能给人留下较深印象的是那双眼睛，因它们的细小而使那张脸显得五官疏散。寻常它们总是闪烁着热情的、自信的，有时甚至是令人怀疑的自负的目光。当它们静望着你的时候，仿佛在对你请求——快告诉我一些新鲜的事情吧！告诉我和我一样年龄的别人们都在怎么活；指给我一条发财的途径，或者成名之路吧。我不会忘记你的指点之恩的……

而当时，那一个因为“倒煤”而“倒霉”的男人的眼里，充满了沮丧和焦急。还有——从心底燃烧上来的一股无名火。你如果能想象得出一头熊在舔了大量芥末之后的样子，便不难想象他当时是什么样子。当然是熊。当然不是猴子、豹或者狮、虎。猴子在受到辛辣的刺激之后，比人脸所能做出的表情还要丰富并且夸张。而猛兽在同样的情况之下，无疑将会暴跳和咆哮。只有熊，你不大容易看得出它刚刚舔了芥末还是蜂蜜。熊在最快感的时候和在最狼狈的时候，所做出的外在表现都不过是不停歇地在原地绕圈子……

他已经不知围着两辆卡车绕了多少圈了——问题出在两个小小的部件上。大概属于自行车气门芯的那一类部件。此时由于严寒，卡车根本发动不起来了。

“你瞎绕晃什么呀?！”

两名司机是他雇的，而车是他另租的。他们不停地骂骂咧咧。一名司机高高在上地瞪着他来气，推开车门又对他吼。

他望望对方，什么都没说，掏了烟敬给对方，并且替对方划火柴。

他明白，现在他连围着卡车绕圈子也是被禁止的了。尽管绕也白绕，但不绕他更想骂人。

他的目光流露出几分乞怜。受了委屈的熊常以那么一种目光望着驯兽师。

这个人很能忍，十分能忍，非常能忍。只要他认为是必须忍的，那么一切的屈辱，一切的不公，一切的尴尬，一切的苦辣酸麻，两片薄薄的嘴唇抿住，便全忍了。起码当年是这样的。

他心里弥漫着悲哀。春节前的这一天，他特别想他的儿子。他总想活出个样儿来给他的儿子看。而儿子被白血病夺去生命的时候，是他比现在更落魄的时候……

终于，天渐亮了。

终于有朝哈尔滨方向开去的车辆——第一辆，没拦住。第二辆，没拦住。第三辆，还没拦住。给钱也没用。从双鸭山朝哈尔滨开去的车，只要是辆车，没有还能再挤下一个人的。他已经冻得半死。两名司机不忍再袖手旁观，和他一起拦住了一辆从哈尔滨开向双鸭山的卡车，载的是冻肉。塞给对方二十元钱，对方正欲发作的表情平复了下来——“上车吧”。

“师傅，多谢！”

“甭谢。后边去！前边路上还等着个熟人哪……”

冻得半活不死的他，被两名司机又托又举地弄上了别人的卡车，缩在满车冻肉的缝隙间……

在双鸭山，他凭一张站台票混上了火车。到哈尔滨，他马不停蹄地四处奔波，买两个小小的汽车部件。买到后没回家喝一口水，他又凭一张站台票混上了返往双鸭山的火车。下了火车，他又付出二十元，坐在另一辆卡车的车厢里。所不同的是，这一辆卡车也是“倒煤”的，不过不像他那么“倒霉”罢了。西北风卷着雪卷着煤屑，一阵阵扫荡着他的脸……

十年后他对我说，在别人的煤车上他曾失声痛哭，像一个被父母抛弃的孤儿……

他是我的中学同学。

他的名字叫吴振海。

他和我的经历截然不同。一九六八年，我作为学校的第二批志愿者下乡了。他因父亲去世，是长子，照顾留城。所以，他和我们这一代人中的大多数“分道扬镳”了。他是“上山下乡”运动的一条“漏网之鱼”。这是一种侥幸，但于他谈不上“福星高照”。他是最底层市民的儿子，他是在大杂院里长大的孩子，无红烟护其左，无紫光罩其右。城市并不因他侥幸地留在它身边了，便怎样地青睐于他。城市“恩赐”给他一份工作——每月十八元，从徒工干起。三年后，他可以挣到三十二元。这意味着当他退休那一年，他也许可以挣到每月八十几元钱。那是工人所能企望的最高工资——八级工的工资。相当于当干部的人当到了科长级。前提是——他如果被认为是一名好工人的话。他显然不打算以过来的人们为榜样，便不可能被认为是一名好工人。结果是到了一九八一年，他已不再是工人队伍中的一员。用我们当年常说的话是——没有了“正式”工作。

“正式”工作——最典型的中国话。在当年一个没有“正式”工作的中国人，即使头脑再聪明，身体再健壮，也仿佛不是一个作为人的资格起码完备的人。几乎没有一对中国父母，心甘情愿地同意自己的女儿嫁给一个没有正式工作的男人。今天的姑娘们择偶的条件之一是身高一米七以上。一米七以下的男人据说被她们戏称为半残废。当年一个没有“正式”工作的男人，也等于是一个半残废的男人。岂止是半残废而已！

“这个人没有‘正式’工作……”——此话包含许多许多意会胜过言传的内容。没有“正式”工作的人才和没有“正式”工作的人交往。有“正式”工作的人大抵是不屑于和没有“正式”工作的人交往的。没有“正式”工作的女人才肯嫁给没有“正式”工作的男人。没有“正式”工作，如同没有“红色”的成分。没有“正式”工作的人，在城市的社会坐标系上，首先是人下人，其次才是好人或坏人。一个没有“正式”工作的人，无论男女，希望被公认为是一个好人，如同一只鸭子希望被欣赏。而“正式”工作“=”国营企事业单位，“≈”大集体企事业单位。这一点犹如社会约定俗成的“上等”和“中等”公民徽章。佩戴上了这一“徽章”，才有资格享受社会的种种“优越”——房子、劳保、公费医疗等。

当年中国在归类学方面的经验是足可以笑傲世界的。我们的先人曾说过“三百六十行，行行出状元”的话。新中国成立以来的同胞发现自己并非面对那么多种可选择的职业，甚至缩小十分之八九——言三十六行也还绰绰有余。小学教师无一例外地在课堂上讲解——“三百六十行是一种夸张的比喻……”而与此同时，在世界上尤其在某些发达国家，现代人却面临着职业分工越来越细密、越来越丰富的选择的犹豫和困惑。一个外国人在其一生中可能至少变更过数种职业。而在改革开放前的中国，你若面对一个调动过工作的人，你则不禁地会对他刮目相看。因为那意味着他“很有门路”并且“很有能耐”，大概不是一个“等闲之辈”。

中国之传统经济体制，以它理论的概念化、教条化和与全世界经济发展大趋势亦即世界市场化形成的悖逆性，以它的实践的简单化、意志化，令富有理解力的当代经济学家挠顶困惑。

这一种情形持续到二十世纪七十年代的最末一年、八十年代的最初一年，在北京，在上海，在天津，在哈尔滨，东西南北中，在中国许多大城市，我们看到了一幕幕具有悲怆意味的都市话剧演出，埋下了“黑色幽默”式的伏笔……

工作！工作！！工作！！！

国营！国营！！国营！！！

正式！正式！！正式！！！

共和国的长子长女们，终于结束了长达十年之久的“洗礼”——“接受再教育”。他们一个个疲惫不堪，一无所有地回到了城市。当年在每一座城市里，你都会从他们那种特殊的背影和他们脸上那种特殊的表情，将他们从人群之中一眼分辨出来。

怎么？出生以后挨饿，上学的时候“革命”，该工作的时候下乡，如今三十大几了，姑娘不算姑娘，媳妇不是媳妇，说年轻早已没了小伙子的朝气，说老了连有个家是哪一种体会都不知道，现如今连个工作都不给么？当然要“国营”的！当然要“正式”的！不是“国营”的，那还算是“正式”的么？

他们凄惶。城市也凄惶。它慌乱地安顿他们，但是没那么多“国营”的，没那么多“正式”的足以容纳下他们。还有几批没考上大学的呢！手心手背，难道不都是城市“母亲”的“儿女”么？城市，你要一碗水端平……

怎么？——你们年纪轻轻，发扬点儿风格不成么？怎么？——你们当年“造反”有功，倒成了资本啦？为了工作，城市的这一批“儿女”和那一批“儿女”互相嫌恶，仿佛都认为对方是多余的，仿佛都被对方严重地侵犯了最根本的利益……吴振海当年冷眼旁观这一幕幕话剧——他有过工作，但是他却主动放弃了……工作，这一件大事对每一个人来说，大到“悠悠万事，唯此为大”的地步。没有谁教导这一点。现实生活使人明白了。工作！工作！！工作！！！国营！国营！！国营！！！好的或较好的工作，任何一个年代总是有的。

于是，一代人的价值观念又被引导向传统的“隧道”……

为了一份“国”字号的工作，为了这样一个单位的工作证，为了这样一个单位的一身工作服，那些遭它拒弃的我的同代人，究竟如何煞费苦心，究竟如何百折不挠，如何梦寐以求，又是如何无所不用其极，不达目的死不罢休死不瞑目，也就只有自己知晓了。个中酸楚岂堪言……

吴振海当年冷眼旁观这一幕幕话剧——他们的企图，他曾有过；他们的手段，他曾用过；他们梦寐以求的，他曾得到过；他们达到了目的之后那一种由衷的欣喜和仿佛从此可以终生从容不迫的泰然无虑的安定感，他也曾体会过，也曾真的自我吮咂过那一种慰藉，如同婴孩津津有味地吮咂自己的手指头一样……

但是，他却毅然地放弃了……

西方任重而道远的传教士到非洲去布道，说：“相信上帝吧，他将指引你们去天堂的路。”

黑人说：“不，我们连人间的路还没找到呢。”

而当他们相信了上帝以后，教廷却拿不出那么多钱为他们盖教堂。并且，以其上帝全权代理人的身份向他们宣布——上帝也是分成白色的和黑色的……

一代人中不能穿上“国营”某单位的工作服者——当年他们为数不少——感到又被戏耍了似的。正如相信了上帝的黑人不能心理平衡地接受他们只配吻非“正式”的十字架一样……

而穿上了的人，在此后两三年内便穿腻了。他们开始煞费苦心地要脱下，其愿望之急迫和强烈一点儿也不亚于他们当初非要穿上。他们开始关注本单位本系统哪些办公室里，又有谁退休了或即将退休，调走了或即将调走，病故了或即将病故，要增添一个或即将要增添一个人……

当有幸终于脱下工作服时，他们前面的人生道路已变得十分明确，也十分狭隘——副科长、科长，副处长、处长，副局长……

人一旦迈上这一条路，便仿佛认为世界上原本只有这么一条路……

除了农民，尽管每几百个中国人里只有一两个在“中国式”的人的价值观念的导向之下，成功地或自认为成功地走完了他们的一生，但是谁也不能够反驳，几乎百分之九十以上的中国人，望着一位局长的身影或他坐的小汽车时，会认为那是最好的人生……

如果在人的信仰和人的现实利益占有权之间架设桥梁，那么有如在教堂和国会之间铺展红地毯。人的价值观念取向的单一，无论精神的抑或物质的，对一个国家一个民族一代人而言，都是原始的。

二、傻瓜，大傻瓜

倘当年促成我的同学吴振海和我的许多同代人之间的一次对话，结果只有一个——双方都认为对方是傻瓜。

一九八二年，也就是在吴振海那次倒霉的“倒煤”行动之后，他出现在北京，出现在我面前。还有他的妻子，比我低一届的校友。他们要到北京来找有关部委，批准他们挂靠成立一个什么公司。那是自一九六八年我下乡后第一次见到他。他风尘仆仆，面容疲惫。他在发着三十九度高烧，找不到地方住。也许还为了省钱，当晚就住在我的单身宿舍，和他的妻子挤在我的单人床上。而他一个人睡在上面也会使那张床显得太小。第二天，我请他们夫妻在北影食堂吃了一顿早饭，无非馒头、咸菜、米粥。记得在他走前，我很郑重也很语重心长地劝过他。

梁晓声：“振海，求求人情，走走后门，重新回到一个国营工厂去吧！”

吴振海：“那又怎样？”

梁晓声："一切从头开始，三十多岁，尚为时不晚，好好干……"

吴振海："那又怎样？"

梁晓声："只要你真的好好干，领导眼睛不瞎的话，是会看到的……"

吴振海："我总在想——那又怎样？我想了十几年了。"

"你……"

我望着他，像望着一个不肯回头是岸的大龄"失足青年"，像望着一个根本对不起母亲的儿子，像望着一个根本不将"丈夫"和"父亲"的责任当成一回事儿的家伙……

我暗想——这个吴振海，不可救药，完了……

倘大气环境是不变的，天空与拼块地板何异？

倘时代是不变的，司马迁所作与织布女何异？

倘社会是不变的，度日与经年何异？

倘命运是不变的，人与蝼蚁何异？

无论任何人，当其作为人具有典型性的时候，归根结底，意味着其"窃取"了时代的典型特征。乞乞科夫是沙俄时代农奴制产生的怪种。爱迪生是美国资本主义科技童年时代的儿子。雅科卡则是当代西方市场经济激烈竞争中的骄子。所以，雅科卡才会说："都是这个国家给了我这样的机会！"而伊索的不幸恰恰在于，时代不曾给予他渴望的自由……

十年之后，我第二次见到我的中学同学吴振海时，他已是"哈克森公司"的董事长，是引进哈尔滨市第一笔外资的人。当我写此文时，"哈克森"已是一家综合开发的合资公司，已在世界许多国家拥有十个子公司。

十年中，我只回过哈尔滨几次。每次行止匆匆，这是我每次不曾见到他的原因之一。原因之二，或者坦率地说，更主要的原因是——我对中国第一代创办公司的人们，一向持一种极轻蔑的态度。爱默生曾说过——"那些咒骂商业的人将会看到，并且不得不承认，正是商业的规律改变了美国，摧毁了它的封建制，建立起一个美国。"非常惭愧，几年前，我仍属于"咒骂商业的人"中的一个。在我的那一本自白性的小册子《从复旦到北影》中，读者不难发现我振振有词而又偏激的言论。其中还谈到我在中央党校的一次"报告”。那之后，有位女性给我写过一封信，友好地“批驳”了我对商业的敌意。她论述了与我上面所引的爱默生的话大致相同的思想。这使我甚为恼怒。复函乏善，言辞咄咄，还用了几串“国骂”。斯年一九八五年或一九八六年。倒并非是因为我狂妄自大到一点儿也经不起“批驳”的地步。何况于对方而言，根本谈不上什么“批驳”，不过是互相探索而已。我之恼怒在于——当年我并没有看到公平的商业原则。老百姓自谋生路的愿望，仍被体制的玻璃钢隔在商业时代的外面，有如饥汉被拒在餐馆的门外。商业的原则如果是不平等的，商业除了使人憎恶，不可能获得别人的态度。

基于以上对现实的看法——不管这一看法是否仍属偏激，它当年确是我对现实的看法——我对大多数公司之类持很不屑的态度。对大多数是“老板”的人，打定主意“老死不相往来”。中学同学也罢，兵团战友也罢，昔日之友也罢。

是中学同学的一次全班性的聚会，促成了我和吴振海的见面。聚会需要场所，需要钱。于是，大家想到了吴振海，我也想到了吴振海。在需要物质方面的支持和协助，尤其在需要钱的时候，我们会想到许多我们一向似乎早已遗忘了的人。承认这一点固然使我们很尴尬，但事实往往如此。

那一天，我和另外三名中学时代与他非常要好的同学去拜见他。他诚心诚意地出手阔绰地请我们吃了一顿昂贵的晚餐。他不但爽快答应包揽同学聚会的一切费用，而且高高兴兴地请我们到他家中去叙谈。我们一谈竟没完没了，谈到凌晨三点钟！毕竟，当年同是贫家子，少小饥时分糠馍。他向我们讲述了十年来的经历。成功者的高级皮鞋，包装的仍是一双被坎坷之途所磨砺的伤痕累累的脚。他是我们同代人中第一批与国营单位毅然辞别的人，十几年前那无异于精神病者的毅然。他是我们同代人中第一批加入过“倒爷”行列的人，十几年前那需要有坚韧的心理承受能力，以抵御来自社会各方面的歧视、轻蔑和种种心理压迫。他是我们同代人中第一批办公司的人，办起来了，垮了，又办，又垮，还办——十几年前那是需要破釜沉舟、开弓没有回头箭的勇气的。他是我们同代人中第一批组建施工队的人，十几年前那是需要具有江湖老大的本领的。他是我们同代人中第一批搞房地产开发的人，而哈尔滨市乃至黑龙江省，他当然应被列为最早的“先驱者”之一。

跻身于同代人中的“第一批”的行列，在经历了十年的类乎“无名小子闯江湖”的不服气不认输，不撞南墙不回头，撞了南墙也不回头，仿佛非要把南墙撞个大窟窿的倔而坚的踉跄奋进之后，他成功了。是在第五个回合才成功的。贷款，盖楼，预售——以预售资金补充周转，再盖再售。这是当年霍英东在香港开发房地产业的谋略，也是十年前深圳、海南的第一批房地产开发者们的袭用经验。吴振海当然应被视为第一批学深圳学海南的哈尔滨人。这不啻是一场人和时代所进行的赌博。他押上的是他后半生和他的家庭的存亡。如果在这一回合他输了，那么他将极可能是我的同代人中命运和下场都很悲惨的一个。也许可以这样说，是时代终于给了他一次做赢家的机会。否则，他不但不可能主办我们哈尔滨市第二十九中学三年级九班全体同学的聚会，也许连我们通知他参加，都不知该到哪儿去找他。

成功了的吴振海如是说：“是时代给了我这样的机会！”

诚哉斯言！尽管他还算不得是雅科卡式的传奇人物，但我的确感到，他和雅科卡一样，对时代满怀由衷的感激之情。

苏轼在《代侯公说项羽辞》中有言——“来而不可失者，时也，蹈而不可失者，机也”。

十年里，吴振海是一个时时刻刻伺机而动的人。十年来，他活着的态势时时刻刻犹如箭在弦上。十年来，他活得比我的同代人中的许许多多人都累。十年来，我的同代人中许许多多人在似有似无中寻找悠闲，而这一个吴振海在一无所有中寻找、冒险。

我们稍对时代加以研究，便会发现时代原来具有这样的禀性——它一向只欣赏两类人——甘愿按照它的要求去活的人和违逆它的愿望并且最终成为它的挑战者的人。它因欣赏前者而奖赏他们。它奖赏他们，为的是使他们更符合它的要求，对它的圈限更不敢越雷池半步。它对后者照例是不予奖赏的，非但不予，且每以惩剑悬其头上。它欣赏他们大抵在它确感需要他们的时候，亦即我们叫作“转折”的时候。这种时候，他们的叛逆和挑战的勇气及其精神，是促它嬗变的催化剂和促它“转折”的推动力。正如蛇有时需将身体夹在树杈之间完成它的蜕皮一样。没有它的那些叛逆者和挑战者，一个时代是不能从它的旧的躯壳之中摆脱出来，同时获得新生的。为此，它才慷慨地奖赏他们。这种奖赏往往是一次性的，是无比丰厚的。其后，它不再赐惠于他们，因为它已经奖赏给了他们对人而言至关重要的千载难逢的时机，而且一并加上了明天。事实也正如此，那些在时代的“转折”关头把握住了时机，并且由此获得了成功的人，成功地将具有令人信心十足的延续性，因为他们乃是和一个新时代同时诞生的，而一个新时代的寿数，通常是按世纪来计算的。新时代需要它的推动者陪伴同行。至于那些曾被它欣赏过、青睐过甚至恩宠过的人们，或者被它留在旧皮上，或者在它完成痛苦的“转折”的时候，分担它的痛苦，并和它一起嬗变。它最不欣赏的也许是那样一些人们——在昨天里既不曾被它当作过典范而重视，今天对它的“转折”又麻木不仁的人。它在今天里不暗示给他们任何机会，它也不在明天里留给他们什么。它对他们无辙亦无奈，正如他们对它也是那样……匪今斯今，亘古如兹！

我听着吴振海的讲述，望着他那张二十多年后并未改变多少的我所那么熟悉的脸，头脑中飘飞着纷乱的思想絮片。我在心里对自己说——梁晓声你必须重新认识你这个中学同学。他身上生长着和你截然不同的“鳞”，你如果搞不明白这是为什么，你又如何能认识现实？

我问：“你当年究竟怎么想的？”

他反问：“哪一时期的当年？”淡淡一笑，又说，“今天以前对于我都是当年。”

我说：“一九八二年，你到北京，我劝你‘改邪归正’的当年。”

他说：“那也太便宜了吧？”

我又问：“什么意思？”

他说：“如果我当年听了你的规劝，现在又能怎样？一个中国人，如果从二十岁起便将自己永久地完全地交付给一个单位，到他退休，不过从单位那里得到十几万人民币，我们的父兄辈不都是这么活过来的么？可一个人最好的四十年生命，难道真的就值十几万元吗？换一种活法的可能性真的就没有么？我们中国人都说活得很累，其实最累的是国家。精疲力竭的国家，终于不得不换一种存在方式了。所以不管是谁，不管情愿不情愿，都必须换一种活法了。”

我问：“你从什么时候开始这么想的？”

他说：“从我父亲病退那一年。他干了一辈子，以领取的工资而病退。百分之七十，当年还是对他的特殊照顾。可靠那每月四十来块钱，我们一家六口怎么生活？我父亲那天一到家里就哭。我躲出家门，躲到一个别人看不见的地方，也哭了。我对自己发誓——将来我如果不能走一条和父亲不同的路，我根本就不活到退休那一年……”

他的林肯车将我送回家。我彻夜难眠。

闭上眼睛，我仍能忆起当年他家的情形——六口人窘居两间小屋。外间是厨房，搭了窄铺睡人，似乎便是他睡。里外间合起来不足二十平方米。他是长子，上有一姐，下有一弟一妹。幸而他的母亲是位很善于持家的母亲，缓解了穷困对这样一个家庭的压迫。我也清楚地记得当年他家厨房在哪个位置摆放碗橱，碗橱上放着一个怎样的糖罐。在他家学习的我，隔会儿便借口出去一次，为的是从那糖罐里抠一勺砂糖吃。学校组织春游，他带的饼被我一路吃掉了一半……

他是班里最早的团员之一，一个时期内还担当过我的入团“发展人”。从初一到初三，始终是班干部，他是班里最具凝聚力、号召力的同学之一。对弱小的男女生，他惯以保护人自居。当年我们之间很要好。

他最大的“毛病”，便是他极其强烈的“自我表现”意识和“自我证明”意识，以及他那一种凡事都积极到根本不顾别人对他会有何看法有何想法的“参与”意识。他是我从中学时代到兵团、到大学、到社会所认识接触过的一切人中，“自我表现”和“自我证明”意识最突出的一个。是的，迄今为止，尤其在我同代人中，我没遇到过在以上方面像他那么愿望强烈的人。某些时代，某些活动，无论班级的，抑或年级的、全校的，一开始可能并未将他列入“中心人物”的名单，不知怎么一来，他竟成了“中心人物”之一。他似乎总在以他的行为昭示别人——这件事怎么能少了我呢？那件事我不参与怎么行呢？仿佛别人行的，他都行。别人不行的，他也行。这难免会使他遭到非议、抨击。可他一向不在乎，“一往无前”。至于别人们怎么想怎么说怎么看，他仿佛认为那是别人们的自由，随别人们的便好了。冬季里，刚上了几次滑冰课，他便开始学健将级运动员驰骋冰场的姿态，戴一顶滑冰帽，不顾惜耳朵和脸腮冻得通红，倒背双手，神气活现，屡屡摔倒却无窘色，亦无怯色。他爱打篮球，虽不是校队，但极渴望代表学校参加正规比赛的机会。机会一经获得，他便横冲直撞地来“三步篮”。犯规就犯规，被罚下场就罚下场，反正他体验了参加正规比赛的那一种刺激。在我的同代人中，这一个吴振海，当年就是一个不合格的“标本”。我想当年的时代瞪着他，好比一只母鸡瞪着一只雏火鸡或者雏鸵鸟吧？

而我们传统的社会的综合教育，几乎可说是以限制人的“自我表现”“自我证明”意识为己任的。溯望远久的中国历史链，可发现这一点在古典文化中尤其道貌岸然。《老子》中就一再地说些“自见者不明”之类的话，意谓谁“自我表现”了，就不可敬也不聪明了。《礼记·中庸》中说：“莫见乎隐，莫显乎微，故君子慎其独也。”意谓在最细小的事情方面，在独处无人的时候，也要行为规不越矩。做到怎样才算典范呢？——“天盖高，不敢不跼；地盖厚，不敢不蹐”。意谓天是何等的高，可是一个楷模人物站着不敢不弯腰曲背；地是何等的厚，可是一个希望获得别人尊敬的人，不敢不小步缓行。而老子则干脆沾沾自喜地说“吾有三宝”——“三日不敢为天下先”。

其中某些人“自我表现”的种种努力，实质上体现为一种低级的本能，一种自我异化、一种自我安抚的虚幻的追求。所以，被这一代人客观上遗弃在城市里的吴振海，二十多年中却不被城市简单而粗暴的“价值秩序”降服，甩头晃角地始终予以反抗，其“自我表现”“自我证明”并借以实现自我的强烈欲望，始终野心勃勃地保持着中学时代的原生态，使我不能不觉得简直是奇迹，使我无法不对此赞叹和赞赏。对于我的同代人，他这个人具有极其特殊的鉴定价值和研究意义。起码证明了这样一点——在我的同代人中，原本是应该产生许许多多吴振海的。可是于今放眼看去，浮出社会水面的，十之七八乃大小官员。而社会却终于不得不承认，前一个时代在这方面的“生育”是不够节制的。它不但使它自己尴尬，而且使一代人尴尬。难道不是么？政府部门要转变职能，机关单位要缩编，于是我们同代人中多少人迷惘、茫然，惶惶不知所措。有些人忙不迭地扑通扑通“下海”，但是已比“吴振海”们晚了十年甚至更长的时间。于人生而言，有时晚了十年，其实意味着晚了一辈子……

在某大学，一位西方的社会学家兼经济学家曾问我——你对你们这一代人究竟持何评价？

我毫不迟疑地回答——他们是中国当代社会的中坚。

对方又问——何以见得？

——他们的存在，保持了时代的稳定。

——那么也就是中国目前的样子？

我不禁一怔。继而我告诉他，我们中多少多少当上了处长、局长什么什么级别的干部……

他反问——中国真的需要那么多大小官员么？

我反驳道——我们中的大多数在做国家的主人！是共和国新一代的工人阶级！

他归国后给我来了一封信，信中有这样一段——一个国家，尤其一个人口众多的国家，若想在经济上迅速发展起来，社会成员的职业分工应是这样的——每一千人中，最多有十个公务员就够了，其中包括既是某一方面专家又是公务员的人；应有二百名左右国家重点企业的工人；应有三百名左右非国家性质的中小企业的工人；应有四百名左右依靠个体职业能够丰衣足食的人；其他属于医生、律师、教育工作者；等等。

他说这是他对中国怀有友好感情的外国人给中国“献”的“策”云云。

某天晚上我有活动，在地铁车站见一个人随地吐痰被罚款，且被教育：“怎么一点儿主人翁意识也没有？这地铁也是属于你的！”

那人佯装惊讶：“是么？我从不知道我还有笔钱投在这儿。请问在什么地方可以把我那一股抽走？我们的房子还要预付六千元呢，我正好等钱用。”

我不禁回头看他，觉得好笑又笑不起来。显然，当农民感到，他流下在某一片土地上的汗水于他自己是值得的时候；当工人感到，从车间运往市场的产品，每一批每一类都隐印着自己的姓名的时候；当商业职员感到，所站守的那一柜台前生意兴隆或买卖冷清，不仅是尽职与否的问题而且是利益大小的问题的时候，只有在这样的时候，只有在这样的情况之下，农民才能从一片土地感受到自己是国家的主人，工人才能从一个工厂感受到自己是国家的主人，商业职员才能从一家商店感受到自己是国家的主人。人民才能从衣食相关的现实中感到自己是国家的主人。

一九九二年，我回过哈尔滨数次。

我的许多同代人总是问我："中国今后还会怎样……"——这句话的注脚是——今后我们还剩哪些福利仍有保障？今后我们还将失去什么福利？

我回望我们这一代走过的路，心中不免怆然。

吴振海及其公司的人们也总是问我："中国今后还会怎样……"——这句话的注脚是——今后我们还将拥有什么样的时机？

想象他当年在哈双公路上"倒煤"而且"倒霉"的情形，心中不禁肃然。

不少哈尔滨人嫉妒属于一种恐惧，它和那种想维护我们对某物的占有欲望相一致。嫉妒使我们去考察疑惑中最微不足道的方面，并把它们作为焦虑的最不得了的根据。

不少我的当然也是吴振海的同代人问——这公平么？

我曾替吴振海回答——是的，这很公平。安于现状的人虽然不必忧患冒险者将承担的风险降临在自己头上，但是也永远没有资格获得冒险者才能理直气壮地获得的一切。如果非说不公平，那么已如昨天时代太褒奖我们、太歧弃"吴振海"们是一样的。时代仅只能在一点上体现它的公平，那就是给人以普遍的机会。

有了一个"哈克森"，便有二百多哈尔滨人解决了就业问题，包括大学生和研究生，他们的福利待遇比国家单位还要高。有人说——进"哈克森"那要凭关系！言外之意，仿佛这是它的一条罪状。但是，如果哈尔滨有一百家一千家这样的公司，在福利待遇方面与"哈克森"竞争，并且竞争过了"哈克森"，进"哈克森"还要凭关系么？

有了一个"哈克森"，只要它运作着，又将何止千百人有了干活儿挣钱的机会？长久地没有这种机会，社会将会怎样？

有了一个“哈克森”，至今已有近千户哈尔滨居民住上了楼房。如果一概等待市里解决，又将等待多久呢……

有了一个“哈克森”，去年春节前夕，十几名商人，才应邀来哈尔滨考察投资项目……

有了一个“哈克森”，一幢四星级饭店正在筹划兴建之中。北方的第二大城市连一幢四星级饭店都没有的话，是不能适应改革开放、大批吸引外商的新形势的……

今天的中国人毕竟都恢复了寻找时机的本能，但时机注定不属于以下两种人：

一种人企望着某一天早晨醒来，时代像宠爱自己的阿姨一样，将自己轻轻抱起来，让自己骑在时代的颈上招摇过市……

另一种人企望着某一天早晨醒来，以什么听来正当的名义，将原先和自己一样，而如今和自己不大一样的成功了的人打翻在地……

我的同代人呵，我的兄弟姐妹，我愿你我他她之中，第一种人少一些，再少一些。我愿你我他她之中，第二种人少一些，更少一些！

南方和北方都有一种草叫“节股草”。一种生命力极强的草，一节一节地生，一节一节地死，哪怕还有一节不死，它便活着，并且会一节一节地再生。我的同代人呵，我的兄弟姐妹，我们就是那“节股草”似的一代啊！如果说我们已失去了很多很多，那么我们所获得的，则是一种顽强的复苏能力和再生能力。一切附着于我们的浪漫色彩、传奇色彩，自甘的苦难和无奈的磨难早已是往事。在我们四十岁的这一年龄，我们除了依赖于我们的复苏能力和再生能力，还能依赖什么呢？让我们彼此呼唤起“鼓励起”策动起我们的这一种能力吧！

看哦，时代的巨鲸已将它沉思的头潜入世纪的“海”面，它那别无选择的庞大身躯已然渐渐竖起，纪元的旭日正从明天的时空中冉冉升起，照耀着那蓝灰色的庞大身躯，照耀着它竖起竖起……

一切感觉才不过是倾斜，是失重，并非那猛烈的拍击造成的真正的阵痛迫临……

我们怵然，我们肃然……

我的同代人哦，我的兄弟姐妹，让我们吸入足够的一口空气和一口勇气，准备做我们这代人的第二次人生拼搏吧……

“康乃馨”联想

中国的文字，是世界上最能激起想象的愉悦和最能唤起情感共鸣的文字。许多字本身有漫长的演变历史。许多字本身似乎有品格的意味。许多字本身仿佛艺术品，传达出独特的美感。因而以中国文字译外国文字，哪怕仅仅是音译，或只不过是意译，都会使那些相似的外国字母诗情画意起来。比如：

枫丹白露……

香榭丽舍……

卢浮宫……

白金汉宫……

海涅……

拜伦……

海明威……

某些外国的人名，一经中文化，便仿佛是他们的文字肖像了。从他们的中文化的名字，简直能欣赏到他们的气质、品格，甚至能传达出他们的形象的特征和魅力似的……

花名也是这样，比如：

郁金香……

康乃馨……

“金”“香”二字，使人难免产生俗靡的想象。但“郁”字，所传达的却是孤寂感伤的情绪色彩，会使人联想到“幽情苦绪何人见，翠袖单寒月上时”之类的诗句。孤寂感伤的“郁”字，淡化了“金”“香”二字的俗靡的富贵意味，仿佛使我们望见一位被优越的生活所禁的中青年女子，满怀的衷曲无人可诉……

康乃馨——据说这是经常被送给师长与父母的花儿。

译得多么美好的花名呀！

康——自然是健康的简略；乃——语气连接词，相当于“是”；馨——温情挚意弥散一片的融融之境……康乃馨——这本身便是一首诗的缩写似的呀！康乃馨——这花名使我不禁地联想到海涅为母亲所作的诗：

> 我惯于高高地昂起头颅，性情也有些固执，倨傲；纵使国王正视着我的脸，我也决不肯低眉顺眼。可是，母亲，我坦白对你说：我尽管高傲自大，目空一切，在你幸福而亲切的身旁，我却常感到卑微和内疚。我曾狂妄地离开你，想要走遍天涯海角。往事的回忆令我难过，因我伤过你——爱我的慈母之心……

万里家山一梦中

什么叫乡情?

乡情便是——一个离乡很久之人没有机会说说自己的家乡，他就很难开心得起来了；而一旦有了说的机会，于是说起来收不住话匣子，神采飞扬。

我读胜友那一篇篇关于家乡亚布力的散文，每被字里行间浓得像野生蜜的乡情感染、感动。其情如亚布力野生的“三莓”果，一嘟噜一嘟噜的，一串一串的；也如“甜杆”，“细吮里面的浆汁，那种甘甘的甜味，一直流到肚里，爽在心头”。

胜友是我的老乡，他和我都是黑龙江人。我出生于哈尔滨市；胜友的童年和少年，显然是在亚布力的林区度过的。而亚布力这一北域小县城，距哈尔滨仅一百四十多公里……

但我“下乡”之前，是没去过亚布力的。并且至今，也还是没去过。

当年不像现在，旅游这一件事，对于普通人家的孩子是连在梦里都不敢一想的。

实际上，胜友散文中所写到的关于亚布力的种种内容，我“下乡”后也终日可见，习焉不察了。故读的时候，眼前仿佛过电影，什么什么，皆扑面呈现。

北大荒也有林场，我是知青时，还在林区伐过木。自然，我也住过些日子。当年我对于山林的感受，也是颇多新奇的。但山林之于我，终究没有如胜友般的乡情联系着。

由是想到，倘一个人的童年和少年时期是在北方的山林中度过的，倘那里的生活还不算太艰苦，那么未尝不是好事呢。

林区中有趣的事物，比之于大大小小的城市，多得不胜枚举啊！一个人自幼接触了许多有趣之事，并且是大自然中的有趣之事，几乎可以算得上是一种幸运了啊！起码，中年以后，身居北京这样的闹市——回忆，是一种情感享受呢！也许还能安慰别的思乡的人们。

为什么我偏偏强调是“北方的山林”呢？因为北方的山林比之于南方的山林，不那么湿气弥漫。除非雨季，北方的山林一向是干爽的。到了秋天，北方的山林色彩缤纷，那一种赏心悦目的美，非是南方的山林终年单调的绿可比的。固然，绿养眼，但终年所见除了绿还是绿，确乎也会使人觉得色彩单调的。北方的山林四季分明，一年里可见四种如画的美景。

胜友的这些散文中，有不少是关于童年和少年时期的回忆的，怀旧之意味浓矣。如果一个人的童年和少年并非浸在苦水里，那么怀旧是愉快的，也是自然而然的事。

我从胜友的散文中也读到了那种愉快。

难得他如此有心，将小时候的游戏也一一写来。比之于今天的孩子们沉迷于电脑游戏，我觉得倒是从前的、生活在大自然怀抱中的孩子们，他们那些简单的、进行在大自然环境里的游戏，似乎更叫作游戏。

一言以蔽之，读了胜友的这些散文，我想，我再回哈尔滨时，当往亚布力一去了——不知现今的亚布力县城以及林区，又是一番怎样的情景……

新蕾初绽最喜人

友人荐来魏廷屹的数篇散文，嘱我点评。

这名字使我以为是男青年，看了简介，方知是女孩，还在读高三。那么，是“90后”了。

读罢六篇散文，我不禁从心底赞道：好一个文心细腻、笔触深情的女孩！难怪小小年纪，已是宜宾市及四川省作家协会会员了！

我读到的六篇散文是：《马尔代夫的海在流泪》《一克拉的眼泪很珍贵》《想念一米阳光》《黎明前的星空》《那年小小》《墨隐》。

前两篇散文短，是廷屹十五岁时写的。

先说第一篇。世人皆知，二〇〇三年夏威夷发生海啸，几乎瞬间吞没二十余万人的生命，举世悲哀，而马尔代夫亦遭海啸蹂躏，成为夏威夷很深的一道伤口。这篇散文写的是他者，一个叫任小乔的男孩。他五岁时产生了一个大愿望，要在三十五岁前“走遍全世界”。至二十三岁，他最想去马尔代夫，但父母都不同意。母亲直接说“危险”，父亲反对的理由是“马尔代夫在流泪”。又过了五年，他的愿望实现了，在马尔代夫住了一个月，并在日记中留下了这样的感言：原来太阳也可以拭干马尔代夫的泪水，伤口也可以不流血，世界上真的没有什么可以永垂不朽……

十五岁的女孩，关注到了世界重大灾难，是心有大情怀的证明。然时间足以解构幸福感，消弭悲哀，却是不言而喻的。不言而喻之事理，其实也就不劳任何人写了。我读出了隐性的调侃意味——但调侃会抵消大情怀的真诚，这是应注意的。调侃只有用对地方，才呈现好的效果。

故坦率地讲，我认为这一篇是不成功的散文。

然而，第二篇大为不同了。确乎，克拉只用来计量钻石的重量。

此篇的题目真的很好。感悟也好。

我想，相对于迄今为止一切印在纸上的文字，廷屹大约是将眼泪、钻石、克拉三个关键词联想在一起的第一人吧？眼泪也珍贵吗？她认为眼泪也珍贵，认为某些人在某些情况下所流的眼泪堪与钻石相比，甚至比钻石还珍贵。不是对眼泪每有所思所想之人，断无此等体察入微的感受。眼泪当然是从眼中流出的，可我们也常会说“心在流泪”。那么，写眼泪之珍贵，其实也是在写人心中某些“东西”是如钻石般珍贵的。十五岁的女孩能有此联想、感悟，着实令我顿起敬意。此篇最短，但其联想同样珍贵，其感悟值得别人收藏。

但这一篇也有遗憾。不是所有的眼泪都珍贵，被情调吸引出来的眼泪是廉价的；“追星族”冒着鼻涕泡同时横流满脸的眼泪，在我看来也一钱不值。感动的眼泪、同情的眼泪、忏悔的眼泪，在我看来才是珍贵的眼泪。对于难以被感动、缺乏同情心、没有忏悔意识的人，就更珍贵了。其泪一流，证明一颗心软化了，一个灵魂获得救赎了。此时之泪，比之亲情、爱情、友情、乡情、恋物情所流的泪更高一个等级，是“极品泪”。

此篇若能加入以上感想，虽短，可谓短美文矣。

《想念一米阳光》是一篇回忆性散文——回忆她是小孩子的时候，曾经由南方去往北方，与为生计而创业的父母住在“一间阴暗，窄小的屋子里”，“床似乎总是紧挨着几十个酒箱子”。房间里充满酒糟味儿，看不到阳光，因为仅有的一扇小窗几乎被摞得很高的纸箱挡严了，陪伴她的只有小小的录音机和儿童节目中所讲的童话故事。某一天早晨醒来，终见一米阳光照进屋里，于是欣喜若狂，又恢复了开朗活泼的性格。从此，与那一米阳光结下了醇醇亲情……

我喜欢这一篇散文。

乃因，在许多“80后”“90后”那儿，清贫仿佛是可耻的，讳莫如深的，需要遮蔽的。所以，断不肯由自己写出来给人看。

清贫当然是人人都不愿过的生活。

但若觉得清贫可耻，那么天下所有含辛茹苦的父母，岂不是就都该自杀了吗?

廷屹意识中显然并没有那么一种错觉。她写得特坦率。而这一点，证明她是个内心极阳光的女孩。这是难得的。这也是我喜欢此篇散文的理由。《黎明前的星空》是一篇缅怀抗日烈士赵一曼的议论文——“我很幸运，与英雄是同乡”。赵一曼烈士也是我所崇敬的英雄人物。故廷屹发自内心的议论，与我有共鸣。前边我谈到，“永垂不朽”一词，用在《马尔代夫的海在流泪》中不恰当，我认为用在此篇中才适当。

永垂不朽不是天天都被人们纪念着，而是，即使过了一百年甚至更长的时间，人们面对一个历史人物时，仍会从内心里油然而生敬意。

这样的历史人物是确实存在的。故我同时认为——怀疑“永垂不朽”有时是有意义的，而相信也是有意义的。《那年小小》是写他者的散文。此篇中的他者是廷屹的姨妈，一位大约比我小不了几岁的女性。

作为“90后”的廷屹，试图要了解二十世纪五六十年代人的经历了，对于喜欢文学写作的她，这种自觉应予以肯定。尽管姨妈少女时期的一段朦胧的梅竹恋情并不足以多么打动我这种年龄的人，但关注、关怀他者的人生、命运，不一味地只写自己，以为唯有自己才最值得写——这一写作的方向是我一向主张的。

我希望这一方向，逐渐成为廷屹今后的写作理念。一味地写“自我”难以持续。而他者构成社会；社会永远大于“自我”，故谁也写不完的。《墨隐》是六篇中最长的写人物的散文。那一人物是一位居住在北京一条胡同里的，实际上终生未嫁，孤身一人，每月仅靠退休津贴过着普通生活的老人。她本富贵之身，曾是敌军某党高级将领的宝贝女儿。那英俊的男子不仅是她父亲的副官，还是她的未婚夫。他一次次窃取的绝密军事文件……他继续潜伏……读来像谍战片情节，然而却是真人真事。

难以想象，还是高三女生的廷屹，不但捕捉到了这么一种线索，而且成功地进行了采访，并在六七千字以内，从容不迫、娓娓道来地写出了《墨隐》这样一篇散文!

此篇散文体现了廷屹相当不凡的采访能力和相当成熟的叙事水平。老实说，我认为，怎样诠释如此这般令人唏嘘不已的一段儿女情长的史事，委实有些超出了一名女高中生的认知范畴。但廷屹是明智的。她将笔墨集中于一个“情”字上，读来令人感慨万千。爱情在此篇散文中，被写得接近是信仰。此篇证明，廷屹这一名高中女生，在文学写作方面肯定是大有前途的。她这样的高中女生日后倘不成为作家，我觉得简直是不可能的……祝她继续写出好作品！

倘不温故，何以知新，“生活节奏加快了”——这是人们经常说并且经常感受到的。

我们生活在哪儿呢？

我们生活在时代里。

因而“生活节奏加快了”这一句话，又是时代演进之节奏加快了的另一种说法。

时代演进之节奏加快了，于是呢？于是意味着，我们能够记住的事情少了，我们容易忘却的事情多了。好比我们是乘客，列车提速了，对于我们望向窗外的眼，将景物看得分明不那么容易了，而这会使我们晕眩。越是想要看分明，则越感晕眩。这种情况下，我们的感受会浮躁起来。

中国改革开放已经几十年了。这几十年可以用三个字来形容——辩、变、快。

“辩”是改革开放的端点，正如宇宙大爆炸是时间的端点。只不过，前者是真相，后者是推想。

在中国，一九四九年后，关于“走什么道路”的问题一辩起来，往往便上纲上线为“路线斗争”“阶级斗争”。所幸，虽然有人咄咄逼人，有人承受压力，但并没什么人又被打翻在地，家破人亡，这一点本身亦是一种进步。其辩，曰思想斗争也未尝不可，但视为交锋更恰当些。

那么，《交锋》是一部很“政治”的书吗？

当然具有政治色彩，但并不属于那种令人敬而远之的“政治书”。因为作者也只不过引领我们回顾一下，几十年来，改革开放之中国曾经历了哪些事情，那些事情对中国包括对我们中国人的生活发生了什么影响、作用?

回顾以往，差不多对我们每一个中国人都是多少有些意义的。因为我们每一个中国人的人生坐标，几乎都不同程度地因而改变了。几十年后的今天，亲历了这几十年的中国人，现在是怎样的人，过怎样的生活，又几乎都与几十年来其变之快不无关系。

而更主要的是，也许，此书有助于我们预见中国的明天，并对自己明天的人生，也能超前作出些判断和准备……

拾遗补阙亦可欣

依然写着；也依然用笔写着。笔竟如我的另一种“烟”，可不嘛，“如烟”也。写作也似我心中的另一种“毒”——文字尼古丁。

我是那种越写自信越少的笔耕者。

正因为对自己越来越不满意，反而越来越勤奋。不是企图用数量来说明什么，而是自认为领悟了这样的写作道理——写作与书法是差不了太多的，对自己不满意，那就得常动笔。

然确乎的，许久未写短篇小说了。散文、随笔、杂文之类，倒是不曾也荒弃了。我还在大学任教，精力和时间每被分散，心有余力不足也。

我写的散文，一半左右具有小说的情节特征，人、事亦有虚构成分，但情感、情愫是发乎真心的。我每将一篇三千余字的散文写得有些像短小说，是刻意为之的。觉得散文也未必一味只写一己的人生感受，写他者的人生之事，他者的命况，通过情节表达自己对他者的关注，也完全可以是一家主张。然我只对我的学生这么主张过而已，从未果然当成主张来宣称。对于写作者，自己认为怎样写适于自己，那么去默默耕耘便是了……

如此说来，我虽许久未写短篇小说了，但笔下所写却也经常与情节发生着关系，也就是与一般小说的元素之一发生着关系。

《回家》在很大程度上，是因了杨晓升主编的多次动员，才于顾此失彼的俗忙之境中完成的。

依我的眼看来，我们中国人的当下生活，暖意渐少。并且，分明的，继续少着似的。

于是倍感现实的冷、冷、冷，直冷到骨缝里去的那一种冷。故我每思，面对如此冷感的现实，我的笔能做些什么呢？若论抨击与怒斥，网上的正义之声，比我做得更及时，且更有声讨力。我不上网，虽很关注一些事件，终究不过是一个默默关注且独自生气的人罢了。若论揭示人性之丑恶，我自忖，自己远比不上同行们的犀利与深刻。还能做些什么？还能做些什么啊！我认为自己总该有责任做点儿什么。于是便想到了善和温暖。我一直认为，我们中国之当代文化，在播撒善的种子和向现实中注入温暖方面，尚有缺遗之处。那么，便让我来拾遗补阙吧。这是不怎样的高难之事，故无须一等之才华。说到才华，我大约也只比三流多一点儿，刚沾着三流的边儿吧。所以，我来做点儿能力尚及之事吧。基于以上思想，便有了《回家》这一短篇。现实固然很冷，有时简直邪恶四伏，每使寡助的弱者们活得惴惴不安。却也得承认，善良并未在同胞的内心彻底死灭，偶一发光，还是足以温暖人心、温暖人世的。

我写此类小说，有意求其质朴，再质朴。因为，此类小说毕竟不是我“为文学而文学”的作品。我倒是希望，底层的人们中，竟也有意外地看到了的。

那将是我之幸运。在社会底层，现实往往更冷，也更需要人对人的几许善意……

何以善良 + 何以多情

某年二月将过，春节将至，最是诸事缠身的时候。偏偏地，薛健寄来了他的几篇散文给我看。其中一篇还要在《文学报》发表，嘱我写篇关于他的印象记。而我，第二天就到北京郊区开区人大代表会来了。倘开完会再写，即使寄“特快”，肯定也过发稿的日子了。所以，我也只有在会上写，用会上发的笔，用宾馆信纸的背面。屈指算来，我与薛健相识已三十几年了。记得当年他作为一名文学青年到北京访我，刚从大学毕业不久，就业在邵阳一家印刷厂里。后来，他就成为湖南文艺出版社的编辑了。现在，据我所知，他是出版社总编室的主任。

三十多年间，他四次做我的责任编辑，编发了我三部散文集，一部长篇小说。而且，我给予他的都是原创作品。接连将自己的原创作品给予一家省级出版社，这种情况在我和出版社的关系中是唯一的。

有时，我自己想想也觉奇怪。某次薛健出差到京，又来我家。我便将我心里的那份奇怪，笑着问了他。他说：“也许因为，我当初从印刷厂到出版社，和你写过的一封推荐信有关吧？”我不禁又问：“是么？”他说的事，我早忘了呀。薛健是个极真诚的人——这是我和他之间，有二十几年友情的基础。因了和他的友情，我与湖南文艺出版社的关系也仿佛非同一般了。我这么说，对于我的另一些编辑朋友似乎太欠公道。我至今所接触的编辑，每一位也都是真诚的人啊！

薛健不仅极真诚，他还是个极善良的人。

他知道有些底层的人们，由于遇到了这样那样的困难或不公平对待，每找到北京，找到我家里，希望我能给予帮助。而我只不过是个写小说的人，教书的，做不了“及时雨”的，于是经常苦恼。有次薛健写信给我，告诉我他的收入并不高，他妻子下岗多年，他家里的经济水平……我读着，心里不免困惑。读到信尾，我才恍然大悟。几行字写的分明是——“现在，我妹妹的病情已比较稳定了，我的工资又加了些，我也有点能力帮助他人了，包括不相识的人。如果你认为某些找到你家的人真值得帮助，而你又能力有限，那么就把他们的地址抄给我吧！”

以上几行字的后边是括号。括号中的字是——“我指的仅仅是经济帮助，几百元，一两千元，我还是拿得出来的。如果对某些人有救急的作用，我是愿意的”。

我读罢那样一封信，心中温暖而怆然。我了解，实际上，他的生活负担也蛮重的呢。薛健是一个深深感动过我的人。所以，二十几年中，我不仅视他为某出版社编辑，还视他为兄弟。出乎我意料的是，他自己居然也写作，也有散文、杂感之类发表。

二十几年中，他从未跟我说起过。我读他《飘雪的日子》一篇，领略了他的多情。多情与风流，对于男人，区别大了。薛健多情，却绝不风流。他是那么的内向，他的多情是埋藏在心里的那一种，是属于我们人性中特温馨的那一种。

生平只流双行泪，
半为苍生半红颜。

这是忘年交文怀沙先生有一次写给我的两句话，是老先生情怀世界的自白。以这两句诗来形容我的兄弟薛健，也是可以的（我指的仅仅是情怀……）。

情怀的分量

我一向觉得——对于文学，情怀是有特殊分量的。好的文学作品，几乎无一例外地流淌着真挚的情怀，如血液流淌在人的身体里。一首诗、一篇散文是这样，一部小说尤其是这样。

二〇一一年春节期间，我在外地，随身带了泽俊先生的书稿《工人》。

我清楚地记得，读罢《工人》是初三，上午十点左右。至今，读罢一部好作品仍会使我激动不已。当时的我便是那样。身边也没一个可以交流感想的人，忍了几忍没忍住，于是拨通了泽俊的手机，告诉他我已经读罢了《工人》。千里之外的他期待地问："达到小说的及格水平了吗？"泽俊他一向是谦虚的。我说："好。很好。非常好。"除了那短短的几句话，我竟不知再从何说起。好的小说往往会使刚读过它的人失语，能具体地说出好来则是失语过后的事。泽俊又问："怎样进一步修改？"我说："作品当然是越改越好，不过，现在这样已经很好，不论出版还是发表，应都不成问题，而且必定会引起关注……"除了笼统之印象，还是谈不出具体感受——那真是一言难尽的。泽俊是盲文出版社汉文字出版分社的副总编。他负责出版过我的两部集子，由此我们认识了，遂成朋友。他厚道，为人诚恳，并且对世事具有深刻的洞察力。写作是他最主要的业余爱好，很可能，还是唯一的。

他多次对我说，打算写一部工人题材的长篇小说——说到"工人"两个字，他总是流露出极深厚的感情。工人阶级对中国的伟大贡献令他肃然起敬；他们"下岗"时期的种种困厄处境令他感同身受；他们一度分享改革成果之少，每每使他焦虑万分。

而我，也是的。我和他一样是工人的儿子。我的两个弟弟、一个妹妹当年几乎同时下岗。

“工人”二字对于泽俊犹如《圣经》，乃是他的情怀脐带。

谈到最后，他又总是会信誓旦旦地这么说：“我要为中国工人立传。”

我当然鼓励他。但老实说，对于他究竟能写出一部怎样的工人题材的小说，心中是不免存疑的，拭目以待而已。盖因一部中国当代文学史，从一九四九年到二十世纪九十年代，差不多可以说成是一部中国农村小说史。二十世纪九十年代后，小说在题材方面骤然丰富，如礼花绽放。工人题材的小说，却仍少之又少，优秀的更少。中国之大多数作家，长短都有过农村生活的经历。纵使完全没有，海量的农村题材的文学作品，加上电影、电视剧，也会使作家们易于间接地吸收营养。

于是，农村成为中国文学的家园和苗圃。

中国当代作家普遍缺乏对工人群体，尤其是从前年代的工人群体的认知，直接的和间接的认知都缺乏。连我这个工人的儿子也是。蒋子龙是极少数了解工人的作家。从这个意义上讲，他是作家中的宝。

现在，终于又出现了一位于泽俊。

泽俊笔下的三线工人群体，与子龙所了解的工人迥然不同。子龙笔下的工人是生活在城市里，工作在车间里的；泽俊笔下的工人，却是经历了背井离乡的，携家带口落户于广阔的风沙漫漫的西北天地间的，如同庞大的负有神圣迁徙使命的特殊部族，如同转战一方的千军万马的大兵团……

我认为，于泽俊成功地完成了他的夙愿。

我认为，他写出了一部工人题材的《白鹿原》。

春节一过，我迫不及待地与文化艺术出版社的董秐编辑联系。董秐是资深编辑，也是我的好朋友。好作品当然要首先推荐给做编者的好朋友。

董秐以最短的时间读罢了《工人》。

我在电话中问她印象如何。

她说：“好。很好。很久没有审读过一部优秀的长篇小说了，《工人》是优秀之作。”她的感觉和我一样，使我对一己感觉多了一份自信。

对于《工人》这样一部小说，我可评论的方面很多。但我决定不必都写入序中。我真诚地向广大读者和文学评论家们推荐《工人》。我一点儿也不怀疑广大读者必会像我一样喜欢这部小说，为作者流淌在字里行间的真挚情怀所感动。我深信《工人》必获评论家们的好评。我甚至认为，下一届茅盾文学奖评选时，《工人》必具有不容忽视的角逐力。终于出现了这么一部工人题材的好小说，如果我是评委，将毫不犹豫地投它一票！最后，我只评价一句——《工人》具有史诗性；我因它哭过了……

我们“拿什么送给”他们

一、在回答这个问题之前，我想先谈谈我对这个问题的感受。大约十几年前，有几首很流行的歌曾特别打动过我。它们是《我的家乡并不美》《黄土高坡》《我拿什么送给你》《家乡才有九月九》等。也许歌名我说的不对，但某些歌词似乎至今仍印在脑海里，如“我的家乡并不美，低矮的草房，苦涩的井水。男人为它累弯了腰，女人为它锁愁眉”“不管过去了多少岁月，祖祖辈辈留下我。留下我一望无际唱着歌，还有身边这条黄河”“风沙漫漫无边地走，什么都没改变”“我拿什么送给你，我的小孩”“走走走走走啊走，走到九月九，家乡才有美酒，才有九月九”……除了“我拿什么送给你”，将以上歌的歌词串联起来，便基本是当年中国贫困省份的农村情形。那些歌当年唱出了中国农民儿女的心曲。中国之农民，已被愁苦生活压榨得近于麻木，只有他们的儿女，于麻木中仍执有些许之希冀。诸歌词中，尤其“什么都没改变”一句，听来最使人揪心，每听每欲落泪。然而，那些毕竟是二十世纪八十年代前后的歌。应该承认，改革开放以来，农村的情况和农民的命运，却是发生了有目共睹的变化的。有些农村富了，有些农村脱贫了。各项益农政策，使那些农村的农民于愁苦中得以喘息。他们收入的基本指望，是他们进城务工的儿女。那样一些农民的儿女，是那样一些农村的“精锐劳力军团”。若他们挣不回钱去，那样一些农村人家的日子是过不下去的。在全中国进城务工的农民儿女中，他们究竟占多少呢？目前未闻有统计数字。依我想来，大约比半数要多。并且，他们都将是“资深农民工”。哪一天为止，我们不知道，他们自己也不知道，差不多都是要由青年干到中年的吧？面临上有老下有小的人生阶段时，他们不干，家庭生活会塌方的。

在这样一种大情况背景之下，“休闲”二字之于他们，确乎意味着是一种毫无设身处地感受的极想当然的说法。常言的“休”以要有环境条件为前提的，而“闲”是指心情不但足以放松，且较愉悦。我觉得，此两方面对于他们似乎是奢望。故我非常理解第一个问题的质疑性质，而且也作如是想。所以，我更愿这样讨论这个问题，即在法定的节假休息日里，各级政府和社会各界关心他们的人，究竟能为他们做些什么，他们又实际需要哪些关心。我认为以下几点是可做的：（一）帮助他们提高依法维护自身种种权利之意识（工资按时应得权、工作安全保护权、工伤补偿权、居住条件权、饮食卫生权、性别平等权、女性不受骚扰权，等等）；（二）传授日常疾病预防常识；（三）工伤互救常识；（四）突发事故应对常识；（五）授受城市文明约束，融入城市文明常识；（六）打官司的常识；（七）自我心理减压和调适常识；（八）人际交往常识；（九）不受骗上当的常识……

想到他们是些背井离乡、肩负帮助家庭脱贫的孩子，应该也值得告诉他们的事不少。有些事，我自己在有关方面的组织下是做过的，时间通常是每年的小长假期间。我觉得大多数的他们也是爱听，且认为听了对自己有益……

二、他们的工作都很劳累、辛苦。休息日对于他们主要是补觉、歇乏。但情况不尽相同，极少数幸运的他们，成为厂区颇像样子的工厂的工人，居住情况也还过得去。那么，他们虽劳累、辛苦，心情总归较为舒畅。那么，读书、技能讲座，甚至文娱爱好培训，也都是他们欢迎的。倘为他们举行慰劳性的文娱义演，他们自然是高兴的。但目前而言，能为他们想得如此周到的用人单位极少。那些终日劳作在流水线旁的他们，基本工资是低的。倘要多挣点，须加班加点。所以，他们更需要的往往是睡眠不是娱乐。那么，至于他们真的有点儿精力了应怎样娱乐，不必谁多操闲心——结伴吃大排档或“麻辣烫”“串串烧”吗？在路边花两元钱唱一曲“马路红”式的卡拉 OK 吗？在网吧里玩几个小时的游戏吗？看场电影吗？逛逛公园、商场吗？不碍事地坐那儿发呆吗？……随人家便好了。只要不沾染黄、赌、毒，不有碍观瞻，不违反城市管理条例，不必自作多情地操心。他们的自由选择和高兴，便当是我们城市里人的欣慰和高兴……

三、这个问题倒是提得好些，值得当成个问题进行讨论。城市社会是那么的不同于非洲部落和与世隔绝的山区，在城市社会，尤其全面商业化了的城市社会，若非立足于体面的物质水平之上，“生活得更有尊严”是一句空话。一户人家若连菜都买不起了，捡菜市场的菜叶以佐三餐，或孩子看到别人家吃肉便流口水，所谓尊严是没法自保的。“尊严”不仅与物质生活水平有关，其他方面姑且省略不谈，多谈谈“尊严的劳动”。让我们反过来说，如果一个劳动者，特别是做那种脏、累、挣钱又少的活儿的体力劳动者，如果仅仅被视为劳力，甚或命该如此的苦力，而不被当成也必须友善而礼貌地对待的一个人，则他或她根本不能感受到劳动者的尊严。这不应是一个向他们自身提出的问题，而主要应是对社会平等的叩问。

总而言之，“有尊严的劳动”也罢，“有尊严的生活”也罢，公休日的休息内容和质量也罢，如你所言，首先应立足于对政府对社会的建言，而不是反过来“教化”需要关注和关怀的劳动者，仿佛全是由于他们劳动得太愚钝、生活得太乏情趣似的。启蒙他们的自我意识是必要的，启蒙社会良知则更必要。我们的社会太缺少人文情怀。“利益最大化”的贪欲法则侵向社会各个方面，使人与人、人与社会的一切关系似乎全都利益化了，有利而丧天良，无利而见死不救，这样下去是万万不可的！当今之中国，应大讲特讲“利益人文化”——天天讲，月月讲，年年讲！不管有些人多么烦，另外一些人也还是要讲，必须讲！

四、这首歌我听到过。它是极有情怀的一首歌。《卖火柴的小女孩》不是写给卖火柴的小女孩们看的！她们得卖掉多少包火柴才买得起一本安徒牛的童话集呢？安徒生是多么善良的一个人啊！他不啻是两百年前整个欧洲的人道主义洪炉，他一个人就是一所“人文主义学校”。《卖火柴的小女孩》《小天使》《快乐王子》等童话，主要是“安徒生、王尔德”们写给不至于在大冬天里卖火柴的男孩女孩们看的，而后者们大抵是中产阶级家庭的孩子，或是贵族家庭的孩子。“安徒生”们往他们心灵里播人文的种子，以使他们长大后成为一个“具有人文情怀”的人。这样的人多了，于是“良知社会”可以实现。

《春天里》既是为农民工兄弟姐妹们创作的，首先当然也是唱给他们听的。由他们自己唱来，感染力更强了。这首歌同时也感动了许许多多不是农民工的人，这一点更重要。否则，岂不成了农民工自己感动自己了吗?

我们的社会还能被一首这样的歌感动，这是我们对社会仍抱有不泯之希望的充分理由。我们的社会很需要这样的歌，这样的戏剧，这样的文学作品和电影、电视剧；甚至，包括摄影和绘画……

在此时代，文艺不仅要彰显它的商业能动性，还要弘扬自身的人文情怀自觉性……

评论的尺度

在我的理解之中，评论其实并非是一件事，而是既相似又具有显然区别的两件事——相对于文学艺术，尤其如此。

评说之声，可仅就一位文学艺术家的单独的作品而发；而议论文，则就要在消化一位文学艺术家的，或一类文学艺术现象的诸多种文学艺术创作的资料之后，才可能有的放矢。

打一个有几分相似又不是特别恰当的比喻——评像是医学上的单项诊断，而论像是全身的体检报告。

比如，倘我们仅就张艺谋的《英雄》言其得失，那么我们只不过是在评《英雄》，或表述得更明确一些，评张艺谋执导的商业大片《英雄》。而倘若我们仅就《英雄》发现自诩为“张艺谋论”的看法，那么，结果恐怕是事与愿违的。因为张艺谋执导的电影既有《英雄》之前的《秋菊打官司》和《一个都不能少》等，又有《英雄》之后的《千里走单骑》等。

以上自然是文学艺术之评论的常识，本无须赘言的。我强调二者的区别，乃是为了引出下面的话题，即学生们经常对我提出的一个我和他们经常共同面临的问题——文学艺术的评论有标准吗？如果有，又是些怎样的标准？被谁确定为标准的？他们凭什么资格确定那样一些标准？我们为什么应该以那样一些标准作为我们对文学艺术进行评论的标准？如果不能回答以上问题，那么是否意味着所谓文学艺术的评论，其实并没有什么应该遵循的可称为“正确”的标准？果真如此的话，评论之现象，岂不成了一件原本并没有什么标准，或曰原则，实际上只不过是每一个评论者自说自话的无意义之事了吗？是啊，你说你的，我说我的，没有判断对错的尺度放在那儿，还评个什么劲儿，论个什么劲儿呢？这样的话语，人还非说它干吗呢？

我的第一个回答是：尺度确乎是有的。标准或曰原则也确乎是有的。只不过，评有评的尺度、标准、原则，论有论的尺度、标准、原则。而论是比评更复杂的事，因而也需对那尺度、标准和原则，心存较全面的观点，而非特别主观的偏见。

我的第二个回答是：人们看待自然科学的理念是这样的——世界是物质的；物质是运动的；运动是有规律的；规律是可以被认知和掌握的。

我想，人们看待文学艺术，不，文学和艺术的理念，当然同样——世界不仅是物质的，而且也是文化的（包括文学和艺术）；文学和艺术体现为人类最主要的文化现象，是不断进行自身之调衡、筛选及扬弃的；其内容和形式乃是不断丰富，不断创新的；文学和艺术古往今来的这一过程，也毕竟总是有些规律可循的；遵循那些规律，世人是可以发乎自觉的，表现能动性也梳理并提升各类文学和艺术的品质的；而评和论的作用，每充分贯穿于以上过程之中……

学生们要求说："老师，你的话说来说去还是太抽象，能不能谈得更具体一点儿呢？"我思忖片刻，只得又打比方。

我说："亲爱的同学们，人来到世上，不管自己是否是一个与文学和艺术形成职业关系的人，他或她其实都与文学和艺术发生了一个与世人和两个口袋的关系。两个口袋不是指文学和艺术——而是指一个本已包罗万象、内容极为丰富又极为芜杂的口袋，人类文化的口袋和一个起初空空如也的、自己这一生不可或缺的、如影随形的、自给自足的、纯属个人的文化的口袋。这一个口袋对于大多数世人绝不会比钱包还重要，只不过像一个时尚方便的挎包。有最好，没有其实也无所谓的。但是，对于一个与文学和艺术形成了热爱的进而形成了职业之关系的人，个人的文化之口袋的有或无，那一种重要性就意义极大，非同小可了。

"这样的一个人，他往往是贪婪的，贪而不知餍足。一方面，他知道人类的文化的口袋里，对自己有益的好东西太多了。这使他不断地将手伸进去往外抓取。对于他，那都是打上了前人印章的东西，抓取到了放入自己的文化口袋里，那也不能变成自己的。既然不能变成自己的，抓取对于他就没有什么特殊意义。而要想变成自己的，那就要对自己抓取在手的进行一番辨识，看究竟值不值得放入自己的口袋。他或她依据什么得出值与不值的结论呢？第一，往往要依据前人的多种多样的看法，亦即前人的评和论。第二，要依据自己的比较能力。可以这么说，在比较文学和比较艺术的理论成为理论之前，一个与文学和艺术发生了亲密关系的人，大抵已相当本能地应用着比较之法了。比较文学和比较艺术的理论，只不过总结了那一种比较的本能经验，使本能之经验理论化了。第三，本人的文化成长背景也起着不容忽视的暗示作用。但我们后人实在是应该感激先人。没有先人们作为遗产留下了多种多样的评和论，以及丰富多彩的文学和艺术的作品，那么我们将根本无从参考，也无从比较。

“我们与文学和艺术发生了亲密关系的人，不仅是些只知一味从人类的文化口袋里贪婪地抓取了东西，往自己的文化口袋里放的人。我们这种人的特征，或曰社会义务感，决定了我们还要使自己的文化口袋变成为文学和艺术的再生炉。也就是说，我们取之于哪一个口袋，我们就要还之于哪一个口袋。抓取了创作成果之营养的，要还之以创作的成果。抓取了评的或论的成果之营养的，要还之以同样的成果。谁不许我们还都不行。这是我们这类人实现自我价值的唯一方式。我们这类人的一切欣慰，全都体现在所还的质量方面。社会以‘质’作为我们的第一考评标准，其次是‘量’。而在我们这种人，大多数情况乃是——没有一定的量的实践，真是不太会自然而然提交的。一生一部书、一幅画、一次演出流芳千古的例子，并不是文学史和艺术史上的普遍现象，而是个别的例子……”

同学们：“老师，您扯得太远了，请直接说出评的尺度和论的尺度！既然您刚才已经言之凿凿地说过有！”

梁晓声：“亲爱的同学们，耐心点儿，再耐心点。现在，让我告诉你们那尺度都是什么。

“第一，和平主义。

“第二，审美价值。

“第三，爱的情怀。

“第四，批判之精神，亦曰文化的道义担当之勇气。

“第五，以虔诚之心确信，以上尺度是尺度，以上原则是原则；并以文学的和艺术的眼光看以上诸条，是否在文学的和艺术的作品中，得到了文学性的和艺术性的或传统的或创新的或深刻的或激情饱满的发挥。总而言之，将要创作什么？为什么创作？怎样与创作结合起来进行评和论？”

同学们：“老师啊老师，您说的那算是些什么尺度啊！太老生常谈了！半点儿新观念也没有哇！听起来根本不像在谈文学和艺术，倒像是在进行道德的说教！”

梁晓声：“诸位，少安毋躁。我只不过才说了我的话的一半。我希望你们日后在进行文学的文艺的评或论的时候，头脑里能首先想到两个主义、一个方法。它们都是你们常挂在嘴边上动辄夸夸其谈的，但我认为你们中其实少有人真的懂得了那是两个什么样的主义，一个什么样的方法。

“第一个主义叫作解构主义。这个主义说白了就是‘拆散’一番的主义。也不是主张对一切都‘拆散’了之，而是主张在‘拆散’之后重新来发现价值。我们都知道的，世上有些事物，有些现象，初看起来，具有某种价值似的，一旦‘拆散’，于是了无可求。证明看起来形成印象的那一种价值，原本就是一种虚炫的价值。而还有些事物或现象，是不怕‘拆散’的，也是经得住‘拆散’的。即使被‘拆散’了，仍具有人难以轻弃的价值。比如一个崭新的芭比娃娃或一艘老式战舰。芭比娃娃是经不起一拆的，拆了就只不过一地纤维棉和一地布片。不是芭比娃娃没有它自己的价值，而是强调它的价值一定在它是一个芭比娃娃时才具有。但一艘战舰，即使被拆了，钢铁还有不可忽略的价值。以战舰对比芭比娃娃，太欠公平了。那么就说是一只老式的罗马表‘解构’了，也许会发现小部件与小部件之间所镶的钻石。而芯内的钻石，只有在‘解构’之后才会被人眼看到。一把从前的玻璃刀也是那样。刀头上的钻石的价值是不应被轻易否定的。故我希望你们明白——这世上确乎存在着连解构主义也对之肃然的事物或现象。凡是解构主义解构来解构去，甚或轻易根本不敢对之实行解构的特别稳定的价值，它若体现在文学或文艺之中了，评和论都要首先予以肯定。这个态度都丧失了的评和论，就连客观公正也首先丧失了。所以，我再说一遍，凡解构主义最终无法解构得了的无可取代的价值取向，皆可作评和论的尺度。我刚才举到的只不过是我所重视的，自然不是全部。

“第二个主义是存在主义。一谈到存在主义，有人就联想到了那样一句话——‘凡存在的，即合理的’。在这一句话中，‘合理’是什么意思呢？非是指合乎人性情理，也非是指伦理学方面的道理，而是指逻辑学上的因果之理。即其因在焉，其果必存。某些评或论，不究其因，只鞭其果，不是有思想有见识的评和论。所以，我希望同学们，发表否定之声的时候，当先自问——那原因我看到了没有？倘看到了，又不敢说，那就干脆缄口，什么都别说了。当老师的人，每顾左右而言其他，圆滑也。圆滑非是评和论的学问或经验，是大忌也，莫学为好。存在主义是评论具有社会批判性的文学和文艺的不可或缺的一种尺度。现在我们该谈谈那一种方法了。非他，比较之法而已。所谓‘比较文学’，即应用比较之法认识文学品质的一种方法。不比较，难鉴别。这是常识。老百姓买东西，还往往货比三家呢。

“这一种方法，自评论之事产生，其实一贯为人用也。但那是一种本能性的方法之应用，并未被上升为理论。由经验而理论，只不过是二十世纪才有的事。一切之人，面对文学或文艺，忽觉有话要说，头脑中那第一反应是什么呢？最初的资讯反应而已。民间夸邻家的女孩儿漂亮，怎么说？——呀，这丫头，俊得像……于是夸者联想到了嫦娥，而你们今天会联想到某某明星、模特儿。一个人头脑里所储存的资讯越丰富，评起来论起来就越自信。而自信的评和论，与不自信的评和论的区别乃在于——前者之言举一反三，后者却每每只能一味地说：‘我觉得……’因为除了自己的‘觉得’，几乎再就说不出别的什么。所以，同学们要多读，多看，使自己关于文学和文艺的资讯背景渐渐厚实起来，以备将来从事与评和论的能力有联系的职业……

“最后，我要说的是——或言我要作一番解释：我虽只大略地归纳了六条尺度，其实它们包含着互相贯通的内在结构。比如在我这儿，想象力的魅力，也是一种类。故《西游记》依我之眼来看，首先是美的文学。《白蛇传》更是古今中外极美之例也。而牺牲精神、正义行为，尤其是美的。故在我这儿，连《赵氏孤儿》都是美的。爱的情怀，当然也不仅指男女之爱。《汤姆叔叔的小屋》，大爱之作品也。《雷霆大兵》的主题是什么呢？可不可以说是枪林弹雨之中的人类爱的大情怀的诠释呢？而在批判之精神的感召下，近二百年来，古今中外曾产生了多少优秀的文学和文艺啊！

“我的结束语是：将解构主义当成棍棒横扫一切的评和论的现象，是对解构主义不得要领的‘二百五’的现象。以‘存在的，即合理的’为盾牌，专门做某些显而易见的文化垃圾的卫士的人，犯的乃是理解力方面的低级错误。如果我们正确领会了以上两种主义，再加上善于运用比较之法，则定会在评和论这两件事中，提高自己，有益他人。归根结底，评和论的尺度即不但有，而且是需郑重对待的。”

关于权力的美学

我的家乡人哈尔滨师范大学教授范正美先生，执教四十余年了。他退休后，著成《经济美学》一书，不久前亲自送来校样稿，于是得以先睹为快。

分享他的欣慰的同时，连日思想——权力与美学之间是否也存在着某种关系。倘有，怎么不见人写一部关于权力美学的书呢?

头脑中产生如此问题，起先很是愧怍，不敢与人讨论，恐被视为荒唐，更怕被操权握柄的权力人士和美学家们两方面嘲讽。比如美学家们或可讥我"泛美学观点"，庸俗之见；而权力者们嗤之以鼻，认为我根本不晓权力为何物，并认为我标立异论，纯粹是哗众取宠。

而我头脑中的问题却无论如何挥之不去，深受困扰。以往出现这一种情况，解脱的办法只有写。那么，便也写将出来吧，不管别的，先图解脱再说。

依我浅见，权力与美学之间大约是有些什么关系的。

君不见，古今中外，人类为权力不是设计了不少象征物么？王冠、王杖、王宫或皇宫，是也；专车、专列、专机，是也。比如美国的"空军一号"，是总统们的特权的象征。而中国古代的"乌纱帽"，是官居几品的象征。所以，"空军一号"升空，每有战斗机护航；而中国古代的官员们一旦被定了罪，便会被当即摘去乌纱帽。古代，玉玺和官印自然更是权力的象征。在古代，官丢了印，那对于他可是件天大的事。只有高官，"行政待遇"方面才配有"护印"官之类的专职服务人员。小官，比如九品县官，是没资格享受那种待遇的。所以，他即使在大祸临头时，也双手紧紧地搂抱着印。那是他为官的命根子，一旦没了，官做不成事小，罪担不起的。

依我看来，世界上的一切人，无不生活在权力的制约之下。古时候，权力阶层的人士叫“统治者”，“刑不上大夫”是他们的特权。现在这特权也还在世界上许多国家和国际惯例中部分地保留着，叫“豁免权”。

正是在此点上，我认为权力和美学发生了关系。

我认为相对权力，民主和监督不但是政治话语，其实也是美学话语。权力是一柄双刃之剑。它足以使也很容易使权力拥有者的人性和人格异化，结果经由权力，往往伤害了并且异化人们的人性和人格。世界长期处于这一种情况之下，美好又从何谈起呢？为了使更多的普通人都能够感觉到世界毕竟是美好的，少数人拥有的权力必须合法产生。为了使一切权力拥有者的言行也受到制约，那么必须赋予一切普通人监督他们的权力。人类的社会既不能处于没有权力的局面，又不能允许少数人通过权力变为人上人，便自然而然地产生出对于权力从形式到性质所寄托的种种合乎公愿的理想。而凡赋理想之事，皆附美学内容。

“政者，正也。子帅以正，孰敢不正？”

“所贵圣人之治，不贵其独治，贵其能与众共治也。”

“为地战者不能成王，为禄仕者不能成政。”

“不苟一时之誉，思为利于无穷。”

中国古代先贤先哲们关于权力的那些思想，多么美好啊！如是，则权力拥有者是“美人”也；则权力本身亦美矣。只不过，在以王权为全社会的权力基础的古代，无论中国还是外国，权力阶层根本不可能达到那么理想化的程度，权力本身也不能。

对于权力，健全的政治体制和成熟的经验，与思想理念是同等重要的。这一种形式和性质的统一，在美学上，当可曰为“和谐美”。不和谐，则权力被人异化，人反过来异化权力，皆难“美”矣。

而今天，我们国家的政治体制已经比从前健全多了，司法体制也比从前健全多了，并且在继续改革进步着。因而今天，对于权力，我们有了对被赋予权力的人和权力本身，寄托更加符合美学原则的希望。广泛的人性认知水平是美学的基础。我们希望代表权力的人和权力本身更美好些，也就是希望他们和它更智慧些，更仁慈些，更经验丰富些，从而更人性化一些。

美国某年某市，某些人因某事愤怒起来，纷纷焚烧国旗。独汉堡包店前，店员们手挽手地护住高杆上的国旗不许破坏，双方剑拔弩张，流血冲突似乎难以避免。此时送货的卡车司机接到纽约总部总裁先生亲自指示的电话，他遵命开着卡车将旗杆撞倒，于是冲突自行平息……

我以为，这是权力代表者的智慧的表现。

在奥法马伦哥战役中，奥军大败，司令官马可将军被俘。有一天，他趁机逃跑了。

拿破仑得知情况后说："立刻打发他的副官也随同去吧！这么显要的人物，只身独行是不成体统的。"

我以为，这是战胜国最高权力代表者的仁慈的表现，亦是幽默处理的一例。

"公民，你有权保持沉默。我必须提醒你，你此刻回答的每一句话，都有可能在法庭上被当作证词。"

每当我从电影或电视中看到这样的情形，内心里总是很感动。权力是完全有可能被滥用的，因而普通人的权力理应被考虑得更加周到。

我以为，这是权力的平等性的"完美"体现，起码在形式上体现着一种平等追求。

格鲁吉亚的总统在政治危机风云中自动弃职弃权下台了，我以为，这是权力代表者的明智的体现。

智慧、仁慈、平等、公正、明智、克己奉公的精神，无怨无悔的责任，丰富的经验和雄辩的风采以及幽默的方式，我以为，一个人的品质美点越多，越具有人格之魅力，当他被赋予权力之后，那一种权力也就会变得像他本人一样，成为别人愿意自觉服从的权力，而不是反过来。同样道理，若我们对权力本身产生的方式，被赋予的仪式，行使的范围和受监督的前提思考得越周到，越符合公愿，它就越接近着是一种体现我们人类"思想之类"的"东西"，而即使某个并不优秀的人拥有了它，也或许由于它的要求渐渐变得优秀起来。起码，不至于变得恶劣。

最后，我认为，迄今为止，人类一切关于权力的文明的进步的思想成果，都是大体上符合美学原则的思想成果。而“权力美学”，这一定是将来有人会深入研究和总结的一门——政治学科……

医生的位置

据说，进行过这样的民意测验——“你最尊敬的十种人”，并要求以职业排列。

我不以职业来作为什么可尊敬或不可尊敬的原则。道理是那么明白，可敬的人并不都包括在可敬的职业中。从事可敬的职业的人中，也有不可敬甚至可恶的人。如果将“尊敬”改为“重要”，我想我会排列如下：

一农民、二政治家、三科学家、四医生、五教育工作者……

医生这一职业的社会位置，现在是越来越突出了，无论在中国或外国。你可以从第四位往前移它，不但移到科学家前边去，甚至直接移到政治家前边去，政治家也保准没什么不满情绪。因为人活着，第一要有饭吃，第二千万别生病。尤其别生危害生命的病，比如癌。而现在，不但生病的人多了，似乎得癌的也多了。一旦得了癌，似乎神医也束手无策了。但还是有区别的。比如发现得早或晚，医治的及时或不及时，手术的效果……好医生、好医院保你多活许多年。否则，三个月或半年，你就见上帝了。

有一种社会现象是如今的“社团”多了。也就是“校友会”“战友会”，这个“会”那个“会”的。反正只要一些人由于某种缘分在一起待过，都赶紧地联络感情，赶紧地抱成个团儿。起码是一些人中的这几个和那几个，这一些和那一些。不论一次旅游活动或一期什么学习班，仿佛比玩和学习还重要的更大收获，是又认识了一些人。当然，人认识人是一门学问。有人愿意结识有共同语言的，有人愿意结识有用的。而有用的，似乎没有共同语言，也有那么点共同语言了。

另一种社会现象是，在任何“社团”中，或在任何一些人形成的圈子中，医生大抵是不可或缺的人。医生这一职业，渗透性极强，从下里巴人，到达官显贵，都被视为愿意结识的人。身为医生的人，自己可能很失落，很不愿交际，但这不会因此而减少别人认识他们的渴望。

试问，哪一位公务员，不认识一位或几位内科或外科专家？而普通百姓，只要有幸结识了一位护士、挂号员、门诊医生，如果对方也同样表示出乐于和自己交往的诚意，谁都会有种喜不自胜的感觉啊！是不是呢？那则意味着，你一旦生了病，医院对你不是那么望而却步的地方了。你也许可以“走后门”挂上急诊号，医生询问你的病情时，也许预先受到叮嘱，会细致点儿，不至于三五分钟便将你打发了，还可以开点儿好药、新药、特效药。

如果，一个社交圈子里居然没有医生，那算是一个圈子吗？那样的圈子，算是一个结构完整的圈子吗？

谁的电话簿上，不是将护士或医生或仅仅是在医院工作的人，记在最明显的位置呢？

而这一种关系，有时简直意味着是一笔“财富”，非至亲至交的人，非大动了同情心、怜悯心、恻隐心、慈悲心的时候，一般人是不肯轻易将这一种关系转赠他人的。

中国人与医生的关系，是人际关系中的至上关系。普遍的人们，未见得非巴结着去结识一位局长或部长，但对医生，则是另外一回事了。

中国人与医生的关系，对于有幸有这种关系的人，简直又意味着是极其有价值的“专利”。

目前的中国式的“社团”现象，从本质上去分析，乃是对激变着的时代的忧患。而医生在一切人际的结合中，都是受欢迎的，实在是说明了两点——第一，中国人比以往任何时代都更加珍爱自己的生命了。这也同时说明社会进步了。正如反过来——对自己生命的无所谓，说明人对社会的责任感降低到了极端。第二，看病在中国依然是“老大难”问题。尽管不断在改善，但依然有苦衷。尤其对普通百姓们是这样。

当时代发展的利益还不能平等地具体到一切人身上的时候，当时代发展的负面强烈地困扰某些人的时候，人便企图同时代保持某种距离。于是，人与社会的中介关系便产生了。中国式的“社团”，是中国人和中国目前时代的“扬长避短”的选择。既是被动的，亦是主动的。普遍的中国人，希望通过它的产生，感受社会发展的利益，削弱社会发展的负面的困扰。并且，希望它是“小而全”的，希望三十六行七十二业都囊括其中。那么，换煤气、孩子入托、转学、生病、住院、往火葬场送葬，似乎一切都有了受“关照”的可能了。我常想，一位主治医生、一位外科或内科以及其他医科专家，在一切人际圈子中，其特殊地位大概不啻是一位“教父”吧？

于是，医生这一社会职业，便具有了双重服务的性质。一方面要服务于广泛的人。另一方面要服务于某一社会层面，或曰人际圈内的人。这是由不得他们自己的。

目前，许多大医院都实行了专家挂牌门诊。这是极大的好事。这就使平民百姓也有相应的机会，请专家们诊一次病或动一次手术了！

我曾看到了《中国高级医师咨询词典》一书。这本书的问世是一件极大的好事，一件造福于民的积公德的事。这使深受病苦的平民百姓，可以从一部词典，清楚到哪儿去才能有幸受一位高级医师的治疗。否则，愿望落了空的平民百姓，企图在他们的人际圈子里去结识一位高级医师或一位专家，岂非“天缘”才可以实现的事么？

这对高级医师和医科专家们，也同样是好事。这就将他们从“层面”范围的服务中“解放”了出来，使他们的高明的一技之长及宝贵的经验，得以从真正意义上服务于人民了。我想，这一点肯定是他们十分情愿并十分欣慰的。因为这一点，和医生这一职业的对人平等的人道主义原则是一致的，也是和我们常常进行教育的社会主义的优越性是一致的。

否则，不一致。

最后，我想对高级医师和医科专家们说，当一位平民百姓坐在您面前时，您千万千万要格外地细心，格外地耐心呵！他们不是想接受一位高级医师或专家的诊断治疗，就可以通过电话联系上的人。他们不是从前根本不认识您，想认识您，便能认识上您的人。替他们想想，能坐在您的面前，对他们是多大的幸运呵！也费了多大的周折呵！

请多关照！

务必地，请多关照了……

我们何以不和谐

社会和谐或不和谐，因素很多。主要的现象在民间，主要的前提却不在民间。

百姓其实都是巴望和谐的。

因为一切导致社会不和谐的状态，首先必使人民的生活乃至生存丧失保障。比如战争，比如动乱，比如枉法，比如苛政……

“血流漂杵，人死如林”“持金易粟，粟贵于金”“中野何萧条，千里无人烟”“边城多健（青壮年）少，内舍多寡妇”“梦中依稀慈母泪，城头变幻大王旗”——这样的社会，是断没法儿和谐的。

片言折狱，严刑诬服，荣势破理，屈诛无辜；万全之利，权者以小不便而废；百世之患，贵者图小利而不顾——这样的社会，也是断没法儿和谐的。

苛政猛于虎，百姓如刍狗；朱门酒肉臭，路有暴尸殍——在如此这般的社会状况下，“孔子”们那些教化庶民的话，不管多么中听，根本就是废话。倘什么人还喋喋不休地向民间念教化经，那确乎可恶了。

“五四”时期，“打倒孔家店”成为主流的社会风潮，运动者们固然有偏激之处，孔老夫子委实也有点儿冤枉，但平心静气地想一想，却并不能说这是文化人士根本不负责任的胡闹。

不久前与几位同龄辈闲聊，有人言：“除了‘文革’十年，建国凡五十余载，竟无内战，无论如何，该说是中国人的福。”皆肃然，遂纷纷点头。想想半个多世纪前的中国，可能比今天的伊拉克还要悲惨；凡中国人，不可能不由而庆幸。

窃以为，今日之中国，民间也来总结和谐的经验，吸取不和谐的教训，还是有了不少可行性的前提的。虽然发生在我们百姓日常生活中的不和谐，对于社会只不过是细节，且与什么大前提无关，但有时却会令当事人目眦欲裂，血脉贲张；甚而真的向社会溅出血去；更甚而闹出人命来……

有次我在某市碰到这样一件事——上午我散步时，见一环卫工正在清理垃圾桶，旁边一女子在遛狗。那狗突然拉了屎，女子倒也自觉，而且分明有所准备，从兜里掏出卫生纸，包起狗屎打算扔进垃圾桶里。而那环卫工不知为什么不高兴了，将垃圾桶的盖子一盖，不许女子将狗屎扔进去。那女子手捏着一纸包狗屎，也不高兴了。

她质问："为什么不许我扔进去？"

环卫工理直气壮："这是垃圾桶，不是扔狗屎的地方。"

我想，那环卫工之所以不高兴，恐怕是觉得自尊心受到了伤害（在我们的社会中，不尊重环卫工人的人格和他们的劳动，甚而蓄意伤害他们自尊心的事也确实屡屡发生，现在这种现象少了很多了）——我干这么脏的活儿，每月那么少的工资，整天默默地为你们城里人服务，你们城里人何时正眼瞅过我们一次？我这儿正在扎塑料袋口呢，你偏赶这会儿当着我的面往袋里扔狗屎……这么一想，自然就有点儿是可忍孰不可忍了。都讲要换位思考，我想，如果那女子当时能换位思考一下的话，只消一句自嘲言语，环卫工心里的气肯定顷刻全无。

但那女子却手捏着一纸包狗屎认真起来。

"难道狗屎不是垃圾！"

"垃圾是垃圾，狗屎是狗屎！难道我是专门清理狗屎的人？！"

"狗屎也是垃圾！"

"狗屎不是垃圾！垃圾是生活废弃物！"

"狗屎就是废弃物！"

"这叫垃圾桶，不叫狗屎桶！"

"你胡搅蛮缠！"

"你才胡搅蛮缠！"

这时，对于那女子，怎么样才能扔掉狗屎似乎已不重要了，似乎理论明白狗屎究竟属不属于垃圾更为重要了。她的思维逻辑显然是这样的——只有通过理直气壮的辩论，迫使环卫工承认狗屎也是垃圾，手中的狗屎才会顺利地扔掉。她肯定还觉得很委屈——自己的狗在道上拉了屎，自己并没牵着狗一走了之，而是掏出纸包拾了起来，却偏偏遇到一名“犯浑”的环卫工不许自己往垃圾桶里扔！她也是可忍孰不可忍了。

那小狗蹲于地，看着一男一女两个人恶色相向，不明所以，一脸困惑。

我见他们越吵越凶，趋前劝之。我是有立场倾向的——暂且不论狗屎是否属于严格意义上的垃圾，看一个女人一直拿在手里总不是回事儿，所以侧重于劝那环卫工退让一步……

环卫工则指着那女人说：“你看她那凶样子！反倒来劝我？今天我偏陪她较这个真儿，你别管闲事！”斯时，那女人的样子确实已快失控——换位替她想想，手里一直捏着一纸包狗屎呢，样子能和谐得了吗？劝解无效，我只得去散我的步。半小时后，我再经过原地，环卫工不见了，被警车拉走了；女子也不见了，被救护车拉走了。满地的血点子，一名警察在向其他人了解流血事件的过程。而我听到的情况是这样——后来，那女子将狗屎摔到了环卫工的脸上，后者用垃圾桶的盖子狠狠地拍了她……才半个小时，倒也算是速战速决。

我还听到有人评论道：“唉，这个女子也是死心眼儿，不许往垃圾桶里扔，走几步扔那片草坪上得了嘛，正好做肥料。”闲人们皆道：“是啊，是啊。”我心里边就有点儿自责，怪自己半小时前没想到，所以劝得也不得法；若那么劝了，一场街头流血事件不就避免了吗？紧接着又有人说：“没见草坪那儿正有人推着剪草机剪草吗？我要是那人，往草坪上扔狗屎，我还不许呢！”想想，这话也是有预见性的。那，狗屎除了往人脸上摔，还能怎么个“处理”法呢？我困惑。几天前的一个早晨，我在家附近的元大都遗址公园散步，见一高个子和一中等个子的公园保安正与一对中年夫妇理论。公园管理处有一条新规定——不得在公园内进行“大规模”摄影。这无疑是一条好规定。若此公园成了随便拍广告、影视外景的地方，显然会影响人们晨练、健身，也必增加管理难度。那对中年夫妇是推辆幼儿车到公园里来的，车里的孩子看上去还不满周岁，中年得子，多高兴的事儿，丈夫想多拍几张照片。散步的人们于是都绕开走，他们很能理解那一对夫妇的愉快心情。但是，两名保安不知为什么对此事认真起来，上前阻止他们拍照。

他们自然要问："为什么？"答曰："有规定，禁止'大规模'摄影。"那丈夫诧异了："我们这是'大规模'摄影？"高个子保安肯定地说："对。因为你架三脚架了，架三脚架就算'大规模'摄影。""可我这三脚架这么小，只不过是为了相机稳定和能够自拍。""别跟我们说这么多，我们在执行规定。""哪儿规定的？""上级。""你们的上级是哪儿？""这你就无权过问了。""我要找你们上级提出抗议。""我们又没侵犯你的人权，只不过是在执行规定，所以有理由不告诉你。""你们侵犯了我的人权！""我们怎么侵犯你的人权了？""你们凭什么不许我们拍照？！""凭规定。""你看那儿，那儿，他们都在照！""他们没支三脚架。""支这么个小三脚架就算'大规模'摄影了？！"那丈夫吼起来了。"对，我们这么认为。"高个子保安的口吻听来一点儿商量的余地都没有。

于是引起围观。

几位息事宁人的老者对两名保安说："别这么较真儿嘛，什么都不影响，一会儿就照完了呀！"我也附和着那么说。高个子保安却坚定地摇头："不许。"看得出他当保安有些年头了；还看得出那中等个子的保安是新人，一直沉默不语，仅仅以不反对高个子保安的态度表现他的支持。在我们的生活中，这类以不反对的态度表现的支持，我们已司空见惯。而那高个子的保安，似乎要为中等个子的保安做"铁面无私"之榜样。

那女人妥协了，她说："那就别用三脚架了，合影时请别人给照一张算了。"而那丈夫势不两立起来了，掏出手机大声嚷嚷："我还偏不信这个邪！我通知电视台！"接着一通拨手机。高个子保安冷冷一笑："我奉陪。"俩保安一动不动地站在原地，监视着那一对夫妇。婴儿车里的婴儿却始终甜甜地睡着，对于大人们的冲突浑然不觉。我不愿劝人不成，自取其辱，便转身走开了，但也不想回家。我打定主意，要看这件事究竟怎么个了结。当我绕了一圈又经过那儿时，那丈夫不给电视台打电话了，开始给派出所打电话……我又绕了一圈，派出所来了两名年轻的民警，在听双方各执一词……我绕了第三圈回来，两名年轻的民警还在那儿调解。看得出，就这么一件小事，还真使他们感到为难。一方据理力争的是正当的公民权，抗议不合理的规章制度；一方寸步不让的是执法权威，坚持有章必行。至于那规定本身，不用说，初衷肯定是好的，是为了维护大多数公民的利益。但事情怎么就闹成这样了呢?

我那时又忘了友人们经常对我进行的闲事莫管的教导，指着那高个子保安厉喝：“住口吧你！就为不许人家照几张相，你们两名保安站在这儿都四十几分钟了，成心犯浑啊！”

这时保安队长闻讯赶来了，也冲我嚷嚷：“这儿正调解呢，你多的什么嘴?”

我大声说：“看不过眼的事，每个公民都有说话的权利！”

于是，围观者七言八语，都说事情根本不值得那么较真儿。

而两名派出所的民警趁机将保安们推走了。

那一对夫妇终于可以照相了，但他们并没开始照——脸上的表情那么不悦，照出来的效果会好吗?

回到家里的我，却吃不下早点了，为自己所见的事生气，却又不知究竟该生哪一方的气。虽然我当时认为保安们不对，但冷静一想，他们都那么年轻，而且是外地人，能在北京当上保安也不容易，如果上司确曾对他们说过：“支起三脚架即算‘大规模’摄影”——这是很有可能的。那么，他们明明看见了有人在支起三脚架摄影，不禁止行吗?万一管他们的人看到了，斥责他们失职，兴许还会开了他们，那他们又怎么担待得起呢?因为小小的过失开一两名保安，还不是家常便饭吗?这么一想，我不免又理解起两名保安小伙子了，并因为我对他们的态度感到深深的内疚和羞惭。

那么说来说去，是那一对中年夫妇有什么不对喽?可他们究竟又有什么不对呢?我看得出来他们并不住在附近。想想吧，在星期日的上午，一家人高高兴兴地前来公园，本打算为孩子拍几张纪念照，只因架起了不足一米高的三脚架却被视为进行“大规模”摄影，再三辩说也不许照，那么多人帮之说情也无济于事——换了谁，都不会乖乖地服从。

但如果哪一方都无错可责，又怎么会在一个明媚的上午，在一处美丽而又人气和谐的公园里，双方大煞风景地僵持四十几分钟，以至于不得不呼来派出所的民警呢?

孰是孰非，又像“狗屎究竟算不算垃圾”一样，似乎成了“斯芬克斯之谜”。

此事使我联想到另一件事——前不久，我的一外省友人在电话中告诉我，他险入一次鬼门关，所幸阳寿未尽，又回转到现世来了。他是一位七十余岁的老先生，什么事都循规蹈矩，唯恐给别人留下为老不尊的不良印象。但他说起他的遭遇，竟异常激动：某日十点左右，忽觉头疼，起初并不在意，然其疼与时俱增，挨至中午，已甚剧烈。情知不妙，赶紧打的去医院。及至，下午各科的号已全挂满，只有专家门诊尚可加号，于是挂了一个专家号。

我问：“为什么不挂急诊啊?”

他说他是有些常识的，估计自己可能是脑血管方面出了问题，那么首先要拍脑部的血流片子。急诊必如此，专家门诊也必如此。与其在急诊部排队，莫如在专家门诊加个号，只开上拍片的单子，最多也就半分钟的事儿，并不耽误别人就诊，自己也能很快进入拍片室。

问题就出在了他的这一种想法上。挂号处给他开的是三十二号，这意味着他要坐在专家门诊室处等很久。可那时他的头更疼了，几乎忍受不住了。专家门诊室外有专门监管秩序的护士。他上前央求：“能不能先照顾我一下啊，就半分钟，啊?”护士断然拒绝：“不行，都得按号看病。”“我头疼得厉害，快忍不住了啦。”“那去看急诊。”“可我已经挂了专家号。”“那就是你个人的问题了。”七十余岁的老人便再无话可说。还说什么呢?以他的年龄，以他的修养，是断不会硬闯入专家门诊室去的。

万一和是自己孙女辈的小护士拉拉扯扯起来，成何体统呢?于是，他转而去分号台那儿央求。可人家说只管分号，不管别的事。想要受到优先照顾，还是得跟在专家门诊室外监管秩序的护士去说……他便又回到了专家门诊室那儿，再次央求。小护士还是不肯给予照顾，且振振有词：“我站在这儿是干什么的？就是负责监管秩序的。有秩序对大家都公平，不能因为你一个人破坏了公平。你头疼，别人就哪儿都好好的吗？老先生，还是耐心地坐在那儿等着吧。既然给你开了号，下班前就准能轮到你……”

小护士对他谆谆教导，听来那一番话不能说毫无道理。医院专门安排几名护士在专家门诊前监管秩序，那也确实是对大多数看病的人负责任的一种措施。而那小护士分明也是想认认真真地负起自己的那一份职责。

但是对于我的友人，那一种认真却未免近于冷酷无情。出于热爱自己生命的本能，趁一个看病的人刚从专家门诊室出来，他便顾不了许多地硬往里闯了……

“你这人怎么这样？”小护士还真拽住了他。

“姑娘，我不骗你，我的头……”

老人家一急，话没说完，竟身子猛烈一抖，随之往后便倒。老先生脑血管因堵塞而破裂，幸而抢救及时，进行了开颅手术，捡回一条命。

在我们普通人所终日生活的社会细节里，如此这般的事举不胜举。若想从这类事中分清孰对孰错，是很难的。若想完全避开这类事，也是很难的。这类事和腐败没有什么关系，和官僚主义也没有什么关系，和所谓的社会公平正义更没有什么关系，但它却也是那么影响我们对现实生活的感受，现实生活是否值得我们热爱，往往也由这类事对我们生活情绪的影响而定。以我自己为例，我大致归纳了一下，倘从我十八岁成年以后算起，大约有三分之一使我大动肝火的事，其实正是以上一类事。这类事是任何一个国家的政府都不大能替人民操心得到的，也是任何一个法官都难以断清的。任何一个国家的环卫部门都不曾对狗屎究竟算不算垃圾作出过权威结论。难以想象的是，有时一条好的规定、一项好的措施，竟会使人和人的关系反而不和谐了。

关键还是在人。

正如我们常说的：“规章制度是死的，人是活的。”

而这句话在人口少的国家是一回事，在我们有十几亿人口的中国是另一回事。

如果元大都遗址公园每天早晨健身的人少了一半，那两名太过认真的保安对那一对中年夫妇也不会那么认真了吧?

如果我们的医院不都像集市一样，那么太过认真的小护士也会对我的友人予以照顾了吧?

十几亿人，对于一个国家而言，人口真是太多了。以至于在我们社会的每一条褶皱里、每一个细节中，都时常会发生些本不该发生的事。

我喋喋不休地讲述以上几件事其实并非为辨明是非，而只不过想使我自己和我的读者更加明了——生活在一个十几亿人口的国家里，每一个普通人最好都夹起尾巴做人。管别人的人，不要总习惯于对别人像牧人对待羊群中的一只羊一样；被管的人，遇到了太过认真的人，应像车遇到了拦路石一样，明智地绕行。即使忍气吞声，该忍则忍，该吞则吞吧!

否则和谐还有望吗?!

Chapter 2

我的使命

我们的文化，

以各种方式向我们介绍了太多太多的

所谓“不平凡”的人士们了，

而且，最终往往地，

对他们的“不平凡”的评价总是会落在他们的资产和身价上。

这是一种穷怕了的国家经历的文化方面的后遗症，

以至于某些呼风唤雨于一时的“不平凡”的人，

转眼就变成了些行径苟且的、欺世盗名的，

甚至罪状重叠的人。

我的使命

据我想来，一个时代如果矛盾纷呈，甚至民不聊生，文学的一部分必然是会承担起社会责任感的。好比耗子大白天率领子孙在马路上散步，蹲在窗台上的家猫发现了，必然会很有责任感或使命感地蹿到街上去，当然有的猫仍会处事不惊，依旧蜷在窗台上晒太阳，或者跃到宠养者的膝上去喵喵叫着讨乖。谁也没有权力，而且也没有办法，没有什么必要将一切猫都撵到街上去。但是在谈责任感或使命感时，前一种猫的自我感觉必然会好些。在那样的时代，有些小说家，自然而然地，可能由隐士或半隐士，而狷士而斗士。有些诗人，可能由吟花咏月而爆发出诗人的呐喊。怎样的文学现象，更是由怎样的时代而决定的。忧患重重的时代，不必世人翘首期待和引颈呼唤，自会产生出忧患型的小说家和诗人。以任何手段压制他们的出现，都是煞费苦心、徒劳无益的。倘一个时代，矛盾得以大面积地化解，国泰民安，老百姓心满意足、喜滋乐滋，文学的社会责任感，也就会像嫁入了阔家的劳作妇的手一样，开始褪茧了。好比现如今人们养猫只是为了予宠，并不在乎它们逮不逮耗子。偶尔有谁家的娇猫不知从哪个土祠旮旯逮住一只耗子，叼在嘴里喵喵叫着去向主人证明自己的责任感或使命感时，主人心里一定是甭提多么腻歪的了。在耗子太多的时代，能逮耗子的才是好猫。人家里需要猫是因为不需要耗子。人评价猫的时候，也往往首先评价它有没有逮耗子的责任感和使命感。在耗子不多了的时代，不逮耗子的猫才是好猫。人家里需要猫已并不是因为家里还有耗子。逮过耗子的猫再凑向饭桌或跃上主人的双膝，主人很可能正是由于它逮住耗子而呵唬它。嗅觉敏感的主人甚至会觉得它嘴里呼出一股死耗子味儿。在这样的时代，人们评价一只猫的时候，往往首先评价它的外观和皮毛。猫只不过是被宠爱和玩赏的活物，与养花养鱼已没了多大的区别。狗的价值的嬗变也是这样。今天城里人养狗，不再是为了守门护院。狗市的繁荣，也和盗贼的多起来无关。何况对付耗子，今天有了杀伤力更强的鼠药。防患于失窃，也生产出了更保险的防盗门和防盗锁。

时代变了，猫变了，狗变了，文学也变了，小说家和诗人，不变也得变。原先是斗士，或一心想成为斗士，以成为斗士为荣的，只能退而求其次地变成狷士，或者干脆由狷士变成隐士。做一个现代的隐士并不那么简单，没有一定的物质基础虽然“隐”而“士”，也总归潇洒不起来。所以，旁操他业或使自己的手稿与“市场需求接轨”，细思忖也是那么的情有可谅。非但情有可谅，简直就合情合理啊！鲁迅先生即便活到现在，并且继续活将下去的话，在当代青年对徐志摩的诗和梁实秋的散文很热衷了一阵子之后，还要坚持他的《论资本家的乏走狗》的风骨么？他是不是也会面对各方约稿应酬不暇，用电脑打出一篇篇闲适得不能再闲适的文章寄出去，再期待着稿费养家糊口呢？

任何一个人几乎都有一百条理由仍做一个忧患之士，比如道德沦丧、民心不古、情感沙化、官僚腐败、歹徒横行……大款穷奢极欲一掷万金，穷山沟里的孩子上不起学，男人娶不起老婆，拐卖妇女儿童案层出不穷……

这些足令某些人身不由己地变成忧患之士。如果他不幸同时还是小说家或诗人，那么他的小说里他的诗里，满溢着责任感、使命感什么的，他大声疾呼文学要回归责任感、使命感呀什么的，当他是个偏执狂，并不多么公道，也难以证明自己才更是小说家或诗人。在他之前，古今中外有过许许多多他这样的小说家和诗人，并不都是疯子，起码并不比尼采疯多少。比如杜甫和白居易的诗，直到今天仍在被世人经常引用，一点儿也不比被自作聪明的后人贴上“纯诗”之标签的李清照和“超现实主义”之标签的李白缺少价值……

任何一个人几乎又都有一百条理由做一个闲适之士。如果他刚好同时还是小说家或诗人，便几乎又都有一百条理由认为，文学的责任感已变得那么多余，已成一种病入膏肓的呓语。改革已取得了举世瞩目的伟大业绩，市场繁荣，生活水平提高，“海”里很热闹，岸上很消停，老百姓人人都一门心思地挣钱。朗朗乾坤光明宇宙，文学远离现实的时代明明已经到来了，还遑论什么责任感、使命感？喋喋不休地干什么哇？烦人不烦人呀？在他之前，古今中外有过许许多多他这样的小说家和诗人。他们的小说和诗正被一批又一批地重新发现、重新评价、重新出版，掀起过一阵阵的什么什么热，似乎证明了没什么社会责任感、使命感的远比有责任感有使命感的小说或诗的文学之生命力更长久……

倘偏说他们逃避现实也当然值得商榷。因为他们的为文的选择是不无现实根据的。

孰是孰非？

我想因人而异。甚至，更是因人的血质而异的吧？

当然，也由人的所处经济的、政治的、自幼生活环境和家庭影响背景所决定的吧？南方老百姓对现实所持的态度，与北方老百姓相比就大有区别。

南方知识分子谈起改革来，与北方知识分子也难折一衷。

南方的作家和北方的作家，呈现出了近乎分道扬镳的观念态势，则丝毫也不足为怪了。这就好比从前的猫与现在的猫，都想找到猫的那点子最佳的感觉，都以为自己找到的最佳亦最准确。其实作为猫，都仍是猫也不是猫了。于南方而言，并不意味着什么进化。于北方而言，并不意味着什么退化。只不过是同一个物种的嬗变罢了。何况，不论在南方和北方，作家还剩一小撮儿，快被时代干净、彻底地“消化”掉了。

所以，现在是一个最不必讨论文学的时代，讨论也讨论不出个结果。恰符合“存在的，即合理的”之哲学。

至于有几个西方人对中国文坛的评评点点，那是极肤浅极卖弄的。对于他们，我是很知道一些底细的。他们来中国走了几遭，待了些日子，学会了说些中国话，你总得允许他们寻找到卖弄的机会。权当那是吃猫罐头长大的洋猫对中国的猫们——由逮耗子的猫变成家庭宠物的猫，以及甘心变成家庭宠物、仍想逮耗子的猫们的喵喵叫罢。从物种的意义上而谈，它们的嬗变先于我们。过来人总要说过来话，过来猫也如此。某届诺贝尔文学奖，授予一位美国黑人女作家，而她又是以反映黑人生活而无愧受之的，这本身就是对美国当代文学一种含蓄的讽刺。

而我自己，如今似乎越来越悟明白了——小说本质上应该是很普通、很平凡、很寻常的。连哲学都开始变得普及的时代，小说的所谓高深，若不是作家的作秀，便是吃“评论”这碗饭的人的无聊而鄙俗的吹捧。我倒是看透了这么一种假象——所谓为文学而文学的作家，在今天其实是根本不存在的。以为自己是大众的启蒙者或肩负时代使命的斗士，自然很一厢情愿，很堂吉诃德。但以为自己高超地脱离了这个时代，肩膀上业已长出了一双仿佛上帝赋予的翅膀，在一片没有尘世污染的澄澈的文学天空上自由自在地飞翔，那也不过是一种可笑的感觉。全没了半点儿文学的责任感的负担，并不能吊在自己吹大的“正宗”文学的气球飞上天堂，刚巧就落在缪斯女神在奥林匹斯山为他准备好的一把椅子上……

但我有一天在北京电台的播音室里做热线嘉宾时，却没有说这么许多。归根结底，这是一些没意思的话。正如一切关于文学的话题，今天都很没意思。所以，我还浪费笔墨地写出来，乃是因为信马由缰地收不住笔了……

好想法是值得欣赏的

青年周宗敏是中国海外文化系列丛书的执行总编。他对他的工作抱有极大的热忱，而且善于创想；他追求工作成就感，以他的工作为快乐。在抱怨自己工作的人越来越多的当今，他这一种以工作为快乐的青年难能可贵。自然，也就可爱了。

我应邀在大连参加中建集团的一次活动的日子里，小周专程从广州飞到大连见我，请我为他的这一本书作序。见我精神疲惫，他降低了对我的请求，向我阐述了他为什么要写这样一本书的初衷之后，只希望我谈谈我的看法，由他录音、整理。我感动于他的执着，承诺还是要看看他的书稿再议。我也向他提出请求，倘我看后觉得自己没什么好写的，希望他勿勉强我。后来，他就将书转寄到了北京我的家中。我终于有精力看他的书稿了。而现在，已经是后半夜一点多，我看他的书稿看得失眠了，索性便伏案写下我的心得——好想法是值得欣赏的。中海集团在房地产开发和物业管理方面，业绩卓然，享誉久矣。在全国各大城市包括港澳地区，都有中海集团开发并管理的高品质住宅楼区。

而对业主们进行采访，还要编印成书，此种想法、做法，实在是值得欣赏的。我们常说的企业文化，体现得很深入。我读此书，有幸了解了许多人乐观向上、充满自信的人生，亦悦事也。

这一想法、做法，实在是具有创举性的。而由青年的头脑想出来，并由青年认认真真地做了，又实在使我钦佩。我不喜欢大事做不来、小事不屑做的青年。世上被人视为“事业”的那样一些事，据我看来，起先往往是小事。

小事一旦意味着是一个好想法，它后来可能成为事业的前途，那是别人挡都挡不住的。

我相信，这一件事将会成为载入中海史册的一件事。虽然它不能像高楼大厦一样去卖，但是能使已令业内刮目相看的中海集团又一次吸引刮目相看的目光。

我相信，此书一出，房地产业、物业管理业内，将会渐起仿效之风。而有文化的事一旦被仿效，那便是光荣了。由此书我想到，其实中海集团的思路还可以更活跃一些。比如，可否在中海网站中开辟文艺网页，吸引中海社区的业主们，在文艺网站上各显其能？举凡文学、美术、书法、摄影，甚至小品表演、曲艺演唱，皆可鼓动号召。而且，还要进行评比颁奖。

社区是小社会。尤其中海名下的社区，肯定藏龙卧虎，隐居人才。倘鼓动号召果有成效，则为中国社区文化发展作出贡献也！夜成拙文，权作小序。

人性和它的意义

如果一个人只从纯粹自我一方面的感受去追求所谓人生的意义，并且以为唯有这样才会获得最多最大的意义，那么他或她到头来一定所得极少。

确实，我曾多次被问到——“人生有什么意义”。往往，“人生”之后还要加上“究竟”二字。

迄今为止，世上出版过许许多多解答许许多多问题的书籍，证明一直有许许多多的人思考着许许多多的问题。依我想来，在同样许许多多的“世界之最”中，“人生有什么意义”这一个问题，肯定是人的头脑中所产生的最古老、最难以简要回答明白的一个问题吧！而如此这般的一个问题，又简直可以算得上是一个“哥德巴赫猜想”或“相对论”一类的经典问题吧！

动物只有感觉；而人有感受。

动物只有思维；而人有思想。

动物的思维只局限于“现在时”；而人的思想往往由“现在时”推测向“将来时”。

我想，“人生有什么意义”这一个问题，从本质上说，是从“现在时”出发对“将来时”的一种叩问，是对自身命运的一种叩问。世界上只有人关心自身的命运问题。“命运”一词，意味着将来怎样，它绝不是一个仅仅反映“现在时”的词。

“人生有什么意义”这一个问题既与人的思想活动有关，那么我们一查人类的思想史便会发现，原来人类早在几千年以前就希望自我解答“人生有什么意义”的问题了。古今中外，解答可谓千般百种，形形色色。似乎关于这一问题，早已无须再问，也早已无须再答了。可许许多多活在“现在时”的人却还是要一问再问，仿佛根本不曾被问过，也根本不曾有谁解答过。

确实，我回答过这一问题。

每次的回答都不尽相同；每次的回答自己都不满意；有时听了的人似乎还挺满意，但是我十分清楚，最迟第二天他们又会不满意。

因为我自己也时常困惑，时常迷惘，时常怀疑，并时常觉着自己人生的索然。

我想，“人生有什么意义”这一个问题，最初肯定源于人的头脑中的恐惧意识。人一次又一次许多次地目睹从植物到动物，甚而到无生命之物的，由生到灭、由坚到损、由盛到衰、由有到无，于是心生出惆怅；人一次又一次地眼见同类种种的死亡情形和与亲爱之人的生离死别，于是心生出生命无常，人生苦短的感伤，以及对死的本能恐惧——于是“人生有什么意义”的沮丧油然产生。在古代，这体现于一种对于生命脆弱性的恐惧。“老汉活到六十八，好比路旁草一棵；过了今年秋八月，不知来年活不活。”从前，人活七十古来稀，旧戏唱本中老生们类似的念白，最能道出人的无奈之感。而古希腊的哲学家们，亦有认为人生“不过是场梦幻，生命不过是一茎芦苇”的悲观思想。

然而，现代了的人类，已有较强的能力掌控生命的天然寿数了，并已有较高的理性接受生死之规律了。现代了的人类却仍往往会叩问“人生的意义”何在，归根结底还是源于一种恐惧。这是不同于古人的一种恐惧。这是对所谓“人生质量”尝试过最初的追求而又屡遭挫折，于是竟以为终生无法实现的一种恐惧。这是几乎就要屈服于所谓“厄运”的摆布，而打算听天由命时的一种恐惧。这种恐惧之中包含着理由难以获得公认而又程度很大的抱怨。是的，事情往往是这样，当谁长期不能摆脱“人生有什么意义”的纠缠时，谁也就往往真的会屈服于所谓“厄运”的摆布了，也就往往会真的听天由命了，也就往往会对人生持消极到了极点的态度。而那种情况之下，人生在谁那儿，也就往往会由“有什么意义”的疑惑，快速变成了“没有意义”的结论。

对于马，民间有种经验是——“立则好医，卧则难救”。那意思是指——马连睡觉都习惯于站着，只要它自己不放弃生存的本能意识，它总是会忍受着病痛之身顽强地站立着不肯卧倒下去；而它一旦病得卧倒了，证明它确实已病得不轻，也同时证明它本身生存的本能意识已被病痛大大地削弱了。而没有它自身生存本能意识的配合，良医良药也是难以治得好它的病的。所以，兽医和马的主人，见马病得卧倒了，治好它的信心往往大受影响。他们要做的第一件事，又往往是用布托、绳索、带子兜住马腹，将马吊得站立起来，如同武打片中吊起那些飞檐走壁的演员们的那一种做法。为什么呢？给马以信心。要使马明白，它还没病到根本站立不住的地步。靠了那一种做法，真的会使马明白什么吧？我相信是能的。因为我下乡时多次亲眼看到，病马一旦靠了那一种做法站立着了，它的双眼竟往往会一下子晶亮了起来，它往往会咴儿咴儿嘶叫起来。听来那确乎有些激动的意味，有些又开始自信了的意味。

一般而言，儿童和少年不太会问“人生有什么意义”的话，他们倒是很相信人生总归是有些意义的，专等他们长大了去体会。厄运反而不容易一下子将他们从心理上压垮。因为父母和一切爱他们的人，往往会在他们不完全知情时，就默默地替他们分担和承受了。老年人也不太会问“人生有什么意义”的话。问谁呢？对晚辈怎么问得出口呢？哪怕忍辱负重了一生，老年人也不太会问谁那么一句话。信佛的，只偶尔独自一个人在内心里默默地问佛。并不希冀解答，仅仅是委屈和抱怨的一种倾诉而已。他们相信，即使那么问了，佛品出了抱怨的意味，也是不会责怪他们的。反而，佛会理解他们，体恤他们。中年人是每每会问“人生有什么意义”的。相互问一句，或自说自话地问自己一句。相互问时，回答显然多余。一切都似乎不言自明，于是相互获得某种心理的支持和安慰。自说自话地问自己时，其实自己是完全知道着一种意义的。

上有老下有小的人生，对于大多数中年人来说都是有压力的人生。那压力常常使他们对人生的意义保持格外的清醒。人生的意义在他们那儿是有着另一种解释的——责任。

是的，责任即意义。是的，责任几乎成了大多数是寻常百姓的中年人之人生的最大意义。对上一辈的责任、对儿女的责任、对家庭的责任，总而言之，是子女又为子女，是父母又为父母，是兄弟姐妹又为兄弟姐妹的林林总总的责任和义务，使他们必得对单位对职业也具有铭记在心的责任和义务。

在岗位和职业竞争空前激烈的今天，后一种责任和义务，是尽到前几种责任和义务的保障。这一点不需任何人提醒和教诲，中年人一向明白得很、清楚得很。中年人问或者仅仅在内心里寻思“人生有什么意义”时，事实上往往等于是在重温他们的责任课程，而不是真的有所怀疑。人只有到了中年时才恍然大悟，原来从小盼着快快长大，好好地追求和体会一番人生的意义，除了种种的责任和义务，留给自己的，即纯粹属于自己的另外的人生的意义，实在是并不太多了。他们老了以后，甚至会继续以所尽之责任和义务尽得究竟怎样，来掂量自己的人生意义。“究竟”二字，在他们那儿，也另有标准和尺度。中年人，尤其是寻常百姓的中年人，尤其是中国之寻常百姓的中年人，其“人生的意义”，至今，如此而已，凡此而已。

“人生有什么意义”这一句话，在某些青年那儿，特别在是独生子女的小青年们那儿问出口时，含义与大多数是他们父母的中年人是根本不相同的。其含义往往是——如果我不能这样；如果我不能那样；如果我实际的人生并不像我希望的那样；如果我希望的生活并不能服务于我的人生；如果我不快乐；如果我不满足；如果我爱的人却不爱我；如果爱我的人又爱上了别人；如果我奋斗了却以失败告终；如果我大大地付出了，竟没有获得丰厚的回报；如果我忍辱负重了一番，却仍竹篮打水一场空；如果……如果……那么人生对于我究竟还有什么意义？

他们哪里知道啊，对于他们的是中年人的父母，尤其是寻常百姓的中年人的父母，他们往往即是父母之人生的首要的、最大的、有时几乎是全部的意义。他们若是这样的，他们是父母之人生的意义；他们若是那样的，他们是父母之人生的意义。换言之，不论他们是怎样的，他们都是父母之人生的意义。而当他们倍觉人生没有意义时，他们还是父母之人生的意义；若他们奋斗成为所谓“成功者”了，他们的父母之人生的意义，于是似乎得到一种明证了。而他们若一生平凡着呢？尽管他们一生平凡着，他们仍是父母之人生的意义。普天下之中年人，很少像青年人一样，因了儿女之人生的平凡，而倍感自己之人生的没意义。恰恰相反，他们越平凡，他们的平凡的父母，所意识到的责任便往往越大，越多……

由此我们得到一种结论，所谓“人生的意义”，它一向至少是由三部分组成的：一部分是纯粹自我的感受；一部分是爱自己和被自己爱的人的感受；一部分是社会和更多有时甚至是千千万万别人的感受。

当一个青年听到一个他渴望娶其为妻的姑娘说“我愿意”时，他由此顿觉人生饱满着一切意义了，那么这是纯粹自我的感受。

“世上只有妈妈好，有妈的孩子像块宝。”——这两句歌词，其实唱出的更是作为母亲的女人的一种人生意义。也许她自己的人生是充满苦涩的，但其绝对不可低估的人生之意义，宝贵地体现在她的孩子身上了。

爱迪生之人生的意义，体现在享受电灯、电话等发明成果的全世界人身上；林肯之人生的意义，体现在当时美国获得解放的黑奴们身上；曼德拉的人生意义，体现于南非这个国家了；而俄罗斯人民，一定会将普京之人生的意义，大书特书在他们的历史上……

如果一个人只从纯粹自我一方面的感受去追求所谓人生的意义，并且以为唯有这样才会获得最多最大的意义，那么他或她到头来一定所得极少。最多，也仅能得到三分之一罢了。但倘若一个人的人生在纯粹自我方面的意义缺少甚多，尽管其人生作为的性质是很崇高的，那么在获得尊敬的同时，必然也引起同情。比如阿拉法特，无论巴勒斯坦在他活着或去世的时候能否实现艰难的建国之梦，他的人生之大意义对于巴勒斯坦人都是明摆在那儿的。然而，我深深地同情这一位将自己的人生完完全全地民族目标化了的政治老人……

权力、财富、地位、高贵得无与伦比的生活方式，这其中任何一种都不能单一地构成人生的意义。即使合并起来加于一身，对于人生之意义而言，也还是嫌少。

这就是为什么英国戴安娜王妃活得不像我们常人以为的那般幸福的原因。贫穷、平凡、没有机会受到高等教育、终生从事收入低微的职业，这其中任何一种都不能单一地造成对人生意义的彻底抵消。即使合并起来也还是不能。因为哪怕命运从一个人身上夺走了人生的意义，却难以完全夺走另外一部分，就是体现在爱我们也被我们爱的人身上的那一部分。哪怕仅仅是相依为命的爱人，或一个失去了我们就会感到悲伤万分的孩子……

而这一种人生之意义，即使卑微，对于爱我们也被我们爱的人而言，可谓大矣！人生一切其他的意义，往往是在这一种最基本的意义上生长出来的。好比甘蔗是由它自身的某一小段生长出来的……

人性似水

天地之间，百千物象，无常者，水也；易化者，水也；浩渺广大无边际者，水也；小而如珠如玑甚或微不可见者，水也。

人性似水。

一壶水沸，遂蒸发为汽，弥漫满室，削弱干燥；江河湖海，暑热之季，亦水汽若烟，成雾，进而凝状为云，进而作雨。雨或霏霏，雨或滂沱，于是电闪雷鸣，每有霹雳裂石、断树、摧墙、轰亭阁；于高空遇冷，结晶成雹；晨化露，夜聚霜……总之一年四季，十二个月二十四节气，雨、雪、霜、雹、露、冰、云、雾，无不变形变态于水。昌年祸岁，也往往与水有着密切的关系。乌云翻滚，霓虹斜悬，盖水之故也；碧波如镜，水之媚也；狂澜巨涛，水之怒也；瀑乃水之激越；泉乃水之灵秀；溪显水性活泼；大江东去，一日千里，水之奔放也。

人性似水。

水虽在地上，但是没有什么力量也没有什么法术可以将它限制在地上。只要它“想”上天，它就会自由自在地随心所欲地升到天空进行即兴的表演。于是，天空不宁。水虽在地上，但是没有什么力量也没有什么法术可以将它限制在地上。只要它“想”入地，即使针眼儿似的一个缝隙，也足可使它渗入地下溶洞中去。这一缝隙堵住了，它会寻找到另一缝隙。针眼儿似的一个缝隙太小了么？水将使它渐渐变大。一百年后，起先针眼儿似的一个缝隙已大如斗口、大如缸口。一千年后，地下的河或地下的潭形成了。于是，地藏玄机。除了水，世上还有什么东西能像水一样在天空、在地上、在地底下以千变万化的形态存在呢？

人性似水。

我们说“造物”这句话时，头脑之中首先想到的是“上帝”，或法力仅次于“上帝”的什么神明。但“上帝”是并不存在的，神明也是并不存在的。起码对如我一样的无神论者们而言，是不存在的。水却是实在之物。以我浅见，水即“上帝”。水之法力无边。水绝对地当得起是“造物”之神。动物加植物，从大到小，从参天古树到芊芊小草，从蜗蚁至犀象，总计百余万科目、种类，哪一种哪一类离得开水，居然能活呢？哪一种哪一类离开了水，居然还能继续它们物种的演化呢？地壳的运动使沧海变成桑田，而水却使桑田又变成了沧海。坚硬的岩石变成了粉末，我们认为那是风蚀的结果。但风是怎样形成的呢？不消说，微风也罢，罡风也罢，可怕的台风、飓风、龙卷风也罢，归根结底，生成于水。风只不过是水之子。“鬼斧神工”之物，或直接是水的杰作，或是水遣风完成的。连沙漠上也有水的幻象——风将水汽从湿润的地域吹送到沙漠上，或以雨的形态渗入很深很深的沙漠底层，在炎日的照射之下，水汽织为海市蜃楼……

人性似水。

水真是千变万化的。某些时候，某种情况下，又简直可以说是千姿百态的。鸟瞰黄河，蜿蜿逶逶，九曲八弯，那亘古之水看上去竟是那么的柔顺，仿佛是一条即将临产的大蛇，因了母性的本能完全收敛其暴躁的另一面，打算永远做慈爱的母亲似的。那时候那种情况下，它真是恬静极了，能使我们关于蛇和蟒的恐怖联想，也由于它的柔顺和恬静而改变了。同样是长江，在诗人和词人们的笔下竟又是那么不同。“万里长江飘玉带，一轮明月滚绣球”，意境何其浩壮幽远而又妙曼呵！“乱石穿空，惊涛拍岸，卷起千堆雪”，却又多么的气势险怵，令人为之屏息呵！人性亦然，人性亦然。人性之难以一言而尽，似天下之水的无穷变化。

人性似水。

人性确乎如水呵！

水成雾；雾成露；一夜雾浓，晨曦中散去，树叶上，草尖上，花瓣上，都会留下晶莹的露珠。那是世上最美的珠子。没有任何另外一种比它更透明，比它更润洁。你可以抖落在你掌心里一颗，那时你会感觉到它微微的沁凉。你也能用你的掌心掬住两颗、三颗，但你的手掌比别人再大，你也没法掬住更多了。因为两颗露珠只消轻轻一碰，顷刻就会连成一体。它们也许变成了较大的一颗，通常情况下却不再是珠子；它们会失去珠子的形状，只不过变成了一小汪水，结果你再也无法使它们还原成珠子，更无法使它们分成各自原先那么大的两颗珠子。露珠虽然一文不值，却有别于一切司空见惯的东西。你可以从河滩上捡回许许多多自己喜欢的石子，如果手巧，还可以将它们粘成为各种好看的形状。但你无法收集哪怕是小小的一碟露珠并占为私有。无论你的手多么巧，你也无法将几颗露珠串成首饰链子，戴在颈上或腕上炫耀于人。这就是露珠的品质，看上去它们都是一样的，却根本无法收集在一起，更无法用来装饰什么，甚至企图保存一整天也不是一件容易之事。你只能欣赏它们。你唯一长久保存它们的方式，就是将它们给你留下的印象“摄录”在记忆中。露珠如人性最细致也最纯洁的一面，通常体现在女孩儿和少女们身上。我的一位朋友曾告诉我，有次她给她的女儿讲《卖火柴的小女孩儿》，她那仅仅四岁的女儿泪流满面。那时的人家里还普遍使用着火柴。从此，女孩儿有了收集整盒火柴的习惯，越是火柴盒漂亮的她越珍惜，连妈妈用一根都不允许。她说等她长大了，要去找到那卖火柴的小女孩儿，并且将自己收集的火柴全都送给她。她仅仅四岁，还听不明白在那一则令人悲伤的故事中，其实卖火柴的小女孩儿已经冻死。是的，这一种露珠般的人性，几乎只属于天真的心灵。

人性似水。

山里的清泉和潺潺小溪，如少男和少女处在初恋时期的人性。那是人对自己实行的第一次洗礼。人一生往往也只能自己对自己实行那么一次洗礼。爱在那时仿佛圣水，一尘不染，人性第一次使人本能地理解什么是“忠贞”。哪怕相爱着的两个人一个字也不认识，从没听谁讲解过“忠贞”一词。关于性的观念在现代社会已然“解放”，人性在这方面也少有了动人的体现。但是，某些寻找宝物似的一次次在爱河中浮上潜下的男人和女人，除了性事本能的驱使，又是在寻找什么呢？也许正是在寻找那如清泉和小溪一般的人性的珍贵感受吧？

静静的湖泊和幽幽的深潭，如成年男女后天形成的人性。我坦率地承认，二者相比，我一向亲近湖泊而畏避深潭。除了少数的火山湖，更多的湖是由江河的支流汇聚而成的，或是由山雪溶化和雨后的山洪形成的。经过了湍急奔泻的阶段，它们终于水光清漪波平如镜了。倘还有苇丛装点着，还有山廓作背景，往往便是风景。那是颇值得或远或近地欣赏的。通常你只要并不冒失地去试探其深浅，它对你是没有任何危险性的。然而，那幽幽的深潭却不同。它们往往隐蔽在大山的阴暗处，在阳光不易照耀到的地方。有时是在一处凸着的山喙的下方，有时是在寒气森森、潮湿滴水的山洞里。即使它们其实并没有多么深的深度，但看去它们给人以深不可测的印象。海和湖的颜色一般是发蓝的，所以望着悦目。江河哪怕在汛季浑浊着，却是我常见的，对它们有一种熟悉的感觉。然而，潭确乎不同。它的颜色看上去往往是黑的。你若掬起一捧，它的水通常也是清的。然而还入潭中，又与一潭水黑成一体了。潭水往往是凉的，还往往是很凉很凉的。除了在电影里出现过片断，在现实生活中偏喜在潭中游泳的人是不多的。事实上，与江河湖海比起来，潭尤其对人没什么危害。历史上没有过任何关于潭水成灾的记载，而江河湖海泛滥之灾全世界每年都到处发生。我害怕潭可能与异怪类的神话有关。在那类神话中，深潭里总是会冷不丁地跃出狰狞之物，将人一爪捕住或一口叼住拖下潭去。潭每使我联想到人性“城府”的一面。“城府”太深之人不见得便一定是专门害人的小人。但是，在这样的人的心里，友情一般是没有什么位置的。正义感、公道原则也少有。有时似乎有，但最终证明，还是没有。那给你错误印象的感觉，到头来本质上还是他的“城府”。如潭的人性，其实较少地体现在女人身上。“城府”更是男人的人性一面。女人惯用的只不过是心计。但是，有“城府”的男人对女人的心计往往一清二楚，他只不过不动声色，有时还会反过来加以利用，以达到自己的目的。

一切水都在器皿中。盛装海洋的，是地球的一部分。水只有在蒸发为汽时，才算突破了局限它的范围，并且仍存在着。

盛装如水的人性的器皿是人的意识。人的意识并非完全没有任何局限。但是它确乎可以非常之巨大，有时能盛装得下如海洋一般广阔的人性。如海洋的人性是伟大的人性，诗性的人性，崇高的人性。因为它超越了总是紧紧纠缠住人的人性本能的层面，使人一下子显得比地球上任何一种美丽的或强壮的动物都高大和高贵起来。比如海洋的人性不是由某一个人的丰功伟绩所证明的。许多伟人在人性方面往往残缺。具有如海洋一般人性的人，对男人而言，一切出于与普罗米修斯同样目的而富有同样牺牲精神的人，皆是，不管他们为此是否经受过普罗米修斯的那一种苦罚。对女人而言，南丁格尔以及一切与她一样心怀博爱的她的姐妹，也皆是。

如水的人性，亦如水性那般没有长性。水往低处流这一点最接近着人性的先天本质。人性体现于最自私的一面时，于人永远是最自然而然的。正如水往低处流时最为“心甘情愿”。一路往低处流着的水不可能不浑浊，往往在什么坑坑洼洼的地方还会从而成为死水，进而成为腐水。社会在谴责一味自私自利着的人们时，往往以为那些人之人性一定是卑污可耻并快乐着的。而依我想来，人性长期处于那一种状态，未必真的有什么长期的快乐可言。引向高处之水是一项大的工程。高处之水比之低处之水总是更有些用途，否则人何必费时费力地偏要那样？大多数人之人性，未尝不企盼着向高处升华的机会。当然，那高处非是尼采的“超人”们才配居住的高处。那种“高处”算什么鬼地方？人性向往升华的倾向是文化的影响。在一个国家或一个民族里，普遍而言，一向的文化质量怎样，一向的人性质量便大抵怎样。一个男人若扶一个女人过马路，倘她不是偶然跌倒于马路中央的漂亮女郎，而是一个蓬头垢面、破衣烂衫的老妪，那么他即使没有听到一个“谢”字，他也会连续几天内心里充满阳光的。他会觉得扶那样一个老妪过马路时的感觉，挺好。与费尽心机勾引一个女郎并终于如愿以偿的感觉大为不同，是另一种快活。如水的人性倒流向高处的过程，是一种心灵自我教育的过程。但是，人即为人，就不可能长期地将自己的人性自筑水坝，永远蓄在高处。那样子一来，人性也就没了丝毫的快乐可言。因为人性之无论于己还是于他人，都不是为了变成标本镶在高级的框子里。真实的人性是俗的。是的，人性本质上有极俗的一面。一个理想的社会和与之相适应的文化不该是这样的一把剪刀——以为可以将一概人之人性极俗的一面从人心里剪除干净；而且明白它，认可它，理解它，最大限度地兼容它；同时，有不俗的文化，在不知不觉之中吸引和影响我们普遍之人的人性向上，而不一味地“流淌”到低洼处，从而一味地不可救药地俗下去……

我们俗着，我们可以偶尔不俗；我们本性上是自私自利的，我们可以偶尔不自私自利；我们有时心生出某些邪念，我们也可以偶尔表现高尚一下的冲动；我们甚至某时真的堕落着了，而我们又是可以从堕落中自拔的……我们至死还是没有成为一个所谓高尚的人，有道德的人，脱离了低级趣味的人。但是检点我们的生命，我们确曾有过那样的时候，起码确曾有过那样的愿望……

人性似水，我们实难决定水性的千变万化。

但是水呵，它有多么美好的一些状态呢！

人性也可以的。

而不是不可以——一个社会若能使大多数人相信这一点，那么这个社会就开始是一个人文化的社会了……

平凡的地位

“如果在三十岁以前，最迟在三十五岁以前，我还不能使自己脱离平凡，那么我就自杀。”

“可什么又是不平凡呢？”

“比如所有那些成功人士。”

“具体说来。”

“就是，起码要有自己的房、自己的车，起码要成为有一定社会地位的人吧？还起码要有一笔数目可观的存款吧？”

“要有什么样的房，要有什么样的车？在你看来，多少存款算数目可观呢？”

“这，我还没认真想过……”

……以上，是我和某大一男生的对话。那是一所较著名的大学，我被邀讲座。对话是在五六百人之间公开进行的。我觉得，他的话代表了不少学子的人生志向。我已经忘记了我当时是怎么回答的，然此后我常思考一个人的平凡或不平凡，却是真的。按《新华词典》的解释，平凡即普通，平凡的人即平民。《新华词典》特别在括号内加注——泛指区别于贵族和特权阶层的人。做一个平凡的人真的那么令人沮丧么？倘注定一生平凡，真的毋宁三十五岁以前自杀么？我明白那大一男生的话只不过意味着一种“往高处走”的愿望，虽说得郑重，但其实听的人倒是不必太认真的。

我既思考了，于是觉出了我们这个社会，我们这个时代，近十年来，一直所呈现着的种种文化倾向的流弊，那就是——在中国还只不过是一个发展中国家的现阶段，中国的当代文化，未免过分“热忱”地兜售所谓“不平凡”的人生的招贴画了，这种宣扬尤其广告兜售几乎随处可见。而最终，所谓不平凡的人的人生质量，在如此这般的文化那儿，差不多又总是被归结到如下几点——住着什么样的房子，开着什么样的车子，有着多少资产，于是社会给予怎样的敬意和地位；于是，倘是男人，便娶了怎样怎样的女人……

二十世纪二三十年代的中国，也很盛行过同样性质的文化倾向，体现于男人，那时叫“五子登科”，即房子、车子、位子、票子、女子。一个男人如果都追求到了，似乎就摆脱平凡了。同样年代的西方的文化，也曾呈现过类似的文化倾向。区别乃是，在他们的文化那儿，是花边，是文化的副产品；而在我们这儿，在七八十年后，却仿佛渐成文化的主流。这一种文化理念的反复宣扬，折射着一种耐人寻味的逻辑——谁终于摆脱平凡了，谁理所当然地是当代英雄；谁依然平凡着甚至注定一生平凡，谁就是狗熊。并且，每有俨然足以代表文化的文化人士和思想特别“与时俱进”似的知识分子，话里话外地帮衬着造势，暗示出更伤害平凡人的一种逻辑那就是——一个时势造英雄的时代已然到来，多好的时代！许许多多的人不是已经争先恐后地不平凡起来了么？你居然还平凡着，你不是狗熊又是什么呢？

一点儿也不夸大其词地说，此种文化倾向是一种文化的反动倾向。它和尼采的所谓“超人哲学”的疯话一样，是漠视，甚至鄙视和辱骂平凡人之社会地位以及人生意义的文化倾向。它是反众生的，是与文化的最基本社会作用相悖的，是对于社会和时代的人文成分结构具有破坏性的。

在这样的文化背景下成长起来的中国下一代，如果他们普遍地认为最迟三十五岁以前不能摆脱平凡便莫如死掉算了，那是毫不奇怪的。

人类社会的一个真相是，而且必然永远是——牢固地将普遍的平凡的人们的社会地位确立在第一位置，不允许任何意识之形态动摇它的第一位置，更不允许它的第一位置被颠覆。这乃是古今中外的文化的不二立场，像普遍的平凡的人们的社会地位的第一位置一样神圣。当然，这里所指的，是那种极其清醒的、冷静的、客观的、实事求是的、能够在任何时代都“锁定”人类社会真相的文化；而不是那种随波逐流的、嫌贫爱富的、每被金钱的作用左右得晕头转向的文化。那种文化只不过是文化的泡沫，像制糖厂的糖浆池里泛起的糖浆沫。造假的人往往将其收集了浇在模子里，于是“生产”出以假乱真的“野蜂窝”。

文化的“野蜂窝”，比街头巷尾地摊上卖的“野蜂窝”更是对人有害的东西，后者只不过使人腹泻，而前者却紊乱社会的神经。

平凡的人们，即普通的人们，即古罗马阶段划分中的平民。在平民之下，只有奴隶。平民的社会地位之上，是僧侣、骑士、贵族。

但是，即使在古罗马，那个强大帝国的大脑，也从未敢漠视社会地位仅仅高于奴隶的平民。作为它的最精英的文化思想的传播者，如苏格拉底、柏拉图、亚里士多德们，他们虽然一致不屑地视奴隶为“会说话的工具”，但却不敢轻佻地发任何怀疑平民之社会地位的言论。恰恰相反，对于平民，他们的思想中有一个一脉相承的共同点——平民是城邦的主体，平民是国家的主体。没有平民的作用，便没有罗马成为强大帝国的前提。

恺撒被谋杀了，布鲁图要到广场上去向平民们解释自己参与了的行为——“我爱恺撒，但更爱罗马”。

为什么呢？因为那行为若不能得到平民的理解，就不能称为正确的行为。安东尼顺利接替了恺撒，因为他利用了平民的不满，觉得那是他的机会。屋大维招兵募将，从安东尼手中夺回了摄政权，因为他调查了解到平民将支持他。

古罗马帝国一度称雄于世，靠的是平民中蕴藏着的改朝换代的伟力。它的衰亡，也首先是由于平民抛弃了它。僧侣加上骑士加上贵族，构不成罗马帝国，因为他们的总数只不过是平民的千万分之几。

中国古代，称平凡的人们亦即普通的人们为“元元”；佛教中形容为“芸芸众生”；在文人那儿叫“苍生”；在野史中叫“百姓”；在正史中叫“庶民”。而相对于宪法叫“公民”。没有平凡的亦即普通的人们的承认，任何一国的任何宪法没有任何意义。“公民”一词将因失去了平民成分而是荒诞可笑之词。

中国古代的文化和古代的思想家们，关注并体恤“元元”们的记载举不胜举。

比如《诗经·大雅·民劳》中云："民亦劳止，汔可小康。"意思是，老百姓太辛苦了，应该努力使他们过上小康的生活。比如《尚书·五子之歌》中云："民为邦本，本固邦宁。"意思是，如果不解决好"元元"们的生存现状，国将不国。而孟子干脆说："民为贵，社稷次之，君为轻。"而《三国志·吴书》中进一步强调："财经民生，强赖民力，威恃民势，福由民殖，德俟民茂，义以民行。"民者——百姓也；"芸芸"也；"苍生"也；"元元"也；平凡而普通者们是也。怎么到了今天，在改革开放的中国，在民们的某些下一代那儿，不畏死，而畏"平凡"了呢？由是，我联想到了曾与一位"另类"同行的交谈。我问他是怎么走上文学道路的。答曰："为了出人头地。哪怕只比平凡的人们不平凡那么一点点，而文学之路是我唯一的途径。"我怔愣了。

屈指算来，十几年前的事了。十几年前，我认为，正像他说的那样，平凡的中国人，平凡是平凡着，却十之七八平凡又贫寒着，由而迷惘着。这乃是民们的某些下一代不畏死而畏平凡的症结。于是，我联想到了曾与一位美国朋友的交谈。她问我："近年到中国，一次更加比一次感觉到，你们中国人心里好像都暗怕着什么。那是什么？"我说："也许大家心里都在怕着一种平凡的东西。"她追问："究竟是什么？"我说："就是平凡之人的人生本身。"她惊讶地说："太不可理解了，我们大多数美国人可倒是都挺愿意做平凡人，过平凡的日子，走完平凡的一生的。你们中国人真的认为平凡不好到应该与可怕的东西归在一起么？"我不禁长叹了一口气。我告诉她，国情不同，故所谓平凡之人的生活质量和社会地位不能同日而语。我说："你是出身于几代的中产阶级的人，所以你所指的平凡的人，当然是中产阶级的人士。"

中产阶级在你们那儿是多数，平民反而是少数。美国这架国家机器，一向特别在乎你们中产阶级，亦即你所言的"平凡"的人们的感觉。你们的"平凡"的生活，是有房有车的生活。而一个人只要有了一份稳定的工作，过上那样的生活并不特别难。居然不能，倒是不怎么平凡的现象了。而在我们中国，那是不平凡的人生的象征。对平凡的如此不同的态度，是两国的平均生活水平所决定了的。正如曾经中国的知识化了的青年做梦都想到美国去，自己和别人以为将会追求到不平凡的人生，而实际上，即使跻身于中产阶级了，也只不过是追求到了一种美国的平凡之人的人生罢了……

当时联想到了本文开篇那名学子的话，不禁替平凡着普通着的中国人，心生出种种的悲凉。想那学子，必也出身于寒门；其父其母，必也平凡得不能再平凡，普通得不能再普通。不然，断不至于对平凡那么慌恐。

也联想到了我十几年前伴两位老作家出访法国，通过翻译与马赛市一名五十余岁的清洁工的交谈。

我问他算是法国的哪一种人。

他说，他自然是一个平凡得不能再平凡、普通得不能再普通的人。

我问他羡慕那些资产阶级么？

他奇怪地反问为什么？

是啊，他的奇怪一点儿也不奇怪。他有一幢带花园的漂亮的二层小房子；他有两辆车，一辆是环境部门配给他的小卡车，另一辆是他自己的小卧车；他的工作性质在别人眼里并不低下，每天给城市各处的鲜花浇水和换下电线杆上那些枯萎的花束而已；他受到应有的尊敬，人们叫他“马赛的美容师”。

由此，他才既平凡着，又满足着；甚而，简直还可以说活得不无幸福感。

也联想到了德国某市那位每周定时为市民扫烟囱的市长。不知德国究竟有几位市长兼干那一种活计，反正不止一位是肯定的了。因为有另一位同样干那一种活计的市长到过中国，还拜访过我。因为他除了给市民扫烟囱，还是作家。他会几句中国话，向我耸着肩诚实地说——市长的薪水并不高，所以需要为家庭多挣一笔钱。那么说时，他一点儿也不觉得有什么不好意思……

马赛的一名清洁工，你能说他是一个不平凡的人么？德国的一位市长，你能说他极其普通么？然而，在这两种人之间，平凡与不平凡的差异缩小了，模糊了。因而在所谓社会地位上，接近着实质性的平等了。因而，平凡在他们那儿不怎么会成为一个困扰人心的问题。

当社会还无法满足普通的平凡的人们的基本拥有愿望时，文化的最清醒的那一部分思想，应时时刻刻提醒着社会来关注此点，而不是反过来用所谓不平凡的人们的种种生活方式刺激前者。尤其是，当普遍的平凡的人们的人生能动性，在社会转型期受到惯力的严重甩掷，失去重心而处于茫然状态时，文化的最清醒的那一部分思想，不可错误地认为他们已经不再是地位处于社会第一位置的人们了。

无论过去，现在，还是将来，平凡而普通的人们，永远是一个国家的绝大多数人。任何一个国家存在的意义，都首先是以他们的存在为存在的先决条件的。

一半以上不平凡的人皆出自于平凡的人之间。

这一点对于任何一个国家都是同样的。

因而平凡的人们的心理状态，在一定程度上几乎成为不平凡的人们的心理基因。

倘文化暗示平凡的人们其实是失败的人们，这的确能使某些平凡的人们通过各种方式变成较为“不平凡”的人；而从广大的心理健康的、乐观的、豁达的平凡的人们的阶层中，也能自然而然地产生较为“不平凡”的人们。

后一种“不平凡”的人们，综合素质将比前一种“不平凡”的人们方方面面都优良许多。因为他们之所以“不平凡”起来，并非由于害怕平凡。所以，他们“不平凡”起来以后，也仍会觉得自己其实很平凡。

而由一个连不平凡的人们都觉得自己们其实很平凡的人们组成的国家，它的前途才真的是无量的。反之，若一个国家里有太多这样的人——只不过将在别国极平凡的人生的状态，当成在本国证明自己是成功者的样板，那么这个国家是患着虚热证的。好比一个人脸色红通通的，不一定是健康，也可能是肝火，也可能是结核晕。

我们的文化，以各种方式向我们介绍了太多太多的所谓“不平凡”的人士们了，而且，最终往往地，对他们的“不平凡”的评价总是会落在他们的资产和身价上。这是一种穷怕了的国家经历的文化方面的后遗症，以至于某些呼风唤雨于一时的“不平凡”的人，转眼就变成了些行径苟且的、欺世盗名的，甚至罪状重叠的人。

一个许许多多人恐慌于平凡的社会，必层出如上的“不平凡”之人。

而文化如果不去关注和强调平凡者们第一位置的社会地位（尽管他们看上

去很弱，似乎已不值得文化分心费神）——那么，这样的文化，也就只有忙不迭地不遗余力地去为“不平凡”起来的人们大唱赞歌了，并且在“较高级”的利益方面与他们联系在一起。于是，眼睁睁不见他们之中某些人的“不平凡”之可疑。

这乃是中国包括传媒在内的文化界、思想界，包括某些精英们在内的文化界、思想界的一种势利眼病……

人性薄处的记忆

我觉得，记忆仿佛棉花，人性却恰如丝棉。

归根结底，世间一切人的一切记忆，无论摄录于惊心动魄的大事件，抑或聚焦于千般百种的小情节，皆包含着人性质量伸缩张弛的活动片断。否则，它们不能成为记忆。大抵如此。基本如此。而区别在于，几乎仅仅在于，人性当时的状态，或体现为积极的介入，或体现为深刻的影响，甚至，体现为久难愈合的创伤。

记忆之对于人，究竟意味着些什么呢?

这个问题，随着人的年龄的增长，会越来越清楚，越来越明白。

每一个人，当他或她的生命临近终点，记忆便一定早已开始本能地质量处理。最后必然发觉，保留在心里的，只不过是一些人性的感受，或对人性的领悟。

而那，便是记忆所能提供给我们的最为精粹的东西了。

好比一大捆旧棉花，经弹棉弓反复一弹，棉尘纷飞，陋絮离落，越弹越少，由一大捆而成一小团。若不加入新棉，往往不足以再派上什么用场。而一旦加入人对人性的思考，则就如同经过反复弹汰的棉中加入了丝棉，纤维粘连，于是记忆产生了新的一种价值，它的意义高出了原先许久许多。

以上，是我细读《点点记忆》想到的。

我写字桌的玻璃板下压着半页纸。那是台湾著名电影导演的复印手书。几行用碳素笔写的字，常入我眼已七八年之久了。

他写的是——“读完《沈从文自传》，我很感动。书中客观而不夸大的叙述观点让人感觉，阳光底下，再悲伤、再恐怖的事情，都能够以人的胸襟和对生命的热爱而把它包容……”

我读《点点记忆》的感动，与侯孝贤读《沈从文自传》的感动是一样的。

我觉得《点点记忆》的行文，与《沈从文自传》的行文有相同之处，那就是——客观而不夸大的叙述观点；那就是——过来人对当年事的胸襟的包容性。

我认为，以上两点加起来，不仅决定了文章自成一格的品质，也真切地体现出了写文章的人的品质。某种难能可贵的品质，要求自己尽量做到实事求是的品质。

令我深受感动的是写文章的人和林豆豆的关系，以及她在“文革”结束十年以后第一次邀见林豆豆的情形。一声“豆豆姐姐”，似乎将父辈之间的仇怨，轻轻一系，打了个死结。这一种打算了却的态度，仿佛在历史和现实之间竖起了一道具有过滤性的“墙”。写书的人只想将“墙”那边的真相梳理清晰，本能地防止我们许多人内心里都每每会萌生的清算的动机，从“墙”那边沾染着历史的污浊渗透过来，毒害到自己的灵魂里。体现于人类政治中的最大不幸，莫过于隔代的清算。罗点点对林豆豆的态度，实在是值得我们中国人学习的，也实在是值得在我们中国人中提倡的。

不难看出，与全文相比，作者此段写得尤其心平气和，没有一丝情绪化的痕迹。分明地，下笔之际给自己规定了严格的原则——绝不蓄意伤害对方。甚至，还分明地，我们竟能看出怜悯。不是可怜，是怜悯。政治的伤疤，呈现在她们的父辈们身上，性质是那么的不同，后来又是那么富有戏剧性。但呈现在儿女们身上，则几乎便是同样性质的狰狞的伤疤了。

可怜是俯视意味的。怜悯是相同感受的人们之间相互的不言而喻。知青经历的一章读来也令我深受感动。此经历使作者说出了这样的话——“中国老百姓因此成为世界上最安分守己，最热爱和平的人民”。

这一种对于中国老百姓的好感，非与老百姓同甘共苦过的人，是不太能认识到的。宽敞而豪华的客厅里，往往容易产生的是对中国老百姓所谓“劣根性”的痛心疾首和尖酸刻薄。甚至，容易从内心里滋生轻蔑。作者身为赫赫有名的将门之女，思考到了中国老百姓何以那样的地域文化的背景原因和民族心理长期积淀的原因，真的使我不禁刮目相看起来。

鲁迅先生的家道从中兴而往社会的底层败落，这使他看待中国社会众生相的目光深刻而犀利。他那一种目光，有时令我们周身发寒。人的目光的深刻和犀利，是否一定必须与冷峻相结合，才算高标一格的成熟呢？《点点记忆》告诉我们，却也未必。它从反面给我们一种启示——人看待社会、看待他人的目光，如果在需要温良之时从内心里输向眼中一缕温良，倒或许会使目光中除成熟而外，再多了一份豁达。而深刻和犀利与豁达相结合，似乎更可能接近世事纷纭的因果关系……

客观、温良的文风，使《点点记忆》通篇平实庄重。并且，它也使我们读者不难进入一种从容镇定的阅读状态。此状态乃读记述了大事件的文章的最佳状态，使我们的思考不至于被激烈的文字所扰乱。

与棉花相比，丝棉的纤维细且长且韧。同样的被子，丝棉的被套不但比棉絮的被套轻得多，也暖和得多。人性原本非是什么厚重的事物。人生的本质是柔韧软暖的。丝棉的最薄处，纤缕分分明明，经纬交织显见，成网而不紊乱。

在人性的丝棉的网罩之下，记忆的棉花才会长久地保持成被的形状而不四分五裂太快地成为无用之物……人性的薄处，亦即人性最透亮之处。这一种透亮，在《点点记忆》中有多方位的呈现……

一只风筝的一生

这是春季里一个明媚的日子。阳光温柔，风儿和煦，鸟儿的歌唱此起彼伏。

一丛年轻的竹，在一户人家后院愉快地交谈。它们都正感觉一种生命蓬勃生长的喜悦，也都在预想和憧憬着它们的将来。有的希望做排，有的希望做桅杆，有的希望做家具，有的希望做工艺品……

还有一个说："我才不希望被做成另外的任何东西呢！我只想永永远远地是我自己，永永远远地是一棵竹！但愿我的根上不断长出笋，让我由一而十，而百，而生发成一片竹林……"

它的话音刚落，有一个男人握着砍刀走来，他是一个专做风筝卖风筝的男人。他这一天又要做一只风筝。

他上下打量那一丛年轻的竹。它们在他那种审视的目光之下，顿时都紧张得叶子瑟瑟发抖。

此刻，对那一丛年轻的竹而言，那个瘦小黧黑、其貌不扬的男人，乃是决定他们命运的"上帝"。他使它们感到无比的怵畏。

他的目光终于只瞧着那棵"不希望被做成另外的任何东西"的竹了。他缓缓地举起了砍刀……

不待那棵竹作出哀求的表示，他已一刀砍下——在一阵如同呻吟的折断声中，它的枝叶似乎想要拽住另外那些竹的枝叶，然而它们都屏息敛气，尽量收缩起自己的枝叶，避免受它的牵连……

它无助地倒下了……

被拖走了……

做风筝的男人将它剁为几段，选取了其中最满意的一段，接着将那一段劈开，砍成了无数篾子。

他只用几条篾子就熟练地扎成了一只风筝的骨架。其余的篾子都收入柜格中去了。而剩下的几段，已对他没什么用处了。被他的女人抱出去，散乱地扔在院子里，只等着晒干后当柴烧。

美丽的、蝶形的风筝很快做好了。它是用兜风性很好的彩绸裱糊成的。当做风筝的人欣赏着它的时候，风筝得意地畅想着——啊，我诞生了！我是多么漂亮多么轻盈啊！我要高高地飞翔……后来，那风筝就被一位父亲替自己六七岁的儿子买去。在另一个明媚的日子里，父亲带着儿子将风筝放起来了。它越飞越高，越飞越高，飞到了一只真的蝴蝶所根本不能达到的高度。他们还用彩纸叠了几只小花篮，一只接一只地套在风筝线上，让风送向风筝……许多行人都不由得驻足仰头观望那只美丽的风筝。风筝也自高空朝地面俯瞰着。它更加得意了。它对另一只风筝喊：“瞧，多少人被我的美丽和我达到的高度所吸引呀！我比你飞得高！”“我比你飞得高！那些人是被我的美丽和我达到的高度所吸引的……”另一只风筝不服气起来。“我飞得高！”“我飞得高！”“我美丽！”“我比你美丽！我像蝴蝶，而你像什么呀！不过像一只普通的毛色单一的鸟儿罢了……”于是，它们在空中争吵。于是，它们都不顾风筝线的松紧，各自拼命地往更高处升。它们都一心想超过对方的高度……不幸得很，蝶形的风筝，首先挣断了控制它高度和操纵它方向的线，从空中翻着筋斗坠落着……一阵突起的大风将它刮走了……翌日，一个女人站在自家窗前，若有所思地凝视着它——它被缠在电线上了……

几只麻雀——城市里司空见惯的，最普通、毛色最单一的小东西也落在电线上。它们对那只美丽的、蝶形的风筝感到十分好奇，叽叽喳喳地评论它。不久，麻雀开始啄它，还大不敬地往它上面拉屎……

第一场雨下起来了……

然后，风开始刮得尘土飞扬，令人讨厌了……

被缠在电线上的风筝，湿了又干了，干了又湿了。它沾满尘土，肮脏了……

最初它还能吸引一些人的目光。他们一旦发现它，都不禁驻足望它一会儿，都会说出一两句惋惜的话，或内心里产生一些惋惜的想法。

风筝不但肮脏了，而且破了。它的竹篾编扎成的骨架暴露了，像鱼刺从一条烂鱼的皮下穿出来一样。

一旦发现它的人都赶紧低下头，它容易使人产生不好的联想了。只有麻雀们仍愿落近它，仍喜欢啄它。当然，麻雀们更加肆无忌惮地往它上面拉屎。仿佛它变得越狼狈不堪，越使它们感到高兴似的。

还有那个女人，也一直在隔窗关注着它由美变丑的过程。

她是一位女散文家。那风筝触发了她的某种文思，于是不久，她写成了一篇充满伤感意味的叹物散文发在报上。于是，此篇散文一时被四处转载，被收入什么什么“散文精品文丛”之类。不久获奖。

女散文家用三千元奖金买了一套时装。

她的亲朋好友都说她穿上那一套时装显得气质特别端庄，特别高贵，总之是特别超凡脱俗。她穿着它出现在文化活动中的社交场合，甚至行走在路上时，常会招来刮目相看的目光。她也十分需要这个，这也能使她那颗女人的心获得极大的满足。她因此暗暗感激那只被电线缠住的风筝……不，更真实更准确地说，是暗暗感激“俘虏”了那只风筝的电线……

有一位摄影家，从报上读到了女散文家的那篇散文。并且，他也从报上知道她那篇散文获奖了。

于是有一天，他挎着照相机，提着三脚架，按照她那篇散文所提供的线索，来到了她家住的那一条街。男摄影家被女散文家以感伤的文字所描写的一只风筝由美变丑的过程影响，来为那只不幸的风筝拍一张艺术照片。他的初念并没有什么功利目的，只不过受一种中年人常常会产生的感事伤怀的心绪的驱使，想以摄影的方式，抒发凭吊某一事物的忧郁情怀罢了。

他选好了角度，支牢三脚架，耐心地期待着光线的变化，连拍了一卷儿才离去。

他将胶卷冲洗出来后惊喜地发现，有一张的意境拍得格外之好。他在暗房中又进行了几次艺术处理，使那一张成了很独特的艺术照片。后来，他举办了一次个人摄影展。那一张照片当然也被放大了悬置其中，取题为《一只风筝的弥留之际》。他是位颇有名气的摄影家，参观的人不少。许多人都在《一只风筝的弥留之际》前沉思冥想，或故作沉思冥想状。其实那也算不上是一张怎样出色的照片，只不过令人看了觉得感伤忧郁罢了。

但当代人的问题是物质生活水平越提高了心情越忧郁，精神生活内容越丰富了精神越空虚，越没多少值得感伤的事了，越空前地感伤。这是一种时尚，一种时髦，一种“病”，一种互相传染而且没什么特效药可治的“病”。人们都觉得自己也处在弥留之际了似的，包括正年轻着的男女。

替摄影家操办摄影展的经纪人，从人们的神情中预测到了这一艺术照片的商业价值。他起先估计得太低了。他让手下人暗中将出售标价牌为他偷来了，打算在原数字后再加一个零，或再加两个零……

突然响起了一个孩子的哭叫声——“这是我的风筝！我到处找过它！我能认出这就是我那只风筝……”这孩子曾因失去了那只风筝而非常难过。他和它之间似乎已存在着一种感情了。他央求他父亲替他将那摄影作品买下……当父亲的不忍拒绝儿子，领着儿子找到了那位经纪人。经纪人伸出了一根指头。“一千？”经纪人摇摇头，向那当父亲的出示标价牌——一千后已被加上一个零了。孩子很懂事，知道这完全超出了父亲的经济实力，噙着泪，一步三回头地跟着父亲走了……

那摄影作品立即被一位“大款”买定。“大款”倒不太喜欢它。他喜欢的是当众在别人买不起时，自己一掷万金买下任何东西的那份好感觉。

那摄影作品被一位“大款”以万金买定的事见了报。并且，此消息报道配有那摄影作品。

女散文家那天一看报，当即给自己的代理律师拨通了电话——指出这是公然的侵权，甚至是公然的剽窃。因为摄影作品的构思，分明地来自她那篇不但获奖还被收入“精品丛书”的散文……

于是，一场“版权”官司又见报。寂寞的报界大喜过望，“炒”了个天翻地覆。那当父亲的看到了有关报道，心想，若说“版权”，“原始版权”是属于我的呀!

他对女散文家和男摄影家同时进行了起诉,使得报界更加大喜过望。电台、电视台也不甘落后,分头进行采访。由于案例独特,律师界终于被诱上钩,自觉不自觉地卷入了大讨论。媒体推波助澜,使讨论发展成了辩论。于是有经济头脑的人,不失时机地就此事组织了一场法律系大学生们的辩论大赛。于是,学生们在电视里唇枪舌剑,势不两立。于是,有人从中大发广告效益之财。于是,引起一位杂文家对此现象的批评。于是,引起另一位杂文家的措辞激烈的“商榷”。于是,有人支持前者,有人支持后者,掀起了一场杂文大战,使各报战火弥漫,硝烟滚滚。于是,引起一部分社会学家的忧患,而另一部分社会学家认为这一切其实很正常,大可不必杞人忧天……

第二年春天里的一个日子,在那一户人家后院,那一丛都长高了几节的年轻的竹子,又在愉快地交谈着……“还记得咱那个不希望被做成另外的任何东西的兄弟么?可怜的家伙,结果落了个尸骨不全的下场!”“嗨,你不提,我们早把它忘了!我一点儿也不同情它,谁叫它那么狂妄呢……”那用完了竹篾的男人,又握着砍刀走来了。竹们顿时全吓得悄无声息,连一片最小的叶子也不敢抖动一下……又一只美丽的风筝将诞生了,又一根竹四分五裂了。许多种美的诞生是以另外许多种美的毁灭为代价的。而在这过程和其后,更会有许多无聊的没意思的事情伴随着……

卖“花”老人

小时候就爱花，至今还爱。总想有一小片土地——十几平方米足矣，种各式各样的花，闲来侍弄它们。看它们举几束蓓蕾，看它们的渐开，也看它们的凋零……

为它们的渐开而欣喜，为它们的凋零而感伤——四十多岁了，不知怎么地，忽然又情调起来，怪可笑的。

我曾不远千里从北海带回两盆花，一盆是橘，另一盆是再普通不过的草花。我不会侍弄，所以那橘也就半死不活的。半死不活地过了一冬，今年开春移栽于宿舍区的院子里，竟开出了几朵小白花儿。没见开几天便落了。尽管未免“早夭”，却也结出了几颗小小的橘实，绿豆般大。每日散步，经过时蹲下看看，心里好愉快。毕竟是千里迢迢带回来的啊！至于那盆叫不上名的草花，原株早已死了。掐下些嫩枝，分栽了三盆，盆盆都活得挺滋润。就是不知道，还能否开出一簇簇的小红花。随它去吧。老百姓讲话——“看点儿绿眼睛也舒畅”！

不爱养名贵的花，接近名贵的花也不爱养。我只爱养极一般的草花，喜欢一切草花不娇气的花性。不娇气而又开花，对我而言，才算好花。

四月里，某日逛早市，买了几种花根，总共花了三十元。

问那卖花的老人是什么花？

卖花的老人告诉了我，可一转身却忘了。

卖花的老人有一大本相册，插一幅幅好看的花的照片。当时我翻阅着，指着一种我喜欢的，卖花的老人便给我选一块花根。问花们娇气么？答曰一点也不娇气，每天浇点水就活。问大约什么时间开，答曰长出了叶儿接着就能长出花骨朵儿，两个月内保证看到和他照片上一样好看的花……

买东西从来不砍价，不知为什么，那日居然还跟卖花的老人讨价还价了一通……

回到家里，很仔细地将几块花根栽入花盆，大盆小盆在阳台里摆了一溜儿。心想这一下可有花儿了！而且拥有这么多！土，是拎了塑料袋，特意从远处一铲铲地掘了带回来的。水，用塑料瓶装了，放在阳台上朝阳的地方晒过的。唯恐不良的土质和没经过晒的水，委屈了我的花们的生长。我还隔几天便松松土，施些肥……

如今它们长得很茂盛。用“茂盛”这个词形容绝不夸张。

然而也越来越看出，皆非花，尽是些草，只有山间的野草才会不那么讲究地长，横七竖八，乱乱蓬蓬地疯长。

妻说：“上当了吧？”

我说：“现在下结论还太早。”

心里极不情愿承认自己上当了，被骗了。如果是一件衣服，一双鞋，属于假冒伪劣，没什么不情愿承认上当的。买东西上当是常有的事儿，人们都会遇到的事儿，也没什么可羞耻的。但这毕竟是花啊！而且，浪费了我两个多月的感情，真不愿承认自己上当了。

某日来了位朋友，是位植物学家。正坐着跟我聊天，朝阳台上一望，就站了起来，走到阳台上去，挨盆依次看过，奇怪地问我：“养这么多盆草干什么？”

我问：“真是草？”

他说：“我还分辨不出是花是草么？”

于是一一指出，那都是些什么草。北方没有，南方有，草甸子里一片片的。放猪的人开春时节把猪往草甸子里赶，就是让猪拱开土，吃那些肥美的草根……

我真没好意思说我是花了三十元当花根买回家来，当花根栽培，并尽心尽意地侍弄了两个多月的……

更没好意思说，我仍不死心地期盼着它们开出花儿来……

朋友走后，我倒一点儿也没恼羞成怒。中国各个地区发展很不均衡。从穷地方来的咱们的同胞，用什么东西骗城里人几个钱，平心静气地想想，也不值当生气。反正也不是受外国人的骗。反正也不过才三十元。何况，还是假花，不同于卖假烟假酒，尤其不同于卖假药的。同胞和同胞之间，为区区一件小事便生气，似乎也显得自己太不厚道……

但却很不解，也很困惑。拿起笔，替卖“花”的老人算了一笔账——卖掉一块假花根才三元，卖掉十块才三十元，一百块才三百元，二百块才六百元。整个一个春季，能卖掉二百块么？未必。最多最多，骗个三五百元罢了。而且，须得打一枪换一个地方。头一年行骗过的早市，第二年肯定是绝不敢再出现了。我接连几日在早市上见过那卖假花根的老人，七十多岁的样了，看上去是位很诚实的老人。如果是一个巧舌如簧的中年人，我也不那么容易上当。一位看上去很诚实的老人，如果不是很缺钱花，又怎么会做骗人的勾当呢？

也许，他在家乡是放猪的？春季里，猪拱开草甸子里的土，他就从猪嘴里夺下些野草根？将那大些的仿佛像什么花根的，带回家去。还要洗尽了土。还要预先在家里培育些日子，直至长出了根芽。然后呢，搭火车，从南方到北方。买不买票呢？若买票，就等于先付出了车钱，冒着赔本儿的风险了。到了北方城市，又住哪儿呢？怕是不会住店的吧？那么只有在火车站过夜了。再然后呢，起大早，在早市上占个位置。一上午卖没卖掉一块“花”根，总得上税。倘要逃过税务员的眼睛，在我们那个早市并非一件容易之事。还有他那相册，相册里那些开得很好看的花儿的照片——也该是成本的一部分吧？

而且，他的行骗是有季节性的，大约也就是四月里的那么十来天。他像一位流浪中的老人，像一只苍老的候鸟，从南至北，倏忽而来，倏忽而去……

来时背些像花根的野草根，路上得经常给它们洒水，否则会干的，去时揣回一二百元……

才一二百元啊！

如今行骗赚钱的勾当太多了。不但多，且五花八门。那老人的行骗，是最不至于危害他人什么，因而也就算是最仁义的方式了。

不过才为了赚一二百元啊！

他的家人——如果他有家人的话，未必不夜夜替他担惊受怕，在他未揣着钱回到家里的日子。比如怕他碰上一个懂花识草的，揭穿了他，当众羞辱他，甚而揍他。这样的情况是极可能发生的……

我坚信，非是生活所迫，为一二百元，谁人肯挺不容易地干这种营生？哪种儿女，又愿让自己的老人去干这种营生？

顿时我的心里一阵难过——为那老人……

我希望，看到我这篇文字的人，倘若买了那老人的假花根，倘不期然地在别处又见着了那老人在卖假花根，千万别为难他。睁一只眼闭一只眼算了吧！得饶人处且饶人啊。

我祈祝，咱们这个国家快快地普遍富裕起来。普遍地富裕了，像那老人一样，为赚一二百元，挺不容易地靠卖假花根行骗的勾当，无疑会少下去的……至于那些野草，我仍养在阳台上，仍天天浇水。尽管，明知它们是野草，永不会开花的……上帝保佑那卖假花根的，一只眼蒙着眼翳的老人……

虚假柔情似水，人们谁更专业

——观美国电影《楚门的世界》有感

“我不干了！他一点儿都不专业”——在人的一生中，谁不曾说过这句话或类似的话？一次都没这么说过的人，难道心里边也一次都没这么想过吗？

当一个人走向社会以后，他便开始有了同事和同行。既有之，某两个人的合作关系于是发生。正如马克思所指出的——每一个人都是社会关系的总和。合作的关系一经成为事实，结果无非两种情况——愉快的，或不愉快的，甚而令人恼火的。当不愉快的，甚而令人恼火的情况发生，并且纯粹是由合作伙伴的不善合作或者成心不好好合作导致的——请问，谁没说过“我不干了”呢？谁心里边竟一次都没这么想过呢？倘若果有其人，那么此人非但不会被我们心悦诚服地视为楷模，还会引起我们的轻蔑和不解——怎么那么“面”？不干了还不行吗？

假若一方决定不干了，也还是不愿意用话语太过严重地伤害对方，那么他或她的指责又大抵仅限于专业方面的不满。

“我不干了！他一点儿都不专业”——这实在意味着是相当君子风范的一种解除合作关系的声明。就专业论专业，二缄其口，不言其他。

“我不干了！他一点儿都不专业”——这句话是一位妻子冲一位叫楚门的丈夫哭着叫嚷出来的。他们都是美利坚合众国的公民，虚构的两口子，确切地说——是美国电影《楚门的世界》中的一句台词。

楚门是一个在婴儿的时候就失去了全部亲人的可怜的家伙。

国外传媒曾经报道过这样的一场车祸——一大家子全身亡了，但由于巨大外力的冲撞，遂将出生的婴儿从母亲腹中挤压了出来。他四肢朝天地躺在高速公路上，响亮地哇哇啼哭……

美国前几年还拍过一部电影《国王也疯狂》——在英国老女王的生日那一天，刚刚下过一场雨，彩虹当空，皇家摄影师在王宫前的草坪上为全体王室成员拍合影。结果照明灯引线出了问题，整个湿漉漉的草坪成为电源锅，王室成员无一幸免，满门死光，连皇家摄影师也以身殉职……

在我们这个星球上，不幸比幸运多得多。楚门摊上的是类似的不幸。上帝让他一出生就摊上的，怪不得别人。

然而，楚门又似乎那么幸运，他的抚养权被一家经济实力雄厚的大公司特别“人道主义”地垄断了。或者换一种商业上的说法，以一百几十万元巨款在招标抚养时被买断了。我们正处在一个庞大的商业乌贼的八只触角无孔不入的时代。楚门的不幸具有广阔的商业价值的前景，一切过程都符合商业游戏的规则，法律手续很是完备。

作为一个人，楚门需要父母，于是他有了爱他如亲生子的父母。父亲是一位颇有人缘的先生，母亲是一位温文尔雅的知识女性。当他小时候有一次悄悄地离开父母身边，冒险登上一座假山去玩时，父母发现了是多么地大惊失色啊！母亲都快急哭了，而父亲奋不顾身，也迅速登上假山去把他抱了下来。他们甚至都没有说一句责备他的话，因为儿子又安全了，而情不自禁地拥抱在一起。父母对儿子的爱，那时体现得真切又动人。

当楚门到了对异性发生兴趣的年龄，有一个可爱的姑娘仿佛从天而降，出其不意地跌入他怀里。她那一双含情脉脉的大眼睛立刻噼里啪啦地向他发出一簇簇电火花。尽管他自己当时正望着另一个姑娘以目传情，但毕竟是——怀里的美国大丫头也天真烂漫而又发育成熟得鲜嫩水灵，实是可爱尤物呀！结果怀里的顺理成章、自然而然地做了他的妻子。她的工作是护士，在美国是受人尊敬的职业。至于他心灵的一角，还总怅怅地惦记着的那一个谜样的美眉，那也就只能成为他爱情心路的一个秘密了。可爱的女人总不能让楚门一个人占两个啊！舍一个给一个，方显世界的人文文化啊！

至于他的工作，看起来是他能愉快胜任的。显然，印在名片上也是不失面子的。

此外，房子，他有了。虽不能说是豪宅，但也绝不比前街后街别的住宅差。车子，他也有了。美国的中档汽车，在别国算是高档的了。朋友，那是能与之促膝相谈、推心置腹的，在楚门忧郁时，善于把话劝到他内心里边去的一个朋友。用中国北方的话说——“发小的朋友”，可以“掏心窝子”的朋友。

他与邻里关系亲善。他与人人友好相处，人人也与他友好相处——总而言之，作为社会关系的总和，他似乎处在和谐之中。请注意，这是我们第二次用到“似乎”一词。

作为一个美丽的小镇上的正当英年的美国公民，他幸福着，满足着，快乐着，脸上每一天都挂着大儿童般的笑容。如果我们以平常心来看待幸运，谁能说刚来到这个世界上时特别不幸的楚门，后来的人生不是幸运的？如果我们以平常心来理解幸福，谁能否认楚门不是一个幸福的美国人？

人心是一个复杂的器官。它复杂就复杂在——一旦只盛满同一种东西，幸福也罢，不幸也罢，人便难免会被异化。前一种异化使人性娇贵脆薄，后一种异化使人性阴暗扭曲。楚门的人性避免了这两种异化——在他童年的时候，与他泛舟河上的父亲不慎落水身亡。悲痛在他的人性扉页上刻下了深深的痕迹。楚门之惧水，使我们看到了一个儿子对亡父的爱会持续得多么久。这令我们感动。九分幸福掺兑了一分遗憾，乃是心灵容瓶最佳的成分比例。

然而，当真相渐渐浮出水面，当一切后来皆被证明是百分之百的骗局的时候，楚门的世界被彻底解构了。原来两情相悦的夫妻之爱只不过是在楚门被蒙在鼓里的情况之下，镜头前的作秀兼做广告；甚至可以反过来说是为了对广告负责所必须进行的情爱包装伎俩；原来慈母亡父只不过是一个专为自己而成立的剧组里的演员；原来“发小”的朋友是自己这个“大明星”的无怨无悔的终生配角；原来父亲的身亡是剧中情节，因为全球的亿万观众喜欢看到楚门以绝对本色的风格表演悲伤和诠释一个人的心灵痛点；原来公司指派给他并且最初使他觉得正中下怀的一次出差，只不过是由于剧情需要新的看点和卖点；原来自己毫无隐私、每天二十四小时全天候“纪实”地将一个人的每一言每一行包括每一动念都裸呈于亿万人的眼前，而亿万之人业已如此这般乐此不疲、津津乐道地观看他长达三十余年、一万多个小时……原来这一切的背后，关系着高投入、高产出与高回报的一条商业链的可持续环接与否。

“似乎”一词于是原形毕露，暴露出了令任何一个有自尊的人都倍感俗恶的真相。

当楚门企图对抗，企图从自己不情愿的情境中成功摆脱，因而与可爱的妻子一朝反目发生冲突，终于彼此敌对起来的时候，妻子叫嚷出了开篇的那一句话——“我不干了！他一点儿都不专业”！

这是楚门剧的经典台词之一，它出于一号配角而非主角楚门之口，可谓俏皮也。然而欣赏反应敏感的观众品咂一笑之后，大抵都会产生点儿意味深长的什么联想的。

美国人在当时为什么会拍这么一部电影？促成这么一部电影出笼的美国的文化背景是什么？这么一部电影所予以戏谑的文化现象又是什么？它所针对的仅仅是一种文化现象，还是也戏谑了被那一文化现象所左右的当代美国人？仅仅是当代美国人吗？倘不仅是——面对那一特别美国特色的文化现象，别国的人们有何文化心理的反应？是接受习惯的不适和排斥？还是喜闻乐见的欢迎？倘是前者，为什么？倘是后者，又为什么？这么一部电影中，包含有美国人对自己所主导的全球文化潮流的自嘲式的反思和犹抱琵琶半遮面的批评么？抑或最终还是通过一部影片达成了与自己当下文化的握手言和？倘有，体现在哪里？倘无，又何以无？或者，以上一切联想，只不过是一厢情愿、自作多情的认真，而在美国人那儿，仅仅是为自娱和娱人？正所谓中国人一认真，美国人就发笑？

此片的结局可以多种多样，为什么美国人偏偏选择了握手言和？是影片发行的商业考虑，还是美国电影在全世界稳居龙头老大地位的文化心理使然？

同学们谁能设想出另外的结局？比如走投无路的楚门选择了自杀？那么一来，美国人将怎么看待自己的这一部电影？别国人又会怎么看待？楚门之门暗示着些什么？门的那一边为什么起初是黑洞洞的，而不是一门既开，灯火辉煌、别有洞天的情形？

当然，人类的影视文化，包括美国的影视文化，并没有糟到将人类都快变成了楚门的地步。这世界上人和人的关系，也绝对没有虚假到无论亲情、爱情还是友情全都变质了的程度。

但，人类不是已经开始担心科技发展对人的异化了吗？那么，科技的直接介入，会不会异化人类的文化本身？异化了的人类文化，会不会使人类在不知不觉中迷失了文化这一人类古往今来的理性灯塔？而有一点是肯定的——美国人经由此片，又在全世界大赚了一笔美元。这一点应带给别国人，包括中国人一些文化反思吗？我们中国人的当下文化也有值得反思之处吗？我们的当下文化对我们的社会形态和生活方式也产生重大影响了吗？正面的影响是什么？负面的影响又是什么？我们中国人每天面对的中国的文化形态，也有虚假干扰智商的现象吗？或并无此虑？倘有，是哪些现象？倘纯系杞人忧天，我们明天的文化前景又是怎样的？我们现实生活中有哪些虚假，其实也表现得柔情似水？握手言和也许反而会使我们获得楚门也曾获得过的“幸福”？谁宁肯放弃楚门式的“幸福”？为什么？当女大学生在网上公开拍卖自己的幽会权时，这是女性权利的自觉，还是女性意识的异化？

这一现象的出现，尽管是特例，没什么普遍可言，但这是由于文化影响使然，还是由于社会的商业倾向太浓使然？抑或是二者合谋之下催生的结果？

倘女大学生够漂亮，而男大学生又钱包鼓胀，我们班上有哪一名男生愿意参与竞标吗？试问，当现实生活中虚假柔情似水，那么我们谁更专业？苏格拉底说：“人啊，认识你自己！”我认为，在今天，人认识自己已经不成大的问题，而人认识世界的困惑，则比以往任何世纪都更加多了。人无法认清世界，则必迷失了自己。“人啊，认识这世界。”——这应该成为当代箴言也。

情怀的分量

|

Chapter 3

|

论崇高

我确信人性是由善与恶两部分

截然相反的基本内容组成的。

若人性恶带有本性色彩，

那么人性善也是带有本性色彩的。

人性有企图堕落的不良倾向，

堕落往往使人性快活；

但人性也有渴望升华的高贵倾向，

升华使人性放射魅力。

论“代沟”

相当长一个时期以来，我认为“代沟”仅仅是不同代之人对同一事物的不同看法。最近，我才渐悟——不同看法，那固然是“代沟”现象的一个方面，却并非主要的方面，更非本质的方面；而本质的方面是——对同一事物，上一代人不管多么强调关注它的必须性，下一代人竟根本连眼角的余光都不瞥过去一下。按鲁迅先生的话讲，此最大之轻蔑也。

对同一事物的看法，两代人或隔代人之间还发生争论，实在是上一代人、上上一代人的欣慰。这一点起码证明，那事物以及对那事物的看法，下一代人或下下一代人们有点儿在乎着。

为什么我要指出是上一代人或上上一代人的欣慰，而不说是双方的欣慰呢？乃因归根结底，下一代的“在乎着”是暂时的、表面的，注定了要朝根本“不再在乎”转化过去的。细分析之，此时两代人之间的争论，即使显得似乎白热化，其实证明上一代人对下一代人就某事物的看法毕竟还是客观地发挥着一些影响力。争论表明，下一代人对此种“代”作用于“代”的影响力还多少有几分“在乎着”。同时，未尝不包含着下一代人对上一代人的情绪的照顾。那是代与代之间的感情的效应。

真相往往是这样——当下一代人对社会对时代的认识还处在较初级的阶段，亦即对自己的适应能力尚无把握、缺乏信心的阶段，“代”与“代”之间的偶尔争论是以上一代人的优势为特点的。简直又可以说，往往是上一代人首先发起的。此时，下一代人从各方面来讲都处于劣势，无论他们仅仅是上一代人的儿女，或学生，或属下，或关系松散的社会群体。从性质上说，占尽优势的上一代人，在争论中往往表现出压迫的意味。谆谆教导、诲人不倦、不以为然、三令五申、反对禁止，总之是居高临下、好为人师的一套罢了。哪怕此时上一代人的看法是对的，是绝对地对的；动机是好的，是绝对地好的；见解堪称经验，是百分之百宝贵的经验，都不能改变争论的性质。争论是什么？口舌之战而已。占尽优势的一方，就算刻意作宽宏大量之状、之秀，心理上也必是强硬的，明白胜券总归操在自己手中。而下一代，此时只有虚晃一枪，随之偃旗息鼓。那是他们的权宜之计。明智从来是人们处于劣势时的上策。

当下一代对社会对时代的认识上升到了中级阶段，亦即对自己的适应能力有了些把握、有了些信心的阶段，于是代与代之间的争论从家庭到单位到社会的各个层面开始频繁发生。这时候，几乎只有这时候，上一代人才恍然意识到，所谓“代沟”，在自己和下一代人之间已经形成。人类的社会，可以凭了良好的愿望和被它所促使的能动性，防止许多结果，消除许多结果的因素于倪端——但人类永远无法避免“代沟”，更不可能靠任何方法预先消除它的成因。它如生老病死，是人类社会自然和必然的规律。在上一代人那儿，这时候“代沟”仿佛刚刚形成，是自己们所面临的一个新的“问题”。而在下一代那儿，他们显然已经觉得忍受得太久了。他们有点儿迫不及待地要表达自己们的看法了，要宣布自己们的意见和主张了。总而言之，下一代要发言了。他们的这一种欲望此时特别强烈。他们的看法、意见和主张、理念和价值观，相对于上一代人所苦心构筑的社会和时代的稳定性以及伦理性秩序，往往意味着是叛逆、是挑战、是破坏、是颠覆，然而他们不准备一味地妥协了。于是，“代”与“代”之间的冲突无法掩盖，社会和时代的气氛，因此而令两代人甚至三代人都备感浮躁。隔代人无论是老的一代还是小的一代，处于关系紧张的两代人之间往往不知所措：怎么样都难以摆正自己们的位置。争论通常是没有结果的。各执一词，据理力争，对错实难分清。所谓结果，往往已不由对错来决定，而由从家庭到单位到社会的各个方面，谁更强硬一些来决定。在家庭中，下一代人反而更强硬一些了。在家庭中，上一代人也开始学着明智了，开始研究妥协的艺术了，开始咀嚼不得已的退让是什么滋味了。

尽管上一代人每每会装出不是退让而是迁就的“高姿态”，但双方都明白，上一代人对下一代人的长期影响，从此式微了。在单位，上一代人表面还占尽优势，依然是能左冲右突的局面。但那已不是靠着从前的影响力和魅力在左右，而往往更是靠着身份、地位和权力了。倘不借助甚或完全倚仗那些，上一代人对于下一代人的“冒犯”，便几乎束手无策了。或换一种说法，在下一代心目中，上一代人的主导能力已经变得越来越削弱了。通常，下一代人并非总是有意识地非要“冒犯”上一代人，而确实是由于两代人之间的种种分歧日益加剧，下一代人跃跃欲试，渴望上升为主导的一代，以自己的理念和方式方法，来充分显示自己的能力。如此而已，仅此而已。“代”与“代”之间的冲突、摩擦、争论，于是处于“活动期”的状态，如同疾病在人的身体中处于“活动期”，这只是一个不甚恰当的比喻。“代沟”现象，无论对于社会、时代和两代人而言，如前所述，当然并不是什么疾病，也不是什么问题。

在“代沟”的“活动期”，各种社会和时代测试的指标表明，两代人共同关注的事物是多的，而不是少的。冲突、摩擦、争论，皆因“共同关注”。这是“代”与“代”之间，最后的紧密又紧张的关系，或曰“藕断丝连”的一种关系。

到了“代沟”的第三阶段，情形反过来了，共同关注的事物越来越少了，各自关注的事物越来越多了。此时的社会和时代，其实业已悄悄地完成了通常每被社会学家们所忽略的，可以称为第三种势力的再分配。亦即除了政治和大经济（关乎国计民生的经济）之外，传统社会学词典中叫作意识形态的那一种势力的再分配。上一代人说它是意识形态，是世界观、人生观；下一代人并不那么看。在下一代人那儿，它只不过是与不同的人们的不同活法有关的一些自由选择而已。是的，下一代人正是首先在这一层面上，渐渐地，悄悄地，也是成功地突破了上一代人的种种束缚和限制。于是，上一代人猛然地发觉，在自己的不经意间，下一代人早已疏远了自己们，并且在对社会和时代的适应能力、自主性两方面，令他们惊讶地成长壮大了。从前，上一代人每想，下一代人离开了自己们可怎么办呢？故有时他们也是完全出于一种责任感和使命感，而一厢情愿地掌控着下一代人的活法。而此时，实际上被“抛弃”的，似乎更是上一代人，于是上一代人别提有多么失落了。他们连想和下一代争论，不，不，哪怕仅仅是讨论的机会也几乎没有了。下一代人早已不愿再和上一代人讨论什么了，更不屑于争论什么了。他们在自己的势力范围内如鱼得水，自得其乐，充分享受由自己们的成长壮大而占领了的“根据地”。他们的人生状态看上去也许远不如某些上一代人那么风光，那么志得意满。但他们确乎比上一代人活得率性，活得自我。而那往往是下一代人热爱生活的第一种理由。这一点，在上一代人那儿，一向是嗤之以鼻的。

因了他们对人的活法的理解已与上一代人大相径庭，甚至背道而驰，于是社会和时代中，产生出了新的种种的可用五花八门来形容的消费观、社交观、情爱观、婚姻观、择业观、审美观、娱乐观、伦理观，等等，不一而足。一言以蔽之，社会的许多方面都随之而改，而变。

“代沟”在这一个阶段“成熟”了，像一季果子那样成熟了。它定型了。我们都知道的，成熟的果子不会再长大，却也不会再变小。而“成熟”了的“代沟”，不再冲突，也不再摩擦。因为，上一代人关注的，以为重要的事物，在下一代人那儿仿佛并不存在；而下一代人关注的，以为重要的事，上一代人已知之不多。那都是些新的事物呀！这时，几乎只有这时，“代沟”现象出现了反过来的情况——上一代人变得虚心了，不耻下问了，有时，进而会变得以媚取悦了。上一代人的头脑之中于是发生了一种前所未有的迷惘与困惑，已搞不大清楚与下一代人之间的隔阂，是否便意味着是自己不可救药的落伍。他们开始放弃种种原本一向坚持的上一代人的原则，开始以讨好的低姿态向下一代人靠拢，并不被怎么友善地待见也不在乎了。上一代人与下一代人几乎只剩下了一个共同的话题，那就是——钱。即使对于钱，分歧也多多。在家庭里，在单位里，在社会的各方各面，“代”与“代”之间的关系，可以说已无“沟”，因为“井水河水互不犯”，就水平一片了。也可以说那“沟”已深得不能再深，连玩笑都被看不见的“沟”隔开着了，仿佛不同民族有着不同的语言。此时隔代冲突、摩擦、争论的现象已是鲜见之事，成心挑起也很难了。因为关系直接的两代人之间都不复那样了，隔代人还冲突个什么劲儿呢?

在“代沟”的“成熟”阶段，隔代人往往亲密有加起来。

我们回顾历史便会发现所谓“代沟”的另一条规律，或曰另一种真相——原来不管下一代人在上一代人心目中究竟是怎样的，社会和时代的天平最终总是要倾斜向下一代一边的。因为下一代，毕竟是一天比一天成长壮大着的一代。而他们给社会和时代注入的新内容、活力，肯定比上一代多。

“代沟”是人类社会一门永远的课程。在这一门课程中没有过一位先生，全人类一代一代皆是它的学生。谁想逃学、想旷课都办不到。也没有过任何标准答案，因为人类的社会和时代沧海桑田，今昔更替，是非对错永远被不断地反思和再认识，再检验。对于“代沟”这一张考卷，只有上一代和下一代人不同之解答方式的区别。对前者们，较好的解答方式其实只不过是顺其自然，以平常心接受并尊重它的真相。同时并不“媚下”，“媚下”也不配有上一代的自尊。

从哲学的角度讲，“同一事物”原本是不存在的。上一代人必须明白的起码一点是——自己们比下一代更应该做“代沟”这一门课程的好学生，而非下一代的先生……

论崇高

一个时期以来，“崇高”二字在中国成了讳莫如深之词，甚至成了羞于言说之语。我们的同胞在许多公开场合眉飞色舞于性，或他人隐私，倘谁口中不合时宜地道出“崇高”二字，那么结果肯定地大遭白眼。

而我是非常敬仰崇高的，我是非常感动于崇高之事的。

我更愿将崇高与人性连在一起思考。

我认为崇高是人性内容很重要也很主要的组成部分。我确信崇高也是人性本能之一方面，确信它首先非是任何一类道德说教的成果，既非宗教道德说教的成果，亦非政治道德说教的成果。

我确信人性是由善与恶两部分截然相反的基本内容组成的。若人性恶带有本性色彩，那么人性善也是带有本性色彩的。人性有企图堕落的不良倾向，堕落往往使人性快活；但人性也有渴望升华的高贵倾向，升华使人性放射魅力。长久处在堕落中的人其实并不会长久地感到快活，而只不过是对自己人性升华的可能性完全丧失信心，完全绝望。这样的人十之七八都曾产生过自己弄死自己的念头。产生此种念头而又缺乏此种勇气的堕落者，往往是相当危险的。他们的灵魂无处突围便可能去伤害别人，以求一时的恶的宣泄。那些在堕落中一步步滑向人性毁灭的人的心路，无不有此过程。

人性虽然天生地有渴望升华的高贵倾向，但人类的社会却不可能为满足人性这一种自然张力而设计情境。这使人性渴望升华的高贵倾向处于压抑。于是便有了关于崇高的赞颂与表演，如诗，如戏剧，如文学、史和民间传说。人性以此种方式达到间接的升华满足。

崇高是人性善的极致体现，以为他人为群体牺牲自我作前提。我之所以确信崇高是人性本能，乃因在许多灾难面前，恰恰是一些最最普通的人，其人性的升华达到了最最感人的高度。

一九六一年十二月十七日，巴西某马戏团正在尼泰罗伊郊区的一顶尼龙帐篷下表演，帐篷突然起火，二千五百名观众四处逃窜，其中大部分是儿童。

一个农民站在椅子上大喊："男人们不要动，让我们的孩子们先逃！"

他喊罢立刻安坐了下去。

火灾被扑灭后，人们发现三十几个人集中坐在椅子上被活活烧死，都是农民。

没谁对他们进行过政治性的崇高说教。他们都不是教徒，无一人生前进过一次教堂。

一八八九年五月三十一日，位于美国宾夕法尼亚州的约翰斯敦水库的堤坝全线崩溃，泻出水量四十万立方英尺，五十六亿加仑的水重达二千万吨，压塌了山谷，顿时将约翰斯敦和周围的十几个城镇摧为废墟。

下游城镇的几乎全体居民发动了空前自觉的营救。许多人为救他人而献身。

一九一三年，美国俄亥俄、印第安纳、伊利诺伊等州洪水泛滥成灾，十二万五千名居民被困在屋顶和树上，许多居民自发地组成了互救队，涌现了许多感人的崇高、英雄主义的事迹。七十岁高龄的国家货币注册公司经理帕特逊，只着短裤，独自驾舟往返于各街道之间，从水中救起几十人……十二名电报业务员坚守岗位六十余小时，她们不知亲人安危与否，半数人因过度疲劳而昏倒。俄亥俄州特立华大学的学生们也涌现出了一桩桩可歌可泣的营救事迹。两名学生和一位老教授划船救了几十人后，船被大浪掀翻，师生三人一起遇难……

伊利诺伊州州长灾后的一次讲演中有这样一句话："在此次灾难中，上帝引导我们中许多人舍生忘死，先人后己。这些人便是上帝。他们人性中的崇高美点永垂不朽！"

世界各地从古至今的每一次灾难中都曾有崇高之烛闪耀过。我们人类的人性中的崇高美德接受过何止百次严峻的检阅?

一九九八年，中国南北两地的抗洪救灾，又何尝不是经受这样的大检阅呢?之所以感人，恰因那种种的崇高，乃是被标定在人性最高的位置上昭示于我们啊!

其他任何位置，依我看来，都非那种种崇高本真的位置。中国人，珍视啊！千万不要扭曲了它啊！一想到这里，我不禁地忧郁起来……

论“不忍”

“不忍”二字，曾人言颇多。一般指谁将做什么狠心之事，却受一时恻隐的干预，难以下得手去。于是，古今中外的小说和戏剧，便有了大量表现此种内心矛盾的情节。倘具经典性，评论家们每赞曰：“人性的深刻。”二十世纪九十年代末曾唱红过一首流行歌曲《心太软》。“不忍”就意味着“心太软”。“心太软”每每要付出代价。最沉重的代价是搭上自己的命。一种情况是始料不及，另一种情况是舍生取义。

京剧《铡美案》中有一个人物叫韩琪——驸马府的家将。陈世美派他去杀秦香莲母子女三人，“指示”复命时要钢刀见血。那韩琪听了秦香莲的哭诉哀求，明白了她的无辜，目睹了她的可怜，省悟了驸马爷派他执行的是杀人灭口的勾当。天良起作用，又没第二种选择，他横刃自刎……

某日从电视里看到这一场戏，感动之余，突发篡改之念。原因是，似乎只有篡改了，才能更符合当代之某些中国人的思想观念，才能更具有现实性，才能“推陈出新”……于是篡改如下。

韩琪：“秦香莲，哪里走？留下人头来！”秦香莲：“啊，军爷，我秦香莲母子女的可怜遭遇，方才不是已说与军爷听了么？”韩琪：“听是听，可怜么，倒也着实可怜。但却饶你们不得！”秦香莲复又双膝跪下，并扯一儿一女跪于两旁，磕头不止，泗泪滂沱，咽泣哀求：“啊，军爷呀军爷，既听明白了，既信真相了，既已可怜于我们了，缘何不放小女子一马，又非要我们留下人头来？”

韩琪：“嘟！秦香莲，你也给我仔细听着！想我韩琪，乃驸马府家将。驸马爷与当朝公主，一向对俺不薄。并言事成之后，定有重赏。杀你们母子女三人，对俺易如反掌。区区小事，驸马爷挚诚秘托，俺韩琪身为家将，岂有欺主塞责之理？倘不曾堵得着你们，还则罢了。已然堵你们于此庙中，心软放之，教俺如何向驸马爷交代？！韩琪也乃一条好汉，站得直，坐得正，驸马爷与公主面前深获信任。言必信，行必果，驸马府里美名传。若今放了你母子女，我将有何面目重见我那恩主驸马爷？！"

秦香莲："军爷呀军爷，难道没听说过'仁以为己任，不亦重乎'这句古话么？"

韩琪："秦香莲，难道没听说过'受人好处，替人消灾'这句古话么？我今杀你们，天经地义，理所当然！不杀，倒特显得我韩琪迂腐了！"

秦香莲："军爷呀军爷，我们母子女与你往日无冤，近日无仇，军爷还是开恩饶命吧！"

于是，秦香莲再磕头，再哀求；于是，子与女皆磕头如捣蒜，皆咽泣哀求……

不料韩琪怒从心起，喝道："嘟！好个罅唣讨厌的秦香莲！都道是'理解万岁'，你怎么只一味儿贪生怕死，丝毫也不理解我韩琪的难处？！真真一个凡事当先，只为自己着想的女子！难怪世人说——可怜之人，必有可恨之处！韩琪从前不信，今日信了信了！"秦香莲："军爷呀……"韩琪："休再罅唣，哪个有耐心听你哭哭啼啼，看刀！"

遂手起刀落，将那秦香莲人头削于尘埃；又"唰唰"两刀，结果了那少年与少女的性命……

当然，开封府包大人帐前，韩琪也就免不了牵扯到人命官司里去了。包大人铡了陈世美，自然接着要铡韩琪的。

当然还要一番篡改。

韩琪："包大人，冤枉啊，冤枉！韩琪虽死，理上也是不服的！"

包大人："韩琪，似你这等冷酷无情，替主子杀人灭口的恶仆，铡了你，你有什么可冤枉的？你又有什么理上不服的？！……"

韩琪："包大人，韩琪有自辩书一份，容读。请大人听罢再作明鉴……"

自辩书云：

“君命臣死，臣不得不死；父叫子亡，子不得不亡。此乃我中华民族昭昭纲常之首义也！推而及主奴关系，则可引申出主之忧，奴当解之；主之托，奴当照办的道理。家将者，府奴也。犹如臣唯命于圣上，子依从于父训。违之，殊不义也？抗之，殊大逆不道也？又常言道——有奶便是娘。奶者，实惠之物也。娘者，至尊之人也。如君相对于臣，如父相对于子，亦如主相对于奴也！臣奉君旨而行事，虽错虽恶，错恶在君耳！子依父训而差谬，虽差虽谬，差谬在父耳！奴为主杀人灭口，当诛者，主耳！在家将，只不过例行公事也！小的韩琪杀人，实在也是出于为奴仆者尽职尽责的一片耿耿忠心呀！所以，包大人若连韩琪也铡了，韩琪到了阴曹地府也是一百个不服的！”

《赵氏孤儿》中，也有一个与韩琪类似的人物，叫钮麑，是奸臣屠岸贾的家奴。屠命其深夜去行刺忠臣赵盾。他勾足悬身于檐，但见那赵盾秉烛长案，正襟危坐，批阅公文。他心里就暗想了，早听说这赵盾是大大的忠臣，今日亲见，果然名不虚传！此夜此时，良辰美景，哪一王公大臣的府第之中，不是妖姬翩舞、靡音绕梁呢？满朝文武，像赵盾这么家居简陈，尽职至夜者实在不多了呀！我若行刺于他，天理不容啊！他这么一想，可就一时的“心太软”了。“心太软”，他就作出了太愧对自己的正义冲动之事来了——纵下檐头，蹿立厅堂，朗声高叫：“赵大夫听了，我乃屠岸贾之家奴钮麑是也！今夜屠岸贾命我前来行刺大夫，并许以重赏。钮麑每闻大夫刚正不阿之名，心窃敬之，岂忍做下世人唾骂之事！然大夫不死，钮麑难以复命，故钮麑宁肯自尽了断恶差！我死之后，那屠岸贾必派他人继来行刺，望大夫小心谨慎，处处提防为是……”

我小时候读过这戏本，台词意思记了个大概。于今想来，这钮麑其实也是不必自己死的。他不妨向赵盾说明自己的两难之境，请赵盾反过来同情自己，体谅自己，对自己“理解万岁”。想那赵盾，既要于昏君当道之世偏做什么刚正不阿之臣，必有思想准备，早已将生死置之度外。绝不会秦香莲也似的魂飞魄散，咽泣哀求。而那钮麑，杀人前便获得了被杀者的理解和同情，天良也就不必有所不安了。即使后来因而受审，也可以振振有词地自我辩护——赵盾当时都理解我了，你们凭哪条判我的罪？难道我当时的两难之境就不值得同情么？……

联想开去——罪恶滔天的德国军党战犯，后来正是以此种辩护逻辑为自己的罪名开脱的。

侵略的无罪是——“军人以服从命令为天职”。

屠杀犹太人的无罪是——“执行本职‘工作’”。

连希特勒的接班人戈林在战后公审的法庭之上，也是自辩滔滔地一再强调——我有我的难处，对我当时的难处，公审法官们应该“理解万岁”……

日本大小侵华战犯，被审判时的辩护逻辑还是如此，现在，这逻辑仍在某些日本人那儿成立……

联想回来，说咱们中国，从“文革”后至今，同样的逻辑，在某些“文革”中的小人、恶人、政治打手那儿，也仍被喋喋不休地嘟哝着——大的政治背景那样，我怎么能不服从？我的罪过，其实一桩也不是我的罪过，全是“文革”本身的罪过……

“文革”中狠心的事、冷酷的事太多了。

“不忍”之人的“不忍”之心体现得太少了……

联想得再近些，说现在——大家都知道，现在的世界，是很有一些人肯当杀手的。雇佣金高低幅度较大，从几万元、十几万元、二十几万元到几百万元不等。而且，时兴“转包”。每一转再转，中间人层层剥皮。最终的杀人者，哪怕只获几百元也还是不惜杀人，甚至不惜杀数人，不惜灭人满门。

他们丝毫也没了“不忍”之心。

当然，也断不会像小说、戏剧以及近代才有的电影中的情节那样，给被杀者哀求和陈述真相的机会，自己也完全没有希望被杀者死个明白，要求被杀者对自己“理解万岁”的愿望……

一旦接了钱，他们往往是举枪就射，举刀就砍，举斧就劈。

其过程是那么符合现代的快节奏——想了就议，议了就决，决了就干，干就要干得干脆。自己没“废话”，也不听“废话”，人性方面绝对地不会产生什么“不忍”……

但是，倘被缉拿归案，又总是要找律师替自己辩护，强调自己只不过是被雇用的“工具”。既是“工具”，似乎便可以超脱于人性的谴责。就算有罪，仿佛也罪不当诛。犯死罪的，似乎只应是雇佣者们了……

在中国，可以想象，韩琪和钮麃那样的杀手，那样的刺客，也许再也不会产生了。他们显得太古典了，因而也未免显得太迂腐了。

我心里，有时却不禁地产生一种崇古之情，每每竟有些怀念他们那样的古代杀手和刺客。于是，我也不禁地每每自嘲自己的古典情节和与现代格格不入的迂腐……

若联想得更近些，说我们大家身边的事——读者诸君，你们是否也和我一样，对“不忍”二字有点儿久违了似的呢？你们是否也和我一样，经常能听到的，倒是“别心太软”的告诫，或“只怪我心太软”的后悔之言呢？

我们大家身边的事，当然都只不过是些“凡人小事”，并非人命关天——比如小名小利……千万别心太软……有什么忍不忍的？这年头，你不忍，别人还不忍么？……你不忍了？那么你等着吃哑巴亏吧……于是，我们往往也就正是为了那些小名小利，将别人，甚至将朋友抛出去“变卖”一次，或将友情、信任出卖一次。当陷别人于窘境，于困境，甚至可能毁了别人的名誉之时，我们又往往这样替自己辩护：

我不过是奉行了合理的个人主义啊！如今这年头，谁不像我一样呢？真的，我眼见的这类人和这类事，多得早已使我的心有些麻木了。于这麻木之中，我竟每每很怀念“不忍”二字。难道这“不忍”二字，真的将从我们某些中国人的日常用语中废除了么？难道我们某些中国人迅速地“现代”起来了的头脑中的观念，真的半点儿古典的缝隙也不存在了么？阿门，给我们中国人的人心，留下一条还能夹住“不忍”二字的缝隙吧……

现实中的“不忍”渐少，小说、戏剧、电影中的“心太软”自然就泛多起来。人想要的，总会以某种方式满足。画饼充饥的方式，于肚子是没什么意义的，于精神却能起到望梅止渴的作用。

在小说、戏剧和电影中，情节（而且往往是尾声情节）通常是这样设置的——即使是坏人、仇人，一旦落到任凭摆布之境，主角们便顿时地恻隐起来，“不忍”起来。于是，坏人、仇人大受感动，幡然悔悟，放下屠刀，立地成佛。于是，人性的力量光芒四射……

但在近当代的小说、戏剧和电影中，这样的情节已不常见，被认为是陈旧的套路，事实上也确实成为陈旧的套路。

近当代的小说、戏剧和电影，在处理类似的情节时，似乎更愿告诫和强调人性恶的顽固。那情节一般是这样的——主角们手起而刀不落，枪逼而弹不发，虽咬牙切齿，却终究有几分心不忍……

于是，主角们遏敛杀心，刀归鞘，枪入套，转身而去……

被放条生路的坏人、仇人们却不领情，爬将起来，从背后进行卑鄙又凶恶的暗算……

于是惹得英雄怒发冲冠，慈悲荡然，不复心软，灭绝有理……

这类情节所证明给人看的，乃鲁迅先生“费厄泼赖应当缓行”的主张，或“东郭先生”可以休矣的理念。

还有另一种处理——坏人、仇人暗算成功，主角扑于尘埃，卧于血泊，绝命前指着坏人、仇人说出一个字：“你……”

倘我们用现今生活中的惯常话替他说完，那句话大概是——“你怎么这样？！”

坏人、仇人则冷笑不已，或说什么，或什么都不说，趋前再加残害。台词也罢，表情也罢，行为语言也罢，总之是这么个意思——你活该，谁叫你对我心太软？后悔晚了！

从此等情节可反观出，我们近当代人对人性善与人性恶的大矛盾——我们是多么希望自己的心有所不忍啊！我们又是多么恐惧于一旦不忍导致的悲剧结果啊！

港台的武侠片、江湖片，外国的黑社会片，几乎片片都有相似的情节，亦成套路矣。

《这个杀手不太冷》冲击过不少影碟发烧友的感观，故事也比较动人心魄。我也曾是影碟发烧友，当然也动我心魄。

此片名译为中文，真有点儿怪怪的。我们将近当代之人心不冷的希望寄托于冷酷杀手，让他替我们去义无反顾、出生入死地完成人心不冷的“任务”，足见我们自己的心已经多么承受不起“心太软”的人性的负担和后果，也多么渴求人心别太硬的温暖……

此片问世后，同类故事的影片相继而出。仿佛这世界上心最不冷的，倒仅剩下些杀手们了似的。

比如另有一部美国电影，片名译为中文是《黑杀手》。因为那杀手乃五十来岁，人高马大，外表迟钝木讷的老黑哥们儿。他属于职业杀手。他也自认为杀人是他的职业，与歌唱、经商、体育、拳击、从政等职业没有什么两样。他从事此业二十余年仍能混迹人群，逍遥法外，证明他虽外表迟钝木讷，于业务方面还是有不少“宝贵经验”的。他无忏悔之心。因为他每次进入“工作阶段”之前，都被告之对方们是坏人。坏人们消灭不过来，他就“替天行道”。他也是人，也有物质的需求，所以“替天行道”也不能白干。他又认为他从事的是“风险行业”，索费颇高。但是，他觉得廉颇老矣，厌倦了“工作”，打算自己允许自己“退休”了。偏偏在这样的情况之下，又有人花钱雇他杀人了。若不干，对方威胁要告发他。那他岂不就只有“退休”到监狱里去了么？他没了选择，违愿地接了钱。一接钱，黑社会内的规矩，就等于签合同了，就负有信誉责任了。而当时接头匆匆，竟忘了问明白将要杀的是什么人，自己“替天行道”的前提充分不充分？

及至骗开了门，面对一位三分清醒七分醉的水灵小少妇，他不禁地暗暗叫苦不迭。因为他还从未杀过女性。因为那小少妇怎么看都不像坏人、恶人。而且，她似乎还未成年……

他冒充检修电路的。她也就相信他是，让他顺便检修一下电视插板——当晚有她喜欢看的肥皂剧，她正因看不成而寂寞、沮丧。他佯装检修，打开工具箱，取出手枪时，她奔入厨房去了，咖啡糟了，而卧室里传出了婴儿的哭声。他蹿入卧室抱起婴儿拍、哄，唯恐哭声引来多事儿的邻居。此时这杀手，内心不但暗暗叫苦，简直还恼火透了！杀女人已经违反了他的职业原则，捎带着还得杀一个不满周岁的孩子！事情明摆着，只杀小母亲，那孩子没人哺乳，很可能也饿死。一不做二不休地一块儿杀了吧，雇主付给他的可是只杀一个大人的钱！杀了再去讨一份儿“工钱”吧，雇主肯定不认账，肯定会说我也没要求你多杀一个孩子呀！发慈悲不杀孩子呢？万一自己刚杀了母亲，前脚才出门，孩子的哭声就引来了人呢？公寓管理人员看见他进这房间了，那他还能继续逍遥法外么？

接下来，读者能想象得到的，开始了一连串的喜剧情节。

他抱着孩子问她：“你怎么小小年纪就结婚，并且做了母亲？”

他问的当然是气话。因为她的特殊性，使他这一次要完成的“工作”复杂化了——想想以前，“工作”多么简单啊！

她正有对人诉说的愿望，经他一问，于是珠泪成行，娓娓道出一名失足少女值得同情的经历……

在他以前的“工作”中可没有过这种插曲。

他听了，就“心太软”起来。他一“心太软”，就更加生气。因自己竟“心太软”而生气；因将被杀的是女性而生气；因只收了杀一个大人的钱，有一个孩子的死也将算在自己账上而生气……

他一会儿要杀，一会儿不忍；他要杀时，她恐惧，可怜；他不忍时，她接着娓娓诉说，显出涉世太浅、心地单纯的可爱模样……

他有一句台词十分精妙：“住口！你已经使我没法儿进行我的‘工作’！”

潜台词当然是——你已使我不忍杀你！

此片算不上一部高品位的电影。只不过因为喜剧风格，情节还有意思，表演还逗哏，台词还俏皮……

我喋喋不休地讲这部二三流电影，归根结底想要说的是——我真希望从某些报刊上有一日也能读到类似的报道——被雇的杀手终于不忍下手，就像《黑杀手》的结局一样。而不是频频读到——一切杀手杀起人来就像干“工作”一样，数千元就“包一次活儿”。甚至，数百元也“包一次活儿”。更甚至，像某些工程一样，中间人多多，吃回扣的多多，层层转包，层层剥皮，永远只有心狠手辣，而人心似乎永远没有不忍的时候……

而我也真希望——现实生活中喜剧多发生一些，甚或闹剧多发生一些。若人心不能在庄重的情况下兼容“不忍”二字的存在，于喜剧和闹剧的发生中出现“心太软”的奇迹，也是多么的好啊！

读者，你近来可曾听到你周围的人说他或她在某件事、某些小名小利的关头“不忍”过？

“不忍”“不忍”，人心中的“不忍”哦，真的，我们是不是久违了？

论方法

在方法问题上多一点经验，少一点儿教条。无论如何总是好的……

世上的矛盾、难题和僵局千差万别，解决的方法也千差万别。最高明的方法，当然是最具智慧性的方法。许多矛盾、难题和僵局，非是仅靠智慧性的方法便能解决的。比如通货膨胀，比如失业，比如治安——另当别论。有些矛盾、难题和僵局，却完全可以靠智慧性的方法去解决，而且解决起来效果出人预料得好。

国外有一商家，建了一幢摩天大楼。由于电梯设计得不够合理，人们常因久候而影响情绪，怨言多多。董事会意欲改造电梯系统，但那需投资数百万元。这又使董事会产生了分歧，争论激烈，不欢而散。几天后，一名董事献策，说他想出了一个方法，少花钱也能解决电梯难题。据他考察，电梯运行固然不迅，但绝不是已经到了超出人们耐心程度的地步。乘电梯的人们，谁不希望快呢？因而他认为，人们的怨言其实主要非是客观问题，实际上是主观要求的反应。董事们的智商都并不比他低，都同意他的分析。但由主观要求所发的怨言，也是足可以久积成虑不能忽视的呀！董事会请他快讲他的方法。他说方法非常简单——在每层的电梯两侧设销售化妆品、书籍的小柜台，或干脆摆一面哈哈镜。他的方法被接受了——从此等电梯的人们不再怨气冲天了。销售化妆品和书籍的小柜台，收入不仅保证了每月销售员的工资，且有余额。而哈哈镜，使乘电梯的男人女人，在等候时得到了一份儿乐趣。人们相互间其乐融融之际，电梯门也在不知不觉中敞开了……

英国已故首相丘吉尔，有次举行招待会，遇到了一件使他为难的事。侍者向他秘语，一位身份很高的外交官将一只叉子偷偷地揣进了自己兜里。如果一笑置之，无异于包庇这种不光彩的行径。如果当众指斥，又唯恐使对方斯文扫地。他为难了片刻，竟也当众将一只勺子揣进了自己兜里。众目睽睽，人们惊诧之极。他却走到那位身份很高的外交官跟前，将对方扯到一旁，神秘兮兮地说："我刚才偷了一只勺子且被人发现了，其实您偷那只叉子的时候也被人发现了，您看咱们俩现在怎么办才好呢？"对方不得不满面愧色地将那只叉子从兜里掏出，暗暗地放在了托盘里。丘吉尔还拍拍他的肩，微笑地以赞赏的口吻又说："谢谢您为我作出了一次好榜样！"

美国加州有一家汉堡包分店。某年加州大学生因种族歧视问题举行示威游行，降下并焚毁了不少国旗。那家汉堡包分店门前也有一面星条旗。要降下这一面旗，须经纽约总部下令才可。所以，店员们挽着手臂捍卫之。而大学生们愈加被激怒，非要降下焚毁不可。双方僵持，互不妥协。总部知情后，指示当地一辆送汉堡包的货车，趁送货之际，司机将旗杆撞倒了。旗杆既倒，旗已落地，店员们没有失职，大学生们也索然了，一场一触即发的僵持，就这么不费唇舌地巧妙化解了……

林肯的一位作战部部长曾与一位将军矛盾很深。有一次，部长又向林肯告将军的什么状。林肯叫他给那位将军写一封信，痛骂对方一番。部长将信拿给林肯看。林肯大为赞赏，夸他骂得解气。

之后，林肯平和地说："现在请把这封信丢在火炉里烧了吧！我生谁的气的时候，就写这样一封信，然后烧掉它。这是一封很精彩的信，你为此花了不少时间，发泄了很多愤怒，相信现在你心里一定好受些了吧？"

作战部部长非常羞愧，再也不因个人意气而向林肯告那位将军的状了。二人的关系，也渐渐地好转了……

我们的某些官员，每每不乏按照"原则"解决矛盾、难题和僵局的能力。在这方面，我党有很优良的传统理应发扬光大。但，他们往往太缺乏智慧地解决矛盾、难题和僵局的方法。这样的方法，也说明素质问题。而我党的前辈们，比如毛泽东、周恩来、朱德、陈毅、贺龙，等等，都不乏智慧地解决矛盾、难题和僵局的事例。"改革开放"时期，两种体制并行，解决矛盾、难题和僵局的方法，也理应具有更高的智慧性、艺术性、灵活性。今天，时代对于每一位政治家和官员的要求，比以往任何时代更高了。

在方法问题上多一点儿经验，少一点儿教条，无论如何总是好的……

论泡沫

经济学中有一种说法是：泡沫经济。对于经济学，我是门外汉，但对于泡沫现象，我在生活中倒是比较地见惯了。

以我有限的常识而言，泡沫大抵生成于水吧？或起码是与水相反应的现象吧？如石灰，如硫黄，由块状而散碎，由散碎而粉细，只要不遇水，是怎么也不会起泡泛沫的，一旦遇水，则顿时泡沫翻腾。水本身也会起泡沫。如一塘死水，沤困久之，水色渐变，水面遂有泡沫。这是由于水中的腐物污染了水，起了生化反应。这不过就是塘边薄薄的一层，绝不会越聚越多，漫上塘岸的。

一塘死水的肮脏，往往是从水底下开始，在塘边上呈现的。闻一多曾在他著名的诗《死水》中这么描述：

让死水酵成一沟绿酒，
漂满了珍珠似的白沫；
小珠们笑声变成大珠，
又被偷酒的花蚊咬破。
那么一沟绝望的死水，
也就夸得上几分鲜明，
如果青蛙耐不住寂寞，
又算死水叫出了歌声……

水库的水是不大会起泡沫的，因为它有活的源。而且，每一开闸，新水流入，旧水泻去，可保水质的澄清。江河湖海当然也是不会起泡沫的，除非遭到极其严重的、极大面积的污染。一壶净水，沸而又沸，即使烧穿壶底也不会起泡沫。水变汽而已。

缸里的酱却是会起泡沫的。

没有水的介入，豆不能自然成酱。在酱缸里，严格意义上的水已不复存在。倘缸中的酱很满，缸盖压得太严实，那么起了泡沫的酱，甚至可能使缸体龟裂。这证明酱的泡沫的生成有一定的持续性，且有不可忽视的膨胀力。不消说，此时的酱已不能再是佐料，它肯定臭了……

粥也是会起泡沫的。因为一切的粮食中，皆含有天然的胶质成分。在开锅的情况下，粮食中的胶质被煮出，成糊。糊状的粥的泡沫是黏的。而黏的泡沫是不易破的。此时若插一根管子入锅，可吹出肥皂泡似的泡泡……

由于各种病都找上身来了，我也就每天亲自熬药了。中药被熬时是最容易起泡沫的。我服的中药有十几味之多，生化反应迅速，乍沸泡沫便起。用筷子搅是不行的，吹也是无济于事的。后来，我有了经验，知道应该用漏勺连续抄底，且要拧小火苗。中药的泡沫何以会那么快就泛将起来呢？十几味中药的生化反应就不去论它了，火候失控也不消说了——原来泡沫一旦形成，遍布水面，则便在水面与空气之间连成一片真空。这一片或一层真空，阻碍了水蒸气的顺畅上升。于是，蒸气之力“托举”泡沫，而新生成的泡沫，亦拱顶上面的泡沫，使真空层越积越厚；更厚的真空层，对药体中的水有吸力。此时若无措施，随着泡沫的涌出，药钵中的水顷刻即被吸干，药也就焦了……

依我想来，“泡沫经济”的现象，其生成的过程大致若此。分析“泡沫经济”，首先，必有太多种的非经济规律的因素掺入了经济规律的清水中。对经济学是门外汉的我，不知怎么，总相信它的规律本身当是相对清澄的。其次，泡沫即起，却视之任之，以为熬药哪有不起泡沫的道理，认为泡沫并不可怕，搅搅自然落下。于是很斯文，如我当初熬药那般，一手背后，一手持双筷子，轻轻地仅在一层泡沫间搅。其实应该抄底地搅，以破坏那层泡沫也就是那层阻碍水汽顺畅上升的真空层。这真空层被破坏了，水汽无阻，药汁便沸而不溢了。在“泡沫经济”中，那一层真空层意味着什么呢？利益而已。形形色色的个人和大大小小的集团的利益，氤氲一片。这一种利益，靠了泡沫的掩护，将国家这一口钵中之水、之汁，吸出钵外。

所以可断定，凡泡沫经济发生过程中，非法的经济勾当比正常的经济形态要多得多。蓝烟紫气的反应过后，对国家对公众什么有益的东西也不会剩下，一片肮脏罢了，一片狼藉罢了。那反应的效能，亦即所谓价值，皆随蓝烟紫气一并溢去也……

破坏那泡沫的漏勺，好比保障经济规律的法。其抄底，又好比直搅非正常的经济因素。不管它们是黄连，还是甘草，抑或鳖甲、龟板之类……如是，经济规律之水方可沏好茶，可煮好粥，可酿好酒，可化汽而升，可成汁不凝……

贫富论

苏格拉底、亚里士多德、黑格尔、奥古斯丁、莎士比亚、培根、爱迪生、林肯、萧伯纳、卢梭、马克思、罗斯金、罗素、梭罗……

古今中外，几乎一切思想者都思想过贫与富的问题。以上所列是外国的。至于吾国，不但更多，而且最能概括他们立场和观点的某些言论，千百年来，早已为国人所熟知。不提也罢。

都是受命于人类的愿望进行思想的。

从前思想，乃因构成世界上的财富的东西种类欠丰，数量也不充足，必然产生分配和占有的矛盾；现在思想，乃因贫富问题，依然是世界上最敏感的问题——尽管财富的种类空前丰富了，数量空前充足了……

这世界上政治的、经济的、军事的、外交的，以及改朝换代的大事件，一半左右与贫富问题相关。有时表面看来无关，归根结底还是有关。那些大事件皆由背景因素酝酿，阶级与阶级，国与国，民族与民族之间的贫富问题常是幕后锣鼓，事件主题。贫富悬殊是造成年代动荡不安的飓风。经济现象是形成那飓风的气候。从前那飓风往往掀起暴乱和革命，就像灾难席卷之后发生瘟疫一样自然而然、合乎规律。

从前处于贫穷之境无望无助的一部分人类，需要比克服灾难和瘟疫大得多的理性，才能克服揭竿而起的冲动。从前“调查”贫富悬殊的是仇恨，现在是经济水平。在动荡不安的年代连宗教也无法保持其只负责人类灵魂问题的立场，或成为可利用的旗帜，或成为被利用的旗帜。比如太平天国起义，比如十字军“东征”。

一个阶层富到了它认为可以的程度，几乎必然产生由其代表人物主宰一个国家长久命运的野心。那野心是它的放心。那野心也是它的放心，符合着这样的一种逻辑——能做的，则敢做。第一次世界大战以前的世界史满是如此这般的血腥的章节。

第一次世界大战的结束其实不是由胜败来决定的，是由卷入大战之诸国的经济问题决定的。诸国严重的经济虚症频频报警，结束大战对诸国都是明智的。

第二次世界大战的起因尤其是由世界性的贫富问题引起的，这一点体现于德、日两国最为典型，英、美当时的富强使它们既羡慕又自卑。对于德、日两国，在最短的时间里最快地富强起来的“方式”只有一种，在它们想来只有一种，那是一种凶恶的“方式”。于是，它们凶恶地选择了。

希特勒信誓旦旦地向德国保证，几年内使每户德国人家至少拥有一辆小汽车；东条英机则以中国东北广袤肥沃的土地、无边无际的森林以及丰富的地下资源诱惑日本父母，为了日本将自己的儿子送往军队……

海湾战争是贫富之战，占世界最大份额的石油蕴藏在科威特的领土之下，在伊拉克看来是不公平的……

巴以战争说到底也是民族与民族的贫富之战。对巴勒斯坦而言，没有一个像样的国都，便没有民族富强的出头之日；对以色列而言，耶路撒冷既是精神财富，也是将不断升值的有形财富……

柏林墙的倒塌，韩朝的一度握手，不仅证明着统一的人类愿望毕竟强烈于分裂的歧见，而且证明着希望富强的无可比拟的说服力……

欧盟之所以一直存在，并且活动频频，还发行了统一的欧元，乃因它们认为——在“胜者通吃”的世界经济新态势前，要在贫富这架国际天平上保持住第二等级国的往昔地位，只有联盟起来才能给自己的信心充气……

阿尔诺德曾说过这样的话：“几乎没有人像现在大多数英国人持有这么坚定的信念，即我们的国家以其充足的财富证明了她的伟大和她的福利精神。”

但狄更斯这位英国作家和萧伯纳这位英国戏剧家笔下的英国可不像阿尔诺德说的那样。

历史告诉我们，“日不落帝国”曾经的富强，与它武力的殖民扩张有直接的因果关系。

阿尔诺德所说的那一种“坚定的信念”，似乎更成了美国人的美国信念，而不是英国人的英国信念。美国的富强是一枚由投机和荣耀组合成的徽章。从前它靠的是军火，后来它靠的是科技。

一个国家在它的内部相对公平地解决了或解决着贫富问题，它就会日益地在国际上显示出它的富强。哪怕它的先天资源虽不足以使其富，但是它起码不会因此而继续贫穷下去。

贫富的问题一旦从国际谈到国家内部，先哲们不但态度和观点相左，有时甚至水火相克、誓不两立。耶稣对一位富人说：“你若愿意做仁德之人，可去变卖你所有的财富分给穷人。”否则呢，耶稣又说：“骆驼穿过针眼，比财主进上帝的国门还容易呢。”

耶稣虽不是人，但是他的话代表着古代的人们对贫富问题的一种愿望。比之一部分人类后来的“革命”思想，那是一个温和的愿望；比之一部分人类后来在发展生产力以消除贫穷现象方面的成就，那是一个简单又懒惰的愿望。

人类的贫穷是天然而古老的问题。因为人类走出森林住进山洞的时候，一点儿也不比其他动物富有。一部分人类的富有靠的是人类总体的生产力的提高。全人类解决贫穷现象还要靠此点。而靠富人的仁德解决不了这一点。苏格拉底是多么伟大的思想家啊！可是他告诉他的学生阿德曼托斯：当一个工匠富了以后，他的技艺必大大退化。他并以此说明富人多了对人类社会发展的危害。他的学生当时没有完全接受他的思想，然而也没有反对。

但事实是，一个工匠富了以后，可以开办技艺学校、技艺工厂，生产出更多更好的产品。那些产品吸引和提高着人们的消费水平，甚至可引领消费时尚。人们为了买得起那些产品，必得在自己的行业中加倍工作……人类社会基本上是按这一经济规律发展的。因而我们有根据认为苏格拉底错了……最著名的古典神学者阿奎那不但赞成苏格拉底，而且比苏氏的看法更激烈。他说：“追求财富的欲望是全部罪恶的总根源。”如果人类的大多数真的至今这么认为，那么比尔·盖茨早被烧死一百次了。

但是，财富和权力一样，当被某一个人几乎无限地垄断时，即使那人对财富所持的思想无可指责，构成其现象的合法性也还是会引起普遍的不安，深受怀疑。

普通的美国人自然不可能同意阿奎那的神学布道，但是连明智的美国也要限制“微软”的发展。幸而美国对此早有预见，它的法律已为限制留下了依据。

比尔·盖茨其实是无辜的。“微软”其实也没有什么“罪恶”。是合法的“游戏规则”导演出了罕见的经济奇迹，而那奇迹有可能反过来破坏“游戏规则”。

美国限制的是美国式的奇迹本身。凡奇迹都有非正常性。一个国家的成熟的理性正体现在这里。培根不是神学权威，但睿智的培根在财富问题上却与阿奎那“英雄所见略同”。

连培根也说：“致富之术很多，其中大多数是卑污的。”他的话使我们联想到马克思的另一句话——“(在资本主义制度之下)资本所积累的每一枚钱币，无不沾染着血和肮脏的东西。”按照培根的话，比尔·盖茨是卑污的。但全世界都不得不承认他并不卑污。按照马克思的话，美元该是世界上最肮脏的东西了。但是，很多国家都用美元来计算国家财政的虚实。

任过美国总统的约翰逊说：“所有证明贫困并非罪恶的理由，恰恰明显地表明贫困是一种罪恶。”

萧伯纳在他的《巴巴拉少校》的序中则这样说：“穷对一个人意味着什么呢？意味着让他虚弱，让他无知，让他成为疾病的中心，让他成为丑陋的展品，肮脏的典型，让他们的住所使城市到处是贫民窟，让他们的女儿把花柳病传染给健康的小伙子，让他们的儿子使国家的男子汉变得有瘰症而无尊严，变得胆怯、虚伪、愚昧、残酷，具有一切因压抑和营养不良所生的后果……不论其他任何现象都可以得到上帝的宽容，但人类的贫穷现象是不能被宽容的。”

而黑格尔的一番话也等于是萧伯纳的话的注脚。他说：“当广大群众的生活低到一定水平——作为社会成员必须的自然而然得到调整的水平——之下，从而丧失了自食其力这种正常和自尊的感情时，就会产生贱民。而贱民之产生，同时使不平均的财富更容易集中在少数人手中……”

他还说：“贫困自身并不使人必然地成为贱民。贱民只是决定于与贫困为伍的情绪。即决定于对富人，对社会，对政府，等等的内心反抗。此外，与这种情绪相联系的是，由于依赖偶然性，人变得轻佻放浪、嫌恶劳动。这样一来，在他们中便产生了恶习，不以自食其力为荣，而以恳求乞讨为生，并作为自己的‘特权’。没有一个人能对自然界主张权力。但是在社会状态中，怎样解决贫困问题，当然是贫困者人群有理由对国家和政府主张的权力……”怎样回答他们呢？林肯一八六四年在《答美国纽约工人联合会》时说：“一些人注定的富有将表明其他人也可能富有。这种个人希望过好生活的愿望，在合法的前提之下，必对我们的事业产生巨大的推动力。”

在一切不合法的致富方式和谋略中，赎买权力或与权力相勾结对社会所产生的坏影响是最恶劣的。

我个人的贫富观点是这样的——我承认财富可以使人生变得舒服，但绝不认为财富可以使人生变得优良。一个瘦小的秃顶的老头儿或一个其貌不扬的男人娶了一位如花似玉的娇妻，那必在很大程度上是财富“做媒”。他内心里是否真的确信自己所拥有的幸福，八成是值得怀疑的。对她亦如此，财富可以帮助人实现许多欲望，却难以保证每一种实现了的欲望的质量。

当然，我也绝非那种持轻蔑财富的观点的人。我一向冷静地轻蔑一切关于贫穷的“好处”的言论。威廉·詹姆斯说：“赞美贫穷的歌应该再度大胆地唱起来。我们真的越发地害怕贫穷了，我们蔑视那些选择贫穷来净化和挽救其内心世界的人。然而他们是高尚的，我们是低贱的。”我觉得他的话即使真诚也是虚假的。我不认为他所推崇的那样的些个人士全都是高尚的，不太相信贫穷是他们情愿选择的。尤其是，不能同意贫穷有助于人“净化和挽救其内心世界”的观点。我对世界的看法是，与富足相比，贫穷更容易使人性情恶劣，更容易使人的内心世界变得黑暗，而且充满沮丧和憎恨。

我这么认为一点儿也不觉得我精神上低贱。中国从古至今便有不少鼓吹贫穷的“好”处的“文化”。最虚假可笑的一则“故事”大约是东汉时期的，讲两名同窗学子锄地，一个发现了一块金子，捡起石头似的抛于身后，口中自言自语：“肮脏的东西！”而另一个却如获至宝地揣入怀中……这则“故事”的褒贬是分明的。中国之文人文化的一种病态的传统，便是传播着对金钱的病态的态度。

但是，我们又知道，中国之文人，一向地对于自身清贫的自哀自怜以及呻吟也最多。倘居然还未大获同情和敬意，他们便美化甚至诗化了清贫以自恋。

而我，则一定要学那个遭贬的揣起了金子的人。倘我的黄金拥有量业已多到了无处放的程度，起码可以送给梦想拥有一块黄金的人。一块金子足可使一户人家度日数年啊！

何况，古代文人的“唯有读书高”，最终还不是为了仕途吗？所谓仕途人生，还不是向往着服官装、住豪宅、出马入轿、唤奴使婢、享受俸禄吗？俸禄又是什么呢，金银而已。我更喜欢《聊斋志异》里那一则关于金子的故事，讲的也是书生夜读，有鬼女以色挑之，识破其伎俩，厉言斥去。遂以大锭之金诱之，掷于窗外……

明智的人总不能拿身家性命去换一夜之欢、一金之财啊。

但若非是鬼女，或虽是信其意善，则另当别论了。比如我，便人也要，金也要，还是不觉得自己低贱。但我对财富的愿望是实际的。我希望我的收入永远比我的支出高一些，而我的支出与我的消费欲成正比；而我的消费欲与时尚、虚荣、奢靡不发生关系。

不知从哪一年代开始，我们中国人惯以饮食的标准来衡量生活水平的高低。仿佛嘴上不亏，便是人生的大福。

我认为对于一个民族，这是很令人高兴不起来的标准。

我觉得就人而言，居住条件才是首要的生活标准。因为贪馋口福，只不过使人脑满肠肥，血压高、脂肪肝、肥胖。看看我们周围吧，年轻的胖子不是太多了吗？

而居住条件的宽敞明亮或拥挤、低矮、阴暗潮湿，却直接关系到人的精神状态的优劣。

我曾经对儿子说——普通人的生活值得热爱。也许人生最细致的那些幸福，往往体现在普通人的生活情节里。

一对年轻人大学毕业了，不久相爱而结婚了。以他们共同的收入，贷款买下七十平方米居住面积的商品房并非天方夜谭，以后十年内他们还清贷款也并非白日做梦。之后，他们有剩余的钱为他们自己和儿女买各种保险。再之后，他们退休了，有一笔积蓄，不但够他们养老，还可每年旅游一次。再再以后，他们双双进入养老院，并且骄傲于非是靠慈善机构的资助……

这便是我所言的普通人的人生。

它用公式来表示就是——居住面积七十平方米的住房＋共同的月收入××元。

我知道，在中国，这种“普通人”的人生对百分之九十的当代青年还是可望而不可即的事。但毕竟地，对百分之十左右的青年已非梦想。

什么时候百分之十的当代青年已实现了的生活，变成百分之九十的当代青年可以实现的生活，中国就算真的富强了。

那时，贫富之话题也就是多余的话题了……

论英雄

如果说人类的历史是不息的江河；如果说人类的历史是春绿秋荣的四季；如果说人类的历史是厚盈百尺而且情节继续着的大书；如果说人类的历史是一代人与上下几代人的记忆的贯通组合……那么，阶级斗争就是那江河汹涌激荡势必决堤的现象；就是那四季颠错的异常气候；就是那改变主角的内容严峻的章回；就是那浴血奋战后呐喊回绕中的沉思……

阶级斗争是被剥削被压迫阶级的无奈而又悲怆的选择；是用武器诉说着的理由；是以生命和鲜血来争取的公正；是绝望了的人们的“最后的斗争”；是“不战胜，毋宁死”的决心……

在人类历史所发生的一切阶级斗争中，尤以无产阶级对资产阶级的斗争最为持久最为顽强，其记录也最为雄浑壮烈。《自由引导人民》那幅感天地泣鬼神的画上，擎举在巴黎女人手中的红旗以及挥舞在少年手中的双枪，任何时候都会使我们对我们人类历史上所发生的由人类自己造成的重大冲突愀然又肃然。它对我们人类无声的告诫乃是——不要使女人踏着尸体冲锋陷阵、少年不够大的手握起冰冷的枪械的事件再发生……

保尔·柯察金所处的时代，正是类似的时代。那少年还不懂得革命目的，还没有成为战士，便已然准备为他所属的阶级进行反抗了。他偷枪的行为证明了此点。那是一种遗传在他血管里的本能。那是一种被眼见的苦难和亲历的屈辱所唤醒的冲动。那是一种简单的复仇的欲念。当他的本能、冲动和欲念汇入锐气磅礴不可阻挡的革命岩流，他义无反顾地将他的生命与它融为一体，当成了它的一部分。

革命需要千千万万的保尔是自然而然的事情；千千万万的保尔响应革命也是自然而然的事情——在这两种时代惯力的作用下，阶级的英雄诞生着……

列宁在克里姆林宫以他洪亮的极具感召力的声音宣布：苏维埃政权成立了！——其后千千万万热血的中国青年，正独自或一批批地走在奔赴延安的路上……

社会主义从马克思的书中耸立起来了，成为眈眈可见的了。它在人类的时代迷惘不知方向之际，淋漓着通体的血迹无所畏惧；它宛如从历史的子宫刚刚分娩出来的巨童；它是无产阶级用自己的血和尸创造出来的；它寄托着无产阶级每一名成员，包括它的子孙后代所渴望获得的尊严和幸福……

在以前的历史中无产阶级没有任何骄傲和自豪。唯革命才使无产阶级也有了——那便是它的领袖和它的英雄。在革命胜利之初，那几乎是它仅有的骄傲和自豪。

领袖是曾一无所有的阶级的父母。英雄是曾一无所有的阶级的儿女。这二者对于夺取政权巩固政权的无产阶级缺一不可。它是无比宝贵的基本财富。

倘保尔以后并没双目失明全身瘫痪，那么他将不可能成为备受他的阶级崇敬的英雄。因为许许多多像他一样的青年为革命献出了生命。相比之下，他的经历将不但是共性的而且是寻常的，甚至是幸运的。比如牺牲了的谢廖沙和瓦莉亚兄妹。倘保尔虽然以后双目失明了全身瘫痪了，并没有写出《钢铁是怎样炼成的》这一部书，那么他也不可能成为他的阶级的英雄。因为许许多多像他一样的苏联青年为革命伤残了。他的双目失明和全身瘫痪，将更被以同情和惋惜的目光视为不幸。

但是他在双目失明和全身瘫痪的情况之下写出了他的书。而他也许是人类历史上第一个做到了这一点的人。在他之前，确切地说是在奥斯特洛夫斯基之前，古今中外，有人在穷困潦倒中写出过书，有人在垂垂暮年写出过书，有人在病榻上写出过书，有人在丧妻失子的悲痛中写出过书，有人甚至在狱中写出过书——却很少有人在双目失明和全身瘫痪，并且时时忍受病魔摧残的情况之下写出过书。奥氏的书的问世，体现了具体的一个人在对自己的精神要求和毅力考验两方面所达到的卓绝。体现了人与生命之战中的尊严。体现了不能不令人钦佩的顽强的生命态度。

而这就使他的名字具有了跨国界的征服性的影响力。

我们从奥氏的日记中得知，曾有人企图游说他到国外，进一步说是到美国去，并断言，在美国，他将受到像对待“圣者”一样的礼遇。

他严词拒绝了。

这一件事说明——如果他愿意忘记自己是本阶级的一名忠诚战士的时代角色，那么他会获得似乎更高级的桂冠。他更愿是阶级的战士，而轻蔑去做“圣徒”。他的拒绝和轻蔑，自然引起本阶级的更大的更由衷的敬意。如果苏维埃共和国与西方世界并非政治对峙势不两立的国家，那么奥氏到美国去接受治疗遂成正常之事。美国人乐于给他戴上“圣者”的桂冠，便不至于影响他首先是忠诚的阶级战士的光荣。但七八十年前不是那样的时代。如果保尔的书，内容讲述的仅仅是爱情，那么他的书或许在今天仍被列为经典，但他当年又未必会获得列宁勋章。他的书中主要地写了对革命信念的坚定不移，连爱都不可动摇。一位无产阶级的英雄所应具备的因素，奥氏和保尔身上是全部具备着了。对于他的阶级，他几乎是楷模式的英雄。

《国际歌》是全世界无产阶级的“伊妹儿”。当苏维埃共和国的诞生令世人瞩目时，中国仍处在半封建半殖民地而又军阀混战哀鸿遍野山河破碎之境。中国要变成苏联，便需有人甘学保尔。这就是为什么保尔也成了当年许许多多中国革命青年的榜样的历史原因。对于当年那许许多多热血的愿以自己的一生奉献给理想的主义的中国革命青年，保尔这个名字就是革命的代名词，就是信仰的代名词，就是无怨无悔的人生的代名词……这是没什么可怀疑的。

然而我少年时初读《钢铁是怎样炼成的》，竟是被书中的爱情章节所吸引。

我是知青以后，保尔参加修筑铁路的章节经常重现在我脑海。因为类似的艰苦，我也曾亲历过。确乎的，当我觉得自己快坚持不下去的时候，我每对自己暗说：“我得学保尔……”

在我成了作家以后，体会到了写作是相当熬耗心血之事，于是奥氏在双目失明全身瘫痪的情况下完成他的书，使我每一想到便油然而生敬意……

近年，我的同龄人中，也开始有人匆匆而逝了。只有到了不惑之年，才觉人生的短暂与无常。于是自然也会自己对自己叩问人生的意义。事实上我相信许许多多的人都这样叩问过自己。

“活着，并且工作着，这是多么美好的事情啊！”倒是原苏联革命导师列宁的这一句话，比之保尔·柯察金的名言，对于我们当代人的人生观具有更寻常而又更永远的启示。

我认为，一切的英雄，包括阶级的英雄们，身上一定具有人类精神的某种诗性。反此而言，普罗米修斯、高尔基小说中的丹柯以及保尔·柯察金，乃是具有某种艺术美感的人物。人类的历史沧海桑田——哲学告诉我们，一个人涉足江河，他或她的脚既在江河中，也不在江河中。因为淹没其足的那一段水流早已荡荡而去，飞矢在某一时间的点上既在某一空间，又不在某一空间。“飞矢不动”是唯心主义；“飞矢未停”是形而上学。

阶级的英雄在当代一些人心目中既可能仍是英雄，也可能不再具有英雄的色彩——因为造就他们的那一页历史，早已被翻了过去。他们既在英雄的坐标上，也已不在英雄的坐标上——因为一些人已不再会站在阶级的立场上以阶级的眼光阶级的感情看待事物。正如北极的爱斯基摩人不可能像南极的人一样理解椰子的意义……然而，英雄毕竟有它的阶级性，保尔等英雄人物所昭示的革命英雄主义精神是永存的也是不朽的。

使阶级的英雄重新回到现实中来并使当代人感到亲和，只有从他们身上发现英雄们的共同诗性，别无他法。

普罗米修斯盗火者的形象是悲剧意味的诗性——他不在上帝面前替自己辩护；也不希图下界凡人们的感恩。他那样做仅仅因为他觉得他应该那样做。他因他那一种神祇本能的悲悯而苦难……

丹柯的知识者形象是崇高意味的诗性——在黑暗和无边无限的泥淖中，他扒开了他的胸膛掏出他的心高擎在掌上，于是那颗心像灯一样发出光辉，照亮了忘记从何而来也不知向何而去的人们的视野，使人们得以选择一条路途走出绝境。他倒下去时，他的心被踏碎在人们的脚窝中，像天上的星星般闪烁。

保尔·柯察金战士的形象具有阳刚意味的诗性——他在他所处的那个时代，他确信他所献身的大事业是导引他的阶级获得彻底解放的唯一又正确的目标。在这一点上，他几乎是一名“天生”的战士，如同库图佐夫是“天生”的军事指挥家，巴顿是“天生”的将军，拿破仑是“天生”的统帅。他的献身也是缘于悲悯。他因他那一种阶级战士对本阶级命运的本能的关怀而无怨无悔……

在神祗、知识者与战士的身上，具有内容本质上一致的悲悯，因而具有一致的诗性。表现那诗性，是艺术永远值得的尝试。

当库图佐夫大败拿破仑时，后者留下一封信给前者——简短的一句话写的是——“看在上帝的份儿上，请对我的法国士兵仁慈一些！”

当伫立高坡的库图佐夫，通过望远镜看着在冰河中可怜沉浮徒做挣扎的战败国的士兵，亦不禁地发出一声叹息——上帝宽恕我……

当“二战”结束以后，巴顿无所事事地在将军府周围遛狗时，他在心中默默地对自己说：难道，对于美国，我将成了一个无用的人吗?

当保尔·柯察金由战士成为一个需要别人照顾的人的时候，他问自己：我还能为革命做什么?

这种自问确乎包含这样的意味——他愿为他的阶级将他生命这颗果子的最后一滴果汁榨干。

奥氏在日记中写到了这样一件事：一位他也认识过的备受人们尊敬的女性革命领导者，因自己患了绝症，不能再为革命做什么而自杀了。世人自会对此评说纷纷。而奥氏认为，那乃是革命者做出的最尊严的决定。

他竟没有效仿地做出这一决定，因为他觉得他这一颗生命的果子还能为他的阶级榨出一滴果汁——那就是他后来写成的书……

如果说保尔仅仅是他的阶级义无反顾的战士，那么奥斯特洛夫斯基不仅仅是——他的书出版以后不久，“二战”爆发了。他的书鼓舞了千千万万苏维埃共和国的儿女同仇敌忾奔赴前线；他们呼喊着“为了保尔兄弟”冲锋陷阵，流血牺牲；他与前线战壕里的红军战士通电话，向他们说出字字铿锵的话语——“为了和平，消灭法西斯！”他自己和他的保尔的名字，“分娩”了另一位苏联女英雄——那就是卓娅……

论荣誉

何谓荣誉？光荣之名誉耳。

世上绝大多数人，出生时都是没有什么荣誉的。但极少数人是有的，如高贵的血统，古老而令人尊敬的姓氏，世袭的爵位或名分、封号。然而，无论在中国抑或别国，那都是古代之事了。至近代，世人越来越倾向于这样一种共识——荣誉是不能世袭的。出身名门乃至皇室，除了是幸运，说明不了别的。著名而卓越的政治家、科学家、文艺家和企业家们，他们所获得的任何荣誉，皆无法直接遗传给下一代。人们也许会情不自禁地羡慕他们的下一代，却不太会因而顿起敬意。

确乎，荣誉是和敬意连在一起的。敬意是和一个人具体做了什么可敬的事连在一起的。然而也不能完全否认，一个曾经广受尊敬的人物，他的下一代丝毫也分享不了他的光荣。如果谁遇到了一个男人或一个女人，确凿无疑地晓得了他或她的祖父、外祖父什么的是林肯，或是丘吉尔，起初多少还是会刮目相看的。这是一种很正常的心理反应，敬意肯定是会有些的，但通常情况下，更多的是好奇。因为他们的先人非同寻常，我们想要了解他们的欲望更大些。但如果他们本身并不优秀，我们起初的敬意也罢，好感也罢，好奇也罢，不久便会消失殆尽。也许，还会对他们颇觉失望。

今天的英国，以及其他有王权存在的国家，依然会将贵族头衔“赐封”给在某一业界卓有成就的人——对双方，那依然意味着是一种荣誉的授予与幸受。但贵族头衔本身已经没有了实际意义，一连串的贵族头衔之总和，恐怕也抵不上一项具有权威性的专业内所授予的荣誉。故王室的赐封，一向都进行在专业荣誉授予之后。

古代的人们，不论中国人还是外国人，大抵都是很珍惜荣誉的。又不论男人还是女人，往往视荣誉为第二生命。于男人们，倘荣誉受损，并且是被别人败坏的，那么便往往会与别人决斗。于女人们，则往往以自杀来洗刷清白，表示抗议。

但这只是古代的人们对待荣誉之态度的一方面，而另一方面乃是，对于所谓的荣誉，他们是看得很透，也是看得很深的。按王安石的说法是——“古之人以名为羞，以实为慊，不务服人之貌，而思有以服人之心”。对于今人，王安石自是古人；对于王安石，其所言“古之人”，大约是指尧舜禹、黄帝时候的古代了。他为什么发那样的“厚古薄今”之感慨呢？显然是基于他那个时代沽名钓誉的人太多的原因。在他那个时代，荣名亦分两种。一种是百姓所给的，另一种是皇家出于笼络和利用之目的给的。百姓给的荣名，仅仅是荣名而已。皇家给的荣名，总是与利益、实惠挂钩的。故逐名者流所“沽”所“钓”，其实也是在钩利益和实惠。

看透了这一世相，于是颜之推、骆宾王、王安石、柳永们说：“上士忘名、中士立名、下士窃名。”“不修身而求令名于世者，犹貌甚恶而责妍影于镜也。”“不汲汲于荣名，不戚戚于卑位。”或者说得更干脆——“忍把浮名，换了浅斟低唱。”最起码，要求自己“功成名遂身退”。既然“功”有利国利民的一面，让有抱负的人士完全放弃为国为民的志向，显然也是不对的。既然“功成”而后“名遂”，于是利至，那么便“身退”以避利之熏染。

此种思想，体现着一种对泛滥的逐利现象的拒绝，所以在古代的语汇中，产生了“清名”和“清流”二词。不屑仕途者，以“清流”自我要求，或曰“自标”。已入仕途者，起码还在乎其名清否。若“清”，便是获得了“清誉”。“清誉”当然也是荣誉。这一种荣誉，质地干净。估计连柳永，也还是肯要的。

放眼今天，中国也大，人口也众，荣名需求也多，故政府也授、企业也颁、各类机构也给、民间也不甘寂寞地选；报纸杂志一概传媒也乐得有热闹可以营造，可以报道，于是不遗余力地推波助澜——于是，几乎年年月月地评，如同天女散花，荣名满天飞。学子也要荣名；教授也好荣名；企业家财源滚滚也觊觎名利双收；官员更是使出浑身解数，忙不迭地亲抓一项项政绩工程……得到的欢喜，授予的高兴，得不着的郁闷生气，于是时不时地在这里那里曝出着评选丑闻……

在中国，荣名之给与受，每天要有不少人耗很多的时间，投入很大的精力；而好荣名者，遂挖空心思地专执一念，走后门托关系拉选票，弄虚作假，且不脸红。“潜规则”按理说应是“过街老鼠”，在中国却似乎直接就成了“规则”之一种。既然是“潜”的，应和着暗中来做就是。人人心知肚明，彼此心照不宣，乐此不疲，皆来劲也。

保自家“清名”的人是越来越少。“清名”对人有何好处？没半点好处，要它作甚？

连自标“清流”的人也越来越少了。真守得住“清名”的已是凤毛麟角，根本形成不了“流”，因而就全无名节吸引力了。自标而后，人们必果然以“清流”要求，那将活得多么拘谨，岂不是犯傻吗？

然若按人口比例来说，中国创新型人才是少的，真有品质的创新产品也并不多。因太多的人都宁肯荒了专业，去逐荣名了。

歌星影星们，忙得倒还实在些。因为功夫毕竟还得用在专业上，而不是专业以外的别的方面……

也谈“名牌”

曾从电视上看到这样一则专题采访——主持人带了一件某省某地某厂的商品，到北京某某高档商品店询问——如果此商品摆在该店的货架上，最低可标价多少？

柜台经理看了看，答曰最低可标价四百元。

这个“最低”标价，主持人告诉我们，已是它某省某地售价的二倍了。也就是说，它在当地的售价只不过二百元左右。

又问：“最高可标多少？”

答曰：“八百元以上。”

那么，也就是说，已是它在当地售价的四倍以上了。当然，得换一个“名牌”的商标。

东西还是那样一件东西，一旦进了高档商品店，便身价倍增。一旦标以“名牌”，便不再是普通消费者敢于问津的了。

这样的商业现象，人们早已知道得很多很多，肯定是司空见惯、不足为怪了。

节目主持人的本意，也不在于指出其中的荒唐。看来，按照她的头脑，是并不觉得荒唐的。甚至，她还认为是商业的某一种规律，是所谓“名牌”效应带给商业的好处吧？

因为，她紧接着煞有介事地对我们说——瞧，同样的一件东西，因为商标不够“名牌”，竟少卖了一倍至几倍的钱！仅此一点，计算下来，厂家每年要亏损五六千万元哪！于是乎，结论分明是——不争创名牌，怎么得了？一旦

“名牌”了，岂不财源滚滚了？岂不国富民强了？岂不“腾飞”云霄了？岂不是亚洲的什么“龙”，进而是地球上的什么“龙”了么？

然我却听出了一身冷汗，不禁地对“名牌”二字产生了一种惊悸心理。并且，不禁地寻思——老百姓看了这专题这采访，究竟会怎么想？同时，也就疑问多多了。

首先，如果那主持人是对着我说的，我倒是要当面请教了——那原价二百元的商品，它的原始成本是多少？不管是多少，绝对地，在成本和售价之间，厂家肯定是有利可图的。否则，厂家早停止生产了，或因亏损而倒闭了。没人干明明亏本的事，这才是商业的一条规律。

所谓“利”从何来？从消费者来。厂家既没停止生产，又没因亏损而倒闭，则证明着这样一个事实——这个厂家所面对的消费者群，一直是在“养”着厂家的。并且，因为价格还相对合理，消费者们也一直“养”得起，愿意通过消费这一种方式“养”着。

其次，什么又叫“名牌”？

名牌是由质量决定的，非是由商标决定的。创名牌是创质量，非是创商标。名牌除了优质高价这一种存在方式之外，还有另一种存在方式，便是——在同等质量的前提之下，价廉物美。而这后一种“名牌”效应，才是中外商界最为普遍的“名牌”效应，才会最大限度地获得消费者的青睐。

正如就汽车而言，“林肯”是名牌，“福特”也是名牌。“福特公司”从来也没打算将“福特”车的售价，提高到和“林肯”一样的售价。更不会这样来算账——呀！不得了，却原来我损失了多少多少亿美元哇！

于中国而言，所谓“名牌”正在多起来。一旦“名牌”了，便价格飞扬。另一种“名牌”却越来越少了——在同等质量的前提之下，价廉物美的名牌。

所以，为了暴利，商标大战的硝烟烽火远甚于质量优劣的激烈竞争。所谓“名牌”过剩之日，便是“名牌”束之高阁，成了商店里的摆设和仓库里的积货之时了。待“名牌”不得不急待处理，“名牌”也就掉价得很了。

据我所知，世界上有不下百种历史长久的名牌商品，打从“二战”以来，历经风云变幻，就几乎没有涨过价格。西方世界的商人，为了长久的商业利益，在必要的时候，甚至不惜血本，以保持他们的名牌的价格稳定，以维护名牌在广大消费者心目之中的可亲商品形象。

又据我所知，日本曾有许多的商家和厂家，正联合开展一种“廉价销售”的活动，以刺激消费者的购买热忱。其中不少商品，便是所谓的名牌。

名牌也罢，非名牌也罢，一切商品的盈利根据，其实首先取决于消费者的购买热忱。当这一种购买热忱被挫伤了，名牌便没有了意义。高价格也就不能带来高利润了。

好比一个皮包，售价二百元，消费者们喜而购之，销量必大，利在其中。倘售价八百元以上，一天卖不出一个，销量缓滞，“高处不胜寒”，其经营思路未见得足以当作什么经验来推广。尤其在中国。

在中国，窃以为，即使创名牌，也还是以物美价廉的那一种名牌，生命力会更长久些。尽管，目前物不美质、不优，而价格贵得荒唐、令人咂舌的名牌仿佛已包围着我们……

也论“消费”

每从报上读到关于某些暴富的大款奢华一席挥霍几千元、几万元、十几万元、几十万元乃至上百万元的报道，我便不由得想到“强暴”二字。

据我思忖，他们和金钱的关系，有如性心理错乱的男人，同被其绝对占有的女人的关系。你不妨想象，他巴望绝对占有一个女人巴望了很久很久，那么他一旦占有了她，他蹂躏她，自恃合理合法地强暴她，其快感于他这方面而言，与正常的做爱相比，肯定是强烈十倍，巨大十倍的吧？

对于他们，金钱和女人也许是一样的东西吧？甚至是比女人更性感的东西吧？强暴女人，法律难容。即或是对妻子，肆意蹂躏和性虐待之丑行，倘妻子不是同样的性心理变态甘愿配合，难免也是要诉诸法律的。而强暴、蹂躏、虐待在他们看来即使不比女人更性感，也和女人一样会使他们得到心理满足和泄欲快感的金钱，却是不必有丝毫顾虑的。因为金钱是永远不会控告它的占有者的。与女人相比，金钱，只要一个人占有了它，它是绝对百依百顺的。这是金钱比女人尤其好尤其温柔的方面。

而且，“强暴”金钱，对某些暴富的大款们来说，肯定有种仿佛把世上全体的女人都强暴了似的特殊的性体验。无疑地，在他们看来，金钱不但是和女人一样的东西，而且意味着几乎是一切女人的主宰。他连一切女人的主宰都“强暴”了，世上还有哪一个女人是他不可以强暴的么？

这就好比旧中国某些有钱的嫖客。他们嫖到后来，将一个个女人嫖得够够的时候，他们的性欲居然会匪夷所思地转移到老鸨的肉体上去。对他们，那似乎意味着最后的、一次性的、统统的强暴。而往往在那之后，他们也就阳痿了……

当然也有反过来的情况——某些曾经盘桓妓院门口并被驱赶过的男人，一旦暴富，便神气活现地进入了妓院，老鸨趋上前来，若问他要哪位“姑娘”？他便将钱“啪”地往桌上一拍：“俺首先要的是你！”并不计较老鸨是否和“姑娘”一样有姿色……

对于今天某些暴富并穷奢极欲的大款们，床和席桌是一样的，“黄金宴”和秀色可餐的女人是一样的，挥霍金钱的快感和消受女人的快感是一样的……

如果终究有什么不同，那就是——“强暴”金钱，按照弗洛伊德的理论来分析，亦体现着他对全社会的潜意识里的报复式的“强暴”以及他对他过去可能穷困潦倒的生活报复式的“强暴”。

他们是中国社会的怪胎，是一些由暴富而导致的“病人”。

我想，倘为他们开一诊所，叫作“暴富征及强暴金钱综合征诊所”什么的，兴许还是经济效益、社会效益不错的呢！在他们康复之前，对于因穷困而失学或误治的儿童，哪怕气色怜人、气息奄奄，他们也是毫无同情心的。

Chapter 4

千年病灶

今日之中国人，
绝非是“梁启超、鲁迅们”
当年所满眼望到的那类奴性成自然的、
浑噩冷漠乃至于麻木的同胞了。
我们中国人的国民性有了前所未有的变化。
“国民”只不过是“民”。
普遍之中国人正在增长着维权意识，
由一般概念的“民”而转变为“公民”。

中国故事

——记我的学生俞德术和杨燕群

光阴似游云。我调入北京语言大学，已三年矣。

三年中，我有幸教过些非常可爱的好学生。我很喜欢他们。他们有什么忧烦，也每向我倾诉，或在电话里，或到家里来。而我，几乎帮不了他们。夜难寐时，扪心自问，实愧为人师。听学生言人生之一波三折，心疼事也。

俞德术和杨燕群，便是我喜爱的两名好学生。不仅我喜爱他们，北京语言大学中文系的老师几乎都喜欢他们。他们是没有任何争议的好学生。对于大学中文系，以及教中文的老师，他们是多么宜善的学生。他们是一心一意地冲着“中文”二字才报考中文系的。中文老师教他们这样的学生，是欣慰，也是幸运。

我调入语言大学后，曾这么表明过我的态度——第一，不教大一大二，也不教大四，只教大三。第二，不带研究生。

依我想来，大一大二，是普遍之中文学子需要在大学里进行“中文”热身的两年。因为他们成长的文化背景是特别多元亦特别芜杂，且以娱乐性为最大吸引力，而大学课堂上讲授的文学，大抵是要叩问意义和价值的那一种。相对于中国，这一点非常重要。在中国，倘大学中文课堂上讲授的文学，居然是兴趣阅读的那些，则未免令人悲哀。故我常对我的学生们这么要求：“不要强调自己喜欢读哪类作品，喜欢看哪类电影，而要明白自己必须读哪类作品，必须看哪类电影！因为你们不是别的什么专业的学生，而是中文专业的学生。中文既是一个专业，便有专业之教学宗旨。”

一名高三学生倘从初一开始便孜孜不倦地读了许多文学作品，那么他很可能在高考竞争中失利败北；而他居然坐在中文课堂上了，则往往意味着他从初中到高中并未读过多少课外的文学作品。所以，在大一大二，他们也要补读些大学中文学子起码应该读过的文学书籍才好。到了大四，任何一个专业的学子，面临考研冲刺和择业压力，心思已都难稳定——那最是中文课成效甚微之时。故我明智地将“欣赏与创作”课开在大三。至于带研究生，我想，喜欢中文而又果真具有中文评创潜质的学生会不会成为自己的研究生，乃是由缘分来决定的，非我自己所能选择，于是不存妄念。

俞德术和杨燕群，便是两名喜欢中文而又果真具有中文评创潜质的学生。

俞德术是我教过的第一届学生之一，是他那一班的班长，但并不是我那一门选修课的班长。我那一门选修课的班长，我很随意地任命了另一名男生，他后来也成为我喜欢的学生。我自然对我的学生们一视同仁地喜欢，区别仅仅是——哪些学生对选择了中文无怨无悔，我难免地会更偏爱他们几分。三年前，有二十几名学生选择了我开的选修课，男生居半，皆无怨无悔者。我和他们情谊深矣，他们人人都给我留下了很深的印象。

记得我在第一节课上点名认识大家时，往黑板上写下了“德术”二字，看着，寻思着，遂问：“德者，修养也，当避术唯恐不及。你的名字何以起得偏偏亦德亦术呢？有什么深意吗？”

德术坐在最后一排，憨厚地无声地笑。

我欲调解课堂气氛，成心揶揄：“天机不可泄露是吗？那么下课你留下，悄悄地告诉老师。为师是求知若渴之人也。”

众同学笑。

德术红了脸，不好意思地说：“一生下来父亲给起的。别人从没问过我，我也从没问过我父亲。”

我竟真的觉得“德术”二字非比寻常了，忍不住又问：“你父亲是从事什么工作的人呢？”

他迎着我的目光，坦白地说出两个字——“农民”。

……

从学校回到家里，于是多思，暗想我的调侃，是否会伤害了那一名叫俞德术的男生的自尊心呢？也许是受了传媒的影响，我在从文学界转至教育界之前，形成了某些对中国当代大学学子不良的印象。其中之一便是——心理敏感多疑，自尊心过强且脆薄。而我乃率性之人，出语殊无遮拦，于是唯恐无意间伤害到了他们的自尊心。

下一周我上课时，早早地就来到了教室里，见德术从我面前经过时，我叫住他说："俞德术，老师郑重地向你道歉。"他愣愣地看着我，不解。我说："老师不该在课堂上当众调侃你的名字。"他又憨憨地笑了，脸也红了，连说："没事的，没事的……"反而不知所措的样子。我说："你不小心眼儿？"他求援地问几名男生："不，不，不信你问他们……"几名男生也都笑了，皆曰："老俞根本不是那种小心眼的人……"我大释怀，不由得亲密地拍了拍他的肩。从那一天起，我牢牢地记住了他的名字。

是的，男同学有时叫他"德术"，更多的时候叫他"老俞"。尽管他长着一张端正又纯朴的脸，满脸稚气。而且呢，在所有的男生中个子还偏矮（那一届的男生中很有几个是高大的小伙子）。

他在男生中极具威信，在女生中尤受拥戴。

有次我背着男生们问女生："你们是不是都很喜欢德术？"

她们纷纷点头。

又问："为什么？"

答曰："德术对同学们总是像大哥哥！"

"老师，德术可懂事啦！"

"全班数他家生活最困难，但是你看他总是一副那么乐观的神情！""自己家里那么多愁事，当班长还当得特别负责任，处处关心同学们，我们内心里都很敬佩他。"女生们说到他，就像说一位兄长。那一天下课后，我到学办去了解他的家庭情况，遂知他是一名来自大山深处的农家子弟，父母不但都是农民，且身体都很不好；有一个弟弟，常年在外省打工，靠苦力挣点儿血汗钱，微济家庭；还有一个妹妹，正上初中；他自己，是靠县里一位慈善人士资助才上得起大学的。他第一年高考落榜，第二年高考成为全县的文科状元……

于是我想，以后我要特别关爱德术这一名贫困的农家学子。每在课堂上望着他时，目光没法儿不温柔。

两个月后，我资助班里的男同学办起了一份一切纯粹由他们做主的刊物《文音》。

但我翻罢第一期刊物，在课堂上将他们严严肃肃地、毫不留情地批评了一通——大意是校园学生刊物那种飘、玄、虚、甜的莫名烦恼，佯装愁悒，卖弄深刻的毛病太甚。记得我曾板着面孔，手指着窗外大声质问，课堂上一片肃静，学生们第一次领教了他们的梁老师也有脾气。

德术是《文音》的社长，另一名我同样喜欢的好学生吴弘毅（已考取北大中文系研究生）是主编。

那一天，他们的自尊心受到了一次来自我的打击——也几乎可以说是攻击。

后来，德术就交给了我他的第一篇小说《少年和邮差》：讲一个少年，只能到离家四十余里的县城去上中学，还要翻过一座乱碑杂立、荒冢叠堆的山。一个星期日，他因母亲病了，返校时晚。走至半路，大雨滂沱，雷电交加。他多希望能碰到一个人陪他过那座山。但果然碰到一个从头到脚罩在黑雨衣里的人之后，他心里反而更觉恐惧了。那是一名乡间邮差，他也要翻过那一座山回自己家住的村庄去，他胃病犯了，疼得蹲在山脚。他向少年讨吃的。少年书包里有六个鸡蛋，是母亲一定让他带着的。那是他在学校里一星期苦读的一点儿营养来源。少年一会儿给邮差一个鸡蛋，生怕邮差不陪自己往前走了。而邮差，吃了两个鸡蛋以后，不忍再吃少年的第三个鸡蛋了。他将少年遮在雨衣内，不但陪少年翻过了山，还陪少年走过了自己家住的村庄，一直将少年送到县城里，送到校门口。少年的父亲，以前也是邮差，也就是说，是一个每月能靠送信拿一份少得可怜的“工资”的农民。路上，少年已经从邮差口中得出结论——正是对方，使自己的父亲丢了邮局系统的编外工作，转而去矿上替私人矿主采煤，并死于矿难……少年下一个星期返校前又亲自煮了几个鸡蛋，在每一个鸡蛋上都扎了些孔，往里填塞了毒药。他在山脚下等着那邮差，并且等到了。然而，邮差不再向他讨吃的。少年硬给，邮差也不接了。邮差陪少年翻过了山，一路净说些勉励少年好好学习的话。再以后的几年里，少年和邮差经常成为路伴。再再以后，那少年考上了北京的一所大学。毕业后，少年用第一个月的工资，为邮差买了一双雨靴和一件雨衣。但他寄出的东西被退回了，因为那邮差已死于胃癌……

我读罢德术的“作业”，如获至宝，非常激动，在课堂上以大加赞赏的话语点评了它，并由之谈到大学校园文学之情调和我所再三讲解的文学情怀和区别……

而德术，竟显得那么不知所措。分明地，那太出乎他的意料了。

接着，他又写出了一篇两万八千余字的《父亲》，与我获全国短篇小说奖的《父亲》的字数几乎相等。只不过他写的是一位农民父亲，而我写的是一位工人父亲。

我评价他的《父亲》同样是一篇“力作”。

颓败的农家的房屋；被贫穷压迫得几乎根本没有欢乐时光可言的日子；脾气越来越坏的父亲；父母间无休止的争吵；受了委屈而赌气出走的弟弟，几次面临辍学的无奈的妹妹；自己一度的轻生念头……一切一切，德术这一个来自大山深处的农家学子全都如实写来，毫无隐讳。他写得冷静又克制。然而，那真的是一篇情怀深郁的小说。

记得我曾在课堂上这么说：“当某些来自穷困之境的学子千方百计地企图掖掩住自己的穷困的家庭背景时，德术的《父亲》是需要大勇气的写作，这一份勇气是极其可敬的！”

于是，同学们鼓掌了。我清楚，掌声并非因我的话而起，同学们是因了德术的勇气才情不自禁的。

我“指示”他的两篇小说要同时发在下一期的《文音》上。

下课后，他真诚地对我说：“老师，我是社长，不要一期发我两篇，那多不好！”

我说：“好。”

我回到家里，他又往我家里打了一次电话，重申他的态度。

而我专断地说：“那是我的决定。”

那一期《文音》特厚，主编吴弘毅写了《父亲的天空》；男生孙同江写了农村题材的小说《天良》；方伟嘉写了《雨夜》；班上的诗人裴春来写了小镇组诗，后来有两首重发在《人民文学》上……

我开始经常请男生们吃饭了，每次主要由德术点菜，并替我结账。他专拣便宜的菜点，一心为我省钱。自然，我每次免不了亲自点几道菜，以使餐桌上荤素兼备。对于我，那是一些快乐的日子，我的学生们给予我的。

有次我当着几名男生的面问德术有女朋友没有？他微微一笑，垂下头，竟没有回答一句话。几天后，我在学校的信箱里有了德术写给我的一封信，信中说："老师，我认为我现在还没资格谈情说爱。我已决定不考研了。我要争取在毕业前多增长一点儿中文的从业能力，毕业后尽快找到工作，挣一份工资，帮我弟弟成家，供我妹妹上学，为我家里盖起一幢像样的房子……"我于是联想到女同学说他懂事的话。有弟弟有妹妹的学子，和独生子女学子的不一样，正体现在这些方面。其懂事，也体现在这些方面。德术毕业前，我曾替他联系过一个文化单位，他也去实习过三四个月，给那单位留下了很好的印象。但最终，我和他共同的愿望还是落空了。

后来，德术成为北京一家晚报社的记者，负责报道影视和文化娱乐新闻。他爱他的工作，也胜任愉快。但，每天的工作量是很大的。我几次见到的他，比当学子时瘦多了。然而，他确乎地更加乐观和自信了。因为，他那一份工资是比较令他满意的。毕竟，对于他，为生存而谋的人生，应该摆在首位。

杨燕群是俞德术下一届的女生。她是侗家女儿，是从一个离县城二百多里的小小的侗寨考入北京语言大学的。她的第一志愿便是中文系，她是冲着中文考大学的。她崇拜沈从文。沈从文的家乡凤凰城是她们那个县的邻县。

到了她这一届，我教的选修课已有五十来名学生了。我舍不得占用上课的时间点名，所以大多数同学我都叫不上名字来。对于她，很长一段时期内我不曾注意过。她是一名纤小而沉静的女生，说话像我一样，语速缓慢。

我从人文学院的院刊《来园》上，读到了一篇人物散文《阿婆谣》，又是一番惊喜。事实上，我认为，写人物的散文与写人物的小说，有时有些区别，有时并无大的区别。比如鲁迅笔下的闰土，倘写时情节细节再丰富些，未尝不会是一篇《祝福》那样的小说。所以，我在点评《阿婆谣》时指出，视其为小说或散文已根本不重要。在这一类文学作品中，人物本身即主题，即意义，即所谓文学的价值所在。重要的倒是，写某一个具体的人物这一种写作初衷是否有特别的意义？以及是怎样的意义？

燕群写的是自己的阿婆——一位佃家老人，一位对生活和生命抱着极其达观的态度，韧性极强的，一辈子辛劳不止而又从不叹怨命运，从不以辛劳为不幸为苦楚的老人。她身上闪耀着一种最底层的民众身上所具有的浑朴的本能的人生诗性。连我们若同情她的辛劳不止，都会显得我们自己太不知人性的况味。一只仿佛长在阿婆背上的竹篓，将燕群从小背到大，后来又背她的弟弟……

我对同学们说："《阿婆谣》回答了这样一个问题——写什么、为什么写和怎样写三者的关系，在中文的教学中是不能颠倒了来谈论的。文学作品的优劣首先并不是由怎样写来决定的。一个尊重文学的人，他更多的时候其实是在反复地决定写什么，是在反复地叩问为什么写。《阿婆谣》意味着，在大学校园内学子们的写作几乎千篇一律的现象中，与众不同才具个性。别人写什么我也写什么，别人怎样写我也怎样写，于是被同化。"

那一天我才知道，燕群是《来园》的主编。我们的《来园》也一向由同学们自己办。

不久，燕群交给我一篇作业《秋菊》，她写的是她邻家叫她为"姐"的少女：幼年丧父，母亲生性迟钝，小弟弟还需秋菊整天地背着，而秋菊自己也不过才十二三岁。生活是穷得家徒四壁了。母亲能使一家三口每天吃上三顿饭就已不错。连盐也得经常向"姐"家借。而秋菊对人生最大的憧憬，也可以说是野心，则只不过是希望有哪一个好心的村人偷偷将她领到外地去打工。没人给过她希望。因为她还分明的是个小姑娘。在全村人中，"姐"对她最好。所以，她有一天鼓起勇气，向"姐"提出了自己的请求。她满眼含泪，那等于已是哀求。但"姐"只有拒绝她，因为"姐"只不过是到县城里去读书，而不是在打工，因为"姐"自己也没有去过比县城更远的地方。秋菊的绝望可想而知。然而，她泪流满面竟还是没有哭出声。但手中的碗掉在地上碎了，向“姐”家借的盐，白花花地撒了一地……“姐”上高中时，才十五岁多一点儿的秋菊出嫁了。她的母亲和她同一天又嫁人了，男方是一个瘸老头儿；而娶走她的男人，虽然才三十四岁，但也竟比她大了整整十八岁，因为她才十五岁，是隐瞒了年龄才嫁得了人的。人们说她的丈夫除了经常醉酒，再没有什么别的大缺点。母女二人在同一时刻，也在同一阵爆竹声中上了两个不同的男人赶来的马车，各奔东西。弟弟随母亲去了。一家三口就如这般闹着玩儿似的解体了。在“姐”也就是燕群的印象中，那一天的秋菊第一次穿了一身新，红衣红裤红鞋子，神色是那么的懵懂，那么的凄惶和无助，仿佛不是新嫁娘，仿佛被别人打扮了一番，只不过是要去演一场自己不感兴趣，也不懂，只有别人才懂的乡村“社戏”。当两辆马车各奔东西时，秋菊终于喊了一声“娘”，在马车上哭了。而乡亲们，尤其是阿婆，则都感到那么的欣慰——秋菊一家三口总归可以活下去了。阿婆在整件事中起着无比善良又无比热心的作用，她一会儿望着这边远去的马车，一会儿望着那边远去的马车，祷告般地喃喃着：“这下就好了，这下就好了……”

当燕群作为大学学子回到家乡探家时，听阿婆告诉新闻似的说，秋菊要做母亲了。这个秋菊叫过“姐”的女大学生，忍不住到乡卫生院去看望了秋菊一次。秋菊刚生下孩子，由于体质弱，奶水不足，而且乳头也凹陷着，所以两个乳头被系了线绳，朝上吊着。秋菊居然略微胖了一点儿。秋菊接受那样的“治疗”显然很疼。疼得紧皱双眉的秋菊，不好意思地以小小的声音又叫了一声“姐”。那一年的秋菊，还是差几个月才满十八岁。待周围没别人时，秋菊说：“姐，我到大城市去打工的心思一直也没死……”

记得我曾在课堂上说：“杨燕群，你交的不仅是作业。如果这还不算是文学作品，那么老师就不知道什么才算是文学作品了。”

我还说：“杨燕群同学的《秋菊》，比张艺谋拍的电影《秋菊打官司》，对人具有强大得多的震撼力。”

燕群的《秋菊》使我非常感动。《秋菊》也使我看真切了，我教的这一名女生，她有一颗善良的、富有同情的心。从《阿婆谣》到《秋菊》，是她的文学情怀的一次提升，一次从亲情到社会人文情怀的提升。燕群的毕业论文是她那一届学生中最好的。论文题目是《从儿童视角看乡土小说的家园诗性》，行文清丽练达，不炫辞藻，老师们给出了最高分数。

我曾私下里对一位老师说："杨燕群在文学的理性思维和感性思维两方面都是一名难得的中文系学生。"而那一位老师说："能教这样的学生是教师的福气。"

和德术一样，燕群也有一个弟弟。因了家境之难以成全，她也放弃了考研……后来，她在北京一家报社工作。那是一份大报，名牌大是颇大的，效益却似乎不怎么好。燕群被招为临时的记者，工资微薄。

但是，她并未沮丧，像她的外婆一样达观着。

有次她给我打电话，说一家私营企业的老板表示要录用她做文秘，问我她去还是不去？

我的第一反应是："给多少工资？"

她说比报社给的工资多不少。

我说："去！不要错过机会。"

她又问："那，文学呢？"

我说："生存第一，爱情第二，文学第三！"

她在那端沉默片刻，低声道："我怕以后回不到文学了。"

我说："人生很长，别这么想。"

自觉等于没有作正面的回答，我又说："倘真回不到文学了，不回到文学也罢。只要你以后人生顺遂，老师们便都替你高兴。"

然而，燕群却没去当文秘，至今仍留在那一家报社，至今仍寻找机会与文学发生最亲密的接触……

而我，对于德术和燕群这样的学生，内心每生大的内疚。早知他们迈出校门后的从业方向将注定了是当记者，我又何不在他们是学生时，多给予他们一些采访的经验呢？

现在，我在我的选修课上，几乎方方面面与中文有关的能力都见缝插针地讲讲了。说来好笑，我曾将几大册广告设计图本带到课堂上，煞有介事地侃侃而谈广告创想的现象……

当代之中国大学的中文怎么个教法，我实已困惑。

然有一点我是非常清楚的——社会所普遍需求的非是原态的知识，而是由知识化成为的从业能力。那么，凡与中文学科相关的能力，我通晓几许，就尽我所能地给予我的学生们吧！归根结底，在当前的时代，仅靠书本知识居然得以为生的，毕竟只不过是极少数。大多数人都要靠能力来从业。我已是一个不希图什么成就感的人。身为教学工作者，见我的学生们一个个都好好地工作着，生活着，我便得安慰。否则，大沮丧也！

如此这般中国人

世界上究竟有多少种职业呢？它们又将世人划分成多少种人生形态呢？

谁能说得清楚啊！

然而很久以前的中国人，特别喜欢将世界数字化。开句玩笑，比今天由电脑科技所体现的世界数字化情况早很久的时代，中国人已经大致地将世界数字化了，比如用代表“十干”和“十二支”的文字配成六十组专门词，来规定年、月、日的次序；比如七十二颗天罡星，三十六颗地煞星（《水浒传》中的一百零八将，即是那些天上的神煞之星在凡间的化身）；比如二十四节气，这是世界上只有中国人才家喻户晓的节气的细分法。而有些节气极富诗意，清明、谷雨、白露、惊蛰、大满、小满，等等……

数字的意象，也每体现在汉语言的形容方面和诗词佳句之中——如“九曲黄河”“万里长江”“一马平川”“百年好合”等等。如“三十功名尘与土，八千里路云和月”；如“微觉三四五点雨，闲看八九十枝花”……

很久以前的中国，一向是一个农业大国。其职业的种类是非常有限的，故用“五行八作”来形容。“五”“八”是单数，概括不了的，于是又有“七十二行”“三十六业”的说法。太啰唆，于是也有人干脆一言以蔽之曰“百工”。“百”在中国人的数字意识中是虽有限但意象很大的数，于是，似乎包罗了世间一切职业；自然，也便似乎包罗了许多种人生的状态。

有些民间职业，在中国曾普遍存在。比如“锔缸锔碗”的、修理雨伞的（他们的吆喝声是“扎鼓雨伞”）、吹糖人的、捏面人的、弹棉花的、磨刀剪的、走街串巷完全手工制作家具的木匠，等等。比如蒸汽火车时代的验轮工……

现在，中国的最后一辆蒸汽火车早已寿终正寝，开蒸汽火车的司机和司炉以及站台上的验轮工早已改行；现在，家具都是由流水线上生产的材料组装的了，于是游走木匠销声匿迹了。而我，最后一次见吹糖人的艺人，已是二十余年前的事了……

现在，中国早已不是从前的中国。它正由一个农业国变化为现代工业国和现代科技国。但是和全世界一样，由职业而形成的人生状态，依然是社会常规。也和全世界一样，最平凡的人们，往往从事最平凡的职业；而从事特殊职业的人们，也往往有较为特殊的人生经历。无论是这样的中国人，那样的中国人，无论男女老少，精神面貌已和从前大不一样了。

用中国老百姓爱说的一句话说，那就是——“普遍的中国人，今天都活得比较有心气了”。

由焦波主编的一本摄影集，便自然呈现了一些活得分外有“心气”的中国人的人生形态。严格地说，这又不仅仅是一本摄影集。摄影集呈现的往往是景物；而这一本，以呈现人生为宗旨。摄影集呈现的往往是美，是摄影的艺术水平；而这一本，追求的却是真，以展露人的心灵层次和精神状态为目的。唯恐难传其真，又以简明文字补白。

这一本摄影集中，有没有美呢？

我以为是有的。

比如焦波吧，作为一名摄影家，凡三十年间，为生活在农村的父母拍摄了不计其数的照片，并且举办了摄影展，感动了许许多多中国人的心，使许许多多的中国人都不由得想——作为一个人，我回报了含辛茹苦的父亲母亲怎样的一份孝敬呢？

这难道不是对人性的美育么？

比如本集中那个被确诊为癌症患者的女列车广播员，在世的最后三个月里，一再思想的却是——我能为他人做点儿什么有益之事，于是写下遗嘱，决定捐献自己的眼角膜……

这难道不是一种人文美德么？

比如那个“山顶小学”的校长，他身上难道体现的不是一种教育的诗性么？

还有那些“儿童村”的母亲们，她们难道不是将母爱的定义升华了么？

而这本摄影集中的文字，却并没有如我一样用很感动的笔去写他们和她们。这一本摄影集的文字，只不过记录了他们是一些什么样的中国人，做了一些什么样的事，为什么做。我的感动，是我读了以后看了以后的情不自禁。

我也很敬佩这一本摄影集中自强自立的女人，比如拉萨八角街上的开店女人；比如在城市失业后，转向农村去创业的女人……

当然，那将木版年画卖到世界各地的老手工艺人一家；那担任国际摄影比赛少年评委的少年；那些当高楼清洁工的小伙子；那在非典疫情严重的日子里牺牲在岗位上的女护士，都是我可爱的同胞，都在我心中引起了不同的敬意。

这一本摄影集中，也呈现了几位中国的著名人物的人生状态——如舞蹈家陈爱莲；“双星”鞋业集团的老总汪海；成功的房地产商王石，他们都是我们认识的。在今天，在中国，汪海、王石那样的实业家，是越来越多了。他们的事业对于中国之改革开放，具有无可置疑的推动意义。

最后，我想作一个比喻，将这一本摄影集比作一本——关于许多中国人之人生的“摄影档案”。

而“焦波们”所做之事，又好比许多中国人之人生的“档案资料员”。

对于加强中国与世界，世界与中国的互动式了解，他们的工作是一种奉献……

千年病灶：撼山易，撼奴性难

“国民劣根性”问题是“五四”知识分子们率先提出的。谈及此，人们首先想到的是鲁迅。其实不唯鲁迅，这是那时诸多知识分子共同关注的。叹息无奈者有之，痛心疾首者有之，热忱于启蒙者有之，而鲁迅是哀其不幸、怒其不争的。梁启超对“国民劣根性”的激抨绝不亚于鲁迅。陈独秀创办《新青年》伊始曾公开发表厉言：凡一九一九年以前出生者当死，唯一九一九年后出生者应生！何出此言？针对国民劣根性耳。当然，他指的不是肉体生命，而是思想生命、精神生命。蔡元培、胡适也是不否认国民劣根性之存在的。只不过他们是宅心仁厚的君子型知识分子，不忍对同胞批评过苛，一主张默默地思想启蒙，加以改造；一主张实行教育救国、教育强国，培养优秀的新国人种子。蔡元培就任北大校长的演说表达了他的希望：培养具有“自由之精神、独立之思想”的新国人，这一教育思想证明了他的希望。

就连闻一多也看到了国民劣根性。但他是矛盾的。好友潘光旦在国外修的是“优生学”，致信给他，言及中国人缺乏优生意识。闻一多复信曰：“倘你借了西方的理论，来证明我们中国人种上的劣，我将想办法买手枪。你甫一回国，我亲手打死你。”

但他也写过《死水》一诗：

这是一沟绝望的死水，
清风吹不起半点漪沦。
不如多扔些破铜烂铁，

爽性泼你的剩菜残羹。
也许铜的要绿成翡翠，
铁罐上锈出几瓣桃花；
再让油腻织一层罗绮，
霉菌给他蒸出些云霞。

这样的诗句，显然也是一种国民劣根性的诗性呈现。闻一多从国外一回到上海，时逢五卅惨案发生不久，于是他又悲愤地写下了《发现》：

我来了，我喊一声，迸着血泪，“这不是我的中华”，不对，不对！

为什么他又认为不是了呢？有了在国外的见识，对比中国，大约倍感国民精神状态的不振。“不是”者，首先是对国家形象及国民精神状态的不认可也。

那时中国人被外国人鄙视为“东亚病夫”，而我们自喻是“东亚睡狮”。狮本该是威猛的，但那时的我们却仿佛被打了麻醉枪，永远地睡将下去，于是类乎懒猫。

清末以前，中国思想先贤们是论过国民性的，但即使论到其劣，也是从普遍的人类弱点、劣点去论，并不仅仅认为只有中国人身上才表现的。那么，我们现在接触到了第一个问题——某些劣根性，仅仅是中国人天生固有的吗？

我的回答是：否。

人类不能像培育骏马和良犬那样去优配繁衍，某些人性的缺点和弱点是人类普遍固有的。而某些劣点又仅仅是人类才有的，连动物也没有，如贪婪、忘恩负义、陷害、虚荣、伪善，等等。故，万不可就人类普遍的弱点、缺点、劣点来指摘中国人。但，不同国家的历史、文化，又完全可以造成某一国家的人们较普遍地具有某一种劣性。比如西方欧美国家，由于资本主义持续时间长，便有一种列强劣性，这一种劣性的最丑恶记录是贩奴活动、种族歧视。

当然，这是他们的历史表现。

于是，我们接触到了第二个问题——中国人曾经的劣根性主要是什么？我强调曾经，是因为今天的中国已与“五四”以前大不一样，不可同日而语。

当年，民族“劣根性”的主要表现是奴性，“五四”知识分子深恶痛绝的也是奴性。

那么，当年中国人的奴性是怎么形成的呢？

这要循中国的历史来追溯。

世界上没有人曾经撰文批判大唐时期中国人的劣根性，中国的史籍中也无记载。唐诗在精神上是豪迈的，气质上是浪漫的，格调上是庄重的，可供我们对唐人的国民性形成总印象。唐诗的以上品质，从宋朝早期的诗词中亦可见到继承，如苏轼、欧阳修、范仲淹等人的诗词。

但是到了宋中期，宋词开始出现颓废、无聊、无病呻吟似的自哀自怜。明明是大男人，写起词来，却偏如小媳妇。这一文学现象是很值得研究的。伤心泪、相思情、无限愁、莫名苦、琐碎忧这些词汇，是宋词中最常出现的。今天的中文学子们，如果爱诗词的，男生偏爱唐诗，女生偏爱宋词。唐诗吸引男生的是男人胸怀，女生则偏爱宋词的小女人味。大抵如此。

为什么唐诗之气质到了宋词后期变成那样了呢？

因为北宋不久便亡了，被金所灭。现在打开《宋词三百首》，第一篇便是宋徽宗的《宴山亭》：

裁剪冰绡，轻叠数重，淡著胭脂匀注。新样靓妆，艳溢香浓，羞杀蕊珠宫女。易得凋零，更多少、无情风雨。愁苦，问院落凄凉，几番春暮？

凭寄离恨重重，这双燕，何曾会人言语？天遥地远，万水千山，知他故宫何处？怎不思量，除梦里、有时曾去。无据，和梦也新来不做！

宋徽宗做梦都想回到大宋王宫，最终死于囚地，这很可怜。

“人事有代谢，往来成古今”。朝代兴旺更替，亦属历史常事。但一个朝代被另一种迥异的文化所灭，却是另外一回事。北宋又没被全灭，一部分朝臣子民逃往长江以南，建立了南宋，史称“小朝廷”。由“大宋”而小，而苟存，这不能不成为南宋人心口的疼。拿破仑被俘并死于海上荒岛，当时的法国人心口也疼。兹事体对“那一国人”都是伤与耻。

故这一时期的宋词，没法豪迈得起来了，只有悲句与哀句了。南宋人从士到民，无不担忧一件事——亡的命运哪一天落在南宋？人们毫无安全感，怎么能豪迈得起来、浪漫得起来呢？故当年连李清照亦有词句曰：“至今思项羽，不肯过江东。”

后来，南宋果然也亡了，这一次亡它的是元朝，建都大都（今北京）。

元朝将统治下的人分为四等——第一等自然是蒙古人；第二等是色目人（西北少数民族）；第三等是“汉人”，特指那些早已长期在金统治之下的淮河以北的汉族人；第四等是“南人”，灭了南宋以后所统治的汉人。

并且，元朝取消了科举，这就断了前朝遗民跻身官僚阶层的想头。我们都知道，“服官政”是古代知识分子的追求。同时，元朝又实行了“驱口制”，即规定南宋俘虏及家属世代为元官吏之奴，可买卖，可互赠，可处死。元朝还实行了“匠户制”，使几百万工匠成为“匠户”，其实便是做技工的匠奴。对于南宋官员，实行“诛捕之法”，抓到便杀，迫使他们逃入深山老林，隐姓埋名。南宋知识分子惧怕也遭“诛捕”，大抵只有遁世。

于是，汉民族的诗性全没了，想不为奴亦不可能。集体的奴性，由此开始。

枯藤老树昏鸦，
小桥流水人家，
古道西风瘦马。
夕阳西下，
断肠人在天涯。

我们今天读马致远的这一首诗，以为诗人表达的仅仅是旅人思乡，而对他当时的内心悲情实属缺乏理解。当年民间有唱：

说中华，道中华，
中华本是好地方，
自从来了元皇帝，
十年倒有九年荒。

元朝享国九十八年，以后是明朝。明朝二百七十六年，经历了由初定到中兴到衰亡的自然规律。“初定”要靠“专制”，不专制不足以初定。明朝大兴“文字狱”，一首诗倘看着不顺眼，是很可能被满门抄斩的。二百七十六年后，明朝因腐败也亡了。

于是清朝建立，统治了中国二百六十八年。

世界上有此种经历的国家是不多的，我个人认为，正是这种历史经历，使国人形成了根深蒂固的奴性。唯奴性十足，方能存活，所谓顺生逆亡。旷日持久，奴成心性。谭嗣同不惜以死来震撼那奴性，然撼山易，撼奴性难。鲁迅正是哀怒于这一种难，郁闷中写出了《药》。

故，清朝一崩，知识分子通力来批判“国民劣根性”，他们是看得准的，所开的医治国民劣根性的“药方”也是对的。只不过有人的“药方”温些，有人的“药方”猛些。

可以这样说，中国人艰苦卓绝、可歌可泣的八年全民族抗战，与批判国民劣根性有一定的关系。那批判无疑令中国人的灵魂疼过，那疼之后是抛了奴性的勇。

综上所述，我认为，今日之中国人，绝非是“梁启超、鲁迅们”当年所满眼望到的那类奴性成自然的、浑噩冷漠乃至于麻木的同胞了。我们中国人的国民性有了前所未有的变化。“国民”只不过是“民”。普遍之中国人正在增长着维权意识，由一般概念的“民”而转变为“公民”。民告官，告大官，告政府，这样的事在从前不能说没有。《杨三姐告状》，告的就是官，就是衙门。

但是现在，从前被视为草民们的底层人、农民，告官告政府之事司空见惯，奴性分明已成为中国人过去时的印记。

但，有一个现象值得深思，那就是之前的青年工人跳楼事件。他们多是农家子女。他们的父母辈遇到想不开的事尚且并不轻易寻死，他们应比他们的父母更理性。但相反，他们却比他们的父母辈脆弱多了。这一方面是由于他们虽为农家儿女，但其实自小也是娇生惯养。尤其是独生子女的他们，像城里人家的独生子女一样，也是“宝”。与从前的农家儿女相比，他们其实没怎么干过农活的。他们的跳楼，也可说是“娇”的扭曲表现。还有一点那就是——若他们置身于一种循环往复的秩序中，而“秩序”对他们脆弱的心理承受又缺乏较周到的人文关怀的话，那么，他们或者渐渐地要求自己适应那秩序，全无要求改变那秩序的主动意识，于是身上又表现出类似奴性的秩序下的麻木，或者走向另一种极端，企图以死一了百了。

要使两三亿之多的打工的农家子女成为有诉求而又有理性，有个体权益意识而又有集体权益意识，必要时能够作出维权行动反应而又善于正当行动的青年公民，全社会任重而道远。

自从网络普及，中国人对社会事件的参与意识极大地表现了出来。尤其事关公平、道义、社会同情之时，中国人这方面的参与热忱、激情，绝对不亚于当今别国之人。但是也应看到，在网络表态中，嘻哈油滑的言论颇多。可以认为那是幽默。对于某些事，幽一大默有时也确实比明明白白地表达立场更高明，有时甚至更具有表达艺术。而有些事，除了幽它一大默，或干脆“调戏”一番，几乎也不知再说什么好。

但我个人认为，网络作为公众表达公民社会诉求和意见的平台，就好比从前农村的乡场，既是开会的地方，也是娱乐的地方。从前的中国农民在这方面分得很清，娱乐时尽管在乡场搞笑，开会时便像开会的样子。倘开会时也搞笑，使严肃郑重之事亦接近着娱乐了，那么渐渐，乡场存在的意义就会变得只不过是娱乐之所了。

亲爱的诸位，最后我要强调时间是分母，历史是分子。时间离现实越远，历史影响现实的“值”越小，最终不再影响现实，只不过纯粹成了“记事”。

此时，人类对历史的要求也只不过是真实、公正的认知价值；若反过来，视历史为分母，人类就难免被历史异化，背上历史包袱，成为历史的心理奴隶了。

中国是一个多民族国家。抗日战争不仅千锤百炼了汉民族，使我们这个民族浴火重生，凤凰涅槃，也千锤百炼了汉族与蒙、满、回、朝、维等多个民族之间的关系。这一种关系也凤凰涅槃了。可以这样说，中国经历了抗日战争，各民族之间空前团结了。古代的历史，使汉民族那样，也使汉民族与其他民族的关系那样。近现代的历史，使汉民族这样，也使汉民族与其他民族的关系这样。

影响现实的，是离现实最近的史。

离中国现实最近的是中国的近代悲情惨状史，中国人心理上仍打着这一种史的深深烙印，每以极敏感极强烈的民族主义言行表现之。解读当代中国人的“国民性”更应从此点出发，而不能照搬“鲁迅们”那个时代总结的特征。

敬畏为何在中国水土不服

畏是连动物也有的表现。畏极于是害怕，怕极于是恐惧。畏之表现，不敢轻易冒犯耳。此点在动物界，比在人类社会更加司空见惯。因所谓动物界，乃杂类同属。而人类的社会，毕竟是同类共处。

在动物界，大到虎豹狮熊，象犀鳄蟒，小到蜈蝎螳螂，甲虫蝼蚁，若遭遇了个碰头对面，倘都是不好惹的，并且都本能地感到对方是不好惹的，便相畏。常见的情况是，彼此示威一番之后，各自匆匆地抹身而去。

在人类，这种情形每被说成是——各自心中掂量再三，皆未敢轻举妄动，明智互避。确乎，此时之互避，实为明智选择。但如果一方明显强势，另一方明显弱势，那么无论在动物界还是在从前的人类社会，后者之畏，不必形容。为什么要强调是从前的社会呢？乃因从前的社会，人分高低贵贱的种种等级。这一种分，延及种族、姓氏与性别。古代，小官见到大官、大官见到皇帝乃至皇亲国戚，也是不可能不畏的。在种族歧视猖獗时代的美国，黑人远远地望见白人，通常总是会退避开去的。大抵如此。

在特别漫长的历史时期内，畏是人类社会的潜规则，也是人类心理的一种遗传基因。故那时的“民”，快乐指数是很低的，须活得小心谨慎，战战兢兢。因为他的天敌不但有动物界凶猛邪毒的大小诸类，还有天降之灾，更有形形色色自己的同类。“宦海多厄”“如履薄冰”“官大一级压死人”“伴君如伴虎”，这些文言俗语，或是受畏压迫的官员们的自白，或是看得分明的非官场人士们的观察心得。官员们尚且活得如此不潇洒，百姓们又哪里来的多少快乐呢？故很久很久以前的“民”，又被称为“草民”“愚民”“贱民”。不仁的权贵者可践踏也，可羞戏也，可欺辱也。

现代了的人类社会的标志之一是人格的互尊，人权的平等。人格是译语，最直接的意思其实是“界”，暗示着彼人也，吾亦人也，同属“人”界，勿犯于我的思想。一言以蔽之，“天赋人权”，人皆站在同一地平线上。

由是，在人类的社会中，人畏人的现象便渐渐地少了许多。

人遭动物的进攻和伤害的概率小了，人对自然灾害的预知能力提高了，抗击能力增强了，控制能力加大了。人对人的畏，如上所述，也几乎全变成历史记忆了——那么，人是否就可以变得天不怕地不怕了呢?

人类感到人类还不应该这样。

因为现代了的人类，头脑是更智慧了。而天不怕地不怕是反智慧的，正如宇宙是无边无际的，不符合人的思维逻辑。

于是，我们人类从以往的宗教中、文化中、习俗中，筛选出某些仍有必要保留，保留将有益无害的成果，加以补充，加以修正，加以完善，加以规范，使之成为原则，并以另一种畏的虔诚态度对待之，便是敬畏。

值得人类敬畏的事已经不多了，却更有质量了。

比如法律，人类每曰之为“神圣的法律”。法律无情，故人畏之；法律公正，故人敬之；法律的天平一旦歪斜，全社会的心理平衡便紊乱了。所以，人需要对法律保持敬畏，这种敬畏符合普遍之人的理性。

但世界上所有的法典加在一起，也还是不能尽然解决人类社会的全部是非问题。有相当多归不进法律的是非问题，依然和人类的心是怎样的有关。

所以，除了法律，人类的文化主张还要敬畏良心的谴责。良心者，好的心。善为好，故良心首先是善良的心。倘不善良，一颗搏动了八十年的心，即使还像运动健将的心一般跳得强劲有力，那也只能说是一颗好的心脏而已。这样的人，是没良心可言的。没良心可言的人好难以长久，虽不好但也不至于坏的人，其坏是迟早之事。因为，他以为他没犯法，而实际上，他已站在法律电网的边沿，任何一阵诱惑的风，都极可能使他跌入犯法的罪过坑里。并且，站在法律边沿之人，每有一种试探法律权威的冒险念头，以及擦边而过的侥幸者的沾沾自喜，这也都是最终导致其跌下去的原因。

良心不在法律的边上。良心在法律的上空，无时无刻地照耀着法律。故良心又叫“天良”，虽无形，但有质。倘无良心的照耀，连法官也会成为坏法官，结果导致司法腐败。故，人类也要敬畏天良之谴责。生命不仅对人只有一次，对一切生物也只有一次。故生命对一切使地球现象丰富的、美好的、有趣的生物，不但是宝贵的，而且具有神圣性。除了不仅有害于人类，同时也有害于绝大多数别种生物的害虫、病菌，人也应对一切生命予以珍视。爱一物之生，怜一物之死，此曰敬畏生死。敬生不等于畏死，畏死乃指不敢于轻生。既不轻人类自己的生，也不轻别种生物的生。并且，连对尸体也当尊重。

“天地有定律，四季有成规，万物有法则。”人还应敬畏于自然界的秩序。急功近利地或无端地破坏自然秩序的行为，将使人类受到严厉的惩罚。所幸，今日之人类，对此已有共识。

敬畏非是由畏而敬。害怕的心理，其实不能油然转化为敬意。敬畏乃指由敬而生的尊重，不是畏别的，畏己之冒犯之念也。一个人也罢，一个民族也罢，一个国家也罢，倘几乎没有什么敬畏，是很可怕，最终也将是很可悲的。

我们中国，时至今日，是有敬畏之心的人多呢，还是无敬畏之心的人多呢？这是一个我们中国人必须正视，并且必须作出诚实回答的问题。

由而想到——七八个大学学子为救溺水儿童，其中三人献出宝贵生命，所谓“捞尸船”上的人，竟以铁钩钩肤、绳索系腕，任几小时前还是朝气青年的尸体浸泡江中，却指手画脚，狮子大张口，在船头、岸上抬高其价！那三名大学生孩子，真是死得让人心疼，死后还让人心疼！那些个“捞尸人”，那样子对待同胞，那样子对待同胞中的殉身的孩子，还有半点儿天良吗？鲁迅说：“救救孩子！”而我要说：“救救大人！”谁帮中国的某些大人们，找回敬畏之心，找回天良？！连大人都越来越丧失了的，又凭什么指望我们的孩子们会自然而然地有？！

“中国人太爱讲卫生了！”

家居偏僻小街，原本是喧闹的都市里极清静的一隅。

后来有了一家桑拿浴。于是每晚九、十点钟起，小车从四面八方驶来。多时停满了半条小街，内中不乏“奔驰”“宝马”。各色牌子皆有，使人联想多多。天光将亮未亮之际，它们才先后潜去。

一晚，有外国朋友到舍下做客，我问他我家好找么？他说：“很容易找到。你不是告诉我，见了停车最多的黑暗小街，只管拐进来便是么！”接着，他困惑地发问：“为什么附近顶数这一条黑暗小街停车最多？”我说：“他们来这儿的一个地方洗澡。”他眨了眨眼睛，不禁赞道：“你们中国人太爱讲卫生了！这么晚了，还有精力在外洗澡，佩服！佩服！”我只有一笑而已。

又一日，那桑拿浴里发生了绑架案。血溅楼上楼下。三人卧于血泊，奄奄待毙。遭绑架者企图跳楼逃命，摔断了腿，被两个绑架者一人拽一只脚，从人行道上往门里拖……是我中午从厂里回家，撞上了那情形，绑架者才没当我面下手弄死他，算是救了他一命……是我们童影厂的前任老厂长于蓝同志及时通报了派出所，并从马路上拦了一辆车，希望他能被尽快送往医院……于蓝同志问：“你哪儿的人啊？”答曰：“外省的。”又问：“那你到这儿来干什么呢？”嗫嚅不答了。我替他说：“明摆着的哪！他来洗澡啊！”于蓝同志沉默片刻，叹曰：“你……你也太爱干净了吧？偌大的北京，我们这么一条不起眼、没街名的小街上有个洗澡的地方，你居然都能找得到！为了讲卫生险些搭上一条命，值么？”少去某些地方，生命多点儿安全。国人真是太爱讲卫生了啊！

当人人都聪明了以后

有一个酒鬼，经常受到老婆的责骂，于是渐渐地于责骂中变得聪明起来。一次，他老婆又责骂他：“你这个该死的！你怎么又醉成这个熊样了？你对得起老婆、对得起孩子吗？”老婆不但责骂，而且一把鼻涕一把泪。酒鬼虔虔诚诚地说：“亲爱的老婆哇，你先消消火儿，听我把内心话对你讲——其实，我想用酒淹死我对自己的无奈和忧愁啊！”“你淹死它们了么？”“没想到，它们会游泳。”“那你还喝！”“那才要再接再厉，继续喝呀！你没听说过这么一句话么？——淹死会水的！”

没事时，总胡思乱想——连酒鬼都能变得如此聪明，如此机智，还有什么人聪明不起来，机智不起来呢？如果人人都异常聪明，异常机智了，这世界又该是个什么样子呢？

难道有一天我们不得不呼唤“傻瓜”么？

戴橘色套袖的人

是的，他当然属于“环卫工人”中的一员。但他又肯定地没有北京户口。肯定地不属于工薪阶层。肯定地，在北京并没有家，在其他城市想必也没有家。分明的，他是一个中年农民。他从哪儿来呢？他在农村的那个家，生活状况如何呢？显然是很贫穷的。可究竟会贫穷到什么程度呢？他在北京栖身于一处什么样的地方呢？他的工作能使他每月挣多少钱呢？这些，在他活着的时候，都是我所不知道的。

我是隔着我家北屋的窗子“认识”他的。那窗对着元大都古城垣的墟址。十几米宽的小街，每日上午七点至九点是早市。公休日延至十点半。自从有了早市，古城垣那道风景便受着严重的“白色污染”了。肮脏的塑料袋儿触目皆是。一入冬季，挂满光秃秃的树枝，仿佛挂着一片片肮脏的棉团。而自从有了他，那个戴橘色套袖的人，风景才又是风景了。

我第一次隔窗望见他时，他正一动不动地蜷缩在土岗的凹处。那一天很冷。北风在小街上空呼啸。摆摊儿的小贩不多，逛早市的人也不多。两种人都穿得很厚。他却穿得挺单薄，蜷缩在那儿，怀搂着塞垃圾的麻袋，像搂着一个孩子，袖着双手。

妻说：“外边太冷了。昨晚天气预报今天零下八九度呢！我不出去买早点了，把米饭热成粥，对付吃点儿算了。”见我没话，妻又说：“一早晨你站在窗前发的什么呆呀？”我将妻招到身旁，指着说：“你看，那人是不是已经冻死了啊？”

忽然又一阵风啸过，几只肮脏的塑料袋被旋上了天空。那看去似乎已经冻死了的人活了，站了起来，仰起头望那几只在空中飘飞的塑料袋。风一停，塑料袋一落地，他便追逐了过去。他用一根一米多长的，一端尖锐的竹竿，一一插住那些肮脏的塑料袋，捋进麻袋里去。有几只塑料袋挂在很高的树枝上。他就举着竹竿，蹦起来钩，那样也没能钩下来。但他并不离去。仰望着在树下想主意。仿佛是一头企图吃到嫩叶的瘦羊。后来，他登上了土岗，凭借着土岗的高度飞身一跃，凌空之际同时举着手中的竹竿。他钩下了一只塑料袋，自己却重重地摔在地上。他连摔了几次，挂在树上的塑料袋全被钩下来了……

我望着，心想，这人太认真了啊！进而又想，也许他只有靠他这股认真劲儿，才能较长久地保住他这份“职业”吧？

他很敬业地做完他该做的事儿，就又蜷缩到那凹处去了……

以后，我在写作时驻笔凝思时，常不禁地隔窗望他。有时他蜷缩在那凹处晒太阳，有时不在那儿。不在时，他肯定是满公园地转着清除污染去了……

有一天，我隔窗见他用一柄小铲子铲那凹处，直至将那凹处铲出椅背和椅座的形状……

有一天，我见他捡了个纸板箱，拆开来，垫他的“椅座”，挡他的“椅背”。他坐下去试了试，似乎觉得很舒服，很满意……

有一天更冷，我见他在他的“专座”前燃了一小堆火，蹲在那儿取暖。火熄了，他又在碳热中拨拨拉拉地烤红薯和鸡蛋。红薯和鸡蛋都是他捡的。小贩们常将烂了一半儿的红薯或破了壳卖不出去的鸡蛋挑出来扔到土岗上。我望见他捡过……

有一天，我见几个小伙子在土岗上溜达。他们在他的“专座”那儿站住，议论些什么，接着便一齐往他的“专座”上撒尿。他们嘻嘻哈哈地离去后，他走来了。我见他伫在他的“专座”前发呆。片刻，他捡起那些纸板，折了几折，塞进了麻袋。

那一天，他铲毁了他经常晒太阳的“专座”……

第二天，我见在那儿的一棵大树的树干上，钉了一块纸板。纸板上歪歪扭扭地写着几个醒目的粉笔字，是——“‘比’处‘今只’大小便！”总共七个字，错了三个字，招惹得一些逛早市的人指指点点地笑……

那一天，他在我隔窗所望的视域内消失了。

那一天妻下班后，翻出了一些旧衣服，说单位又号召职工捐献了。我让她留下一件我曾穿过的棉大衣，打算送给那戴橘色套袖的人……

我没能将那件旧棉大衣送给他。因为一个同样是农村来的小伙子顶替了他。我问小伙子他哪儿去了，小伙子说他死了。“怎么……怎么就会死了呢？”“他得癌症好多年了。他能活到前几天，全靠心中有个愿望撑着啊！”“什么……愿望？”“还能是什么愿望？想多带回家点儿钱，盖房子和供他小女儿上中学呗……”“他……一个月挣多少钱？”“每天拾元钱。少干一天，少挣一天的钱。我也是。省着吃，每月也只不过能剩一百多块。和如今城市里下岗的工人一比，我们这些农村来的人也就知足了。”“你们白天在这儿没有休息的地方？”“想在哪儿歇会儿，就往哪儿一坐一缩呗！”“你这套袖，是他戴过的？”小伙子默默地点了点头。我将我那件旧棉大衣给了小伙子。那一天，《中华读书报》的女编辑杨颖来向我约稿，不知怎么，我们谈到了“精神家园”这个话题。

我说：“现在，中国的文化人们，总在那儿喋喋不休地大谈什么‘精神家园’，而我，只要一从报刊上看到这四个字，非但不觉得温馨，反而如酷暑之季中寒，感到周身发冷。”

她说：“你为什么会这样呢？那难道不是很时髦的话语么？”

我说：“是的，很时髦。时髦的话语，总是难免使人听出矫情的意味儿的。如果‘精神家园’只不过就是文人的大小书斋，‘精神追求’只不过就是读经，读史，读哲，读诸子，读圣贤，吟诗自悦，行文自赏，自我尊崇，那么其实没谁进入文人的‘精神家园’，做奋勇抵抗之状是可笑的。起码没人敢闯入文人的书斋，往文人的椅子上撒尿。如果‘精神家园’非指文人的大小书斋，‘精神追求’非指对安逸的书斋生活的过分向往和沉迷，‘精神支柱’也非是‘万般皆下品，唯有读书高’的意思，那么我想，许多根本不读文人爱读的那类书的人，其实也是有他们的‘精神家园’‘精神追求’和‘精神支柱’的。否则他们觉得没法儿活下去的苦闷，我想一定是远甚于文人们的。

只不过，他们天生不像文人们那么喜欢自我标榜地喋喋不休罢了。而还存在着不少这样的人——他们连起码的物质的家园也谈不上有。虽然他们明白读书是很好的事，但他们忧愁的是自己的儿女根本上不起学。一个患了癌症的人不得不背井离乡，只为每个月挣很少的一点儿钱寄回家乡盖房子、供女儿上学，这不靠一种‘精神支柱’撑持着行么？你能说他们的所求不是追求么？你能彻底分得清他们那一种追求究竟是精神的还是物质的么？文人有资格在内心里暗自轻蔑和嘲笑他们的追求不如自己的追求高雅么？所以，据我想来，文人尽可以恪守自己喜欢的生活方式，但若太过分地自我赞美了，则就不但矫情，而且有些讨嫌了。归根结底，文人的‘家园’，也首先是物质组合的。其次才是精神质量的。这精神质量建筑在文人的‘家园’的物质基础之上。这是文人心里比任何非文人的人都更清楚的。所以，我们文人别让非文人的人讨嫌。所以，我从不就文人的‘精神家园’四个字写什么，实在是不愿置自己于被讨嫌的境地。”

杨颖困惑地看着我，不知我为何大发不合时宜之议论。

于是，我引她至我家北屋窗前，指着元大都古城垣的墟址上那曾被铲出椅状的凹处，向她讲那个我再也望不见了的、戴橘色套袖的人，敬“业”敬职地还那道风景以清洁的人……

同时我想——文人和文人的物质的以及精神的家园，若同他人的生活现状，他人的命运，他人的苦闷忧愁，他人对物质的以及精神家园的向往与追求被隔开，其实是多么简单的事啊！

简单得只消一扇单窗就够了。

这不知是文人的幸运，还是文人的不幸……

羞于说真话

一生没说过假话的人肯定是没有的。故我认为尽量说真话，争取多说真话，少说假话，也就算好品质了。何况我们有时说假话，目的在于息事宁人。有时真话的破坏性，是大于假话的。这个道理我们都很明白。但如果人人习惯于说假话，则生活必就真假不分了。然而，我却越来越感到说真话之难，并且说假话的时候越来越多。

仿佛现实非要把我教唆成一个“说假话的孩子”不可。

说真话之难，难在你明明知道说假话是一大缺点，却因这一大缺点对你起到铠甲的作用，便常常宽恕自己了。只要你的假话不造成殃及别人的后果，说得又挺有分寸，人们非但不轻蔑你，反而会抱着充分理解充分体谅的态度对待你。因此，你不但说了假话，连羞耻感也跟着丧失了。于是，你很难改正说假话的缺点，甚至渐渐麻木了改正它的愿望。最终像某些人一样，渐渐习惯了说假话。你须不断告诫自己或被别人告诫的，倒是说假话的技巧如何。说真话还是说假话的选择，倒变得毫无意义了似的。

记得我小的时候，家母对我的第一训导就是——不许撒谎。因为撒谎，我挨过母亲的耳光。因为撒谎，母亲曾威逼着我，去请求受我骗的人的原谅，并自己消除谎话的影响。

“文化大革命”中，我学会了撒谎。倒也没什么人什么势力直接压迫我撒谎，更主要的是由于撒谎和虔诚连在了一起。说学会了也不太恰当，因为没人教，就算无师自通吧。

有位外国朋友，问我在“文化大革命”中说假话时有何感想。

我回答："明明在说假话而不得不说，我便这样安慰自己——反正人一辈子总要说些假话，赶上了那个年代，把一辈子可能说的假话，一块儿都在这个年代里说了罢！这个年代一过去，重新做人，不再说假话就是了。"

外国朋友又问："那么梁先生从那以后，再没说过假话了？"问得我不由一怔。犹豫片刻，我说出一个字是："不……"我因自己没有失掉一次说真话的机会，对自己又满意又悲哀。外国朋友流露出肃然起敬、钦佩之至的表情。我赶紧说："我说'不'的意思，是我没有做到不说假话。"我想，如果我不解释，我说的这一个字的真话，实际上岂不又成了假话么？外国朋友也不由一怔。她问："那又是因为什么？"我说："一方面，我感到并不是所有的地方都已经有了一个维护真话的良好环境。另一方面，大概要归咎于我们有说假话的后遗症。"

她问："报纸、广播，不少宣传手段，不是都曾被调动起来，提倡、鼓励和表扬说真话么？"

我说："这恰恰证明假话之泛滥是多严重啊。倘若说真话须郑重地提倡、鼓励和表扬，细想想，不是有点儿可悲么？"

她问："妨碍说真话的根源，主要是政治吧？"

我说："那倒不尽然。在党内，将说真话作为对党员的最基本要求一提再提，足见党还是多么希望她的党员们都说真话的。我不是党员，但对此确信不疑。而我感到，社会上似乎弥漫着将说假话变成一种社会风情的怡然之风。"她不懂"怡然"二字何意。我请她想象小孩子玩"到底谁骗谁"这一种纸牌游戏获胜时的扬扬自得。

她说："梁先生，可是据我所知，你被认为是一个坚持说真话的人啊！"

我说："我当然坚持说真话。坚持并不是一个轻松的词。况且，我常常坚持不住。在上下级关系方面，在社交方面，在工作责任感方面，在一心想要做好某件事的时候，在根本不想做某件事的时候，在不少方面，不少因素迫使你就范，不得不放弃说真话的原则，改变初衷，而说假话。常常是，哪些时候、哪些方面有困难有问题，你说了假话，困难和问题就迎刃而解了。你说了真话，困难就更是困难，问题就更是问题了。我说过多少假话，只有我自己最清楚。我仅仅在某些时候某些场合说过一些真话，人们就已经觉得我有值得尊重的一面，可见说真话在我们的生命中到了必须认真提倡的程度。”

她注视着我，似能理解，亦似不太能理解。

……

后来，我和一位友人又讨论起说真话的问题。是的，我们是当成一个问题来讨论的，而且讨论得挺严肃。

我又回忆起我小时候因为撒谎，使得母亲怎样伤心哭泣，以至于怎样打了我一记耳光，和对我进行过的撒谎可耻的教诲……

我讲到我的已经七十多岁的老母亲，如今怎样仍把我当成一个小孩子似的，耳提面命，谆谆告诫我：“傻儿子，你究竟为什么非说真话不可呢？该说假话你不说假话，你岂不是不见棺材不落泪，不碰南墙不回头吗？你已经四十出头的人了，还让妈为你操心到多大岁数呢？”

友人默想良久，严肃而又认真地说：“你母亲是对的。”

我问：“你是说我母亲从前对，还是说我母亲现在对？”

他说：“你母亲从前对，现在也对。”

我糊涂至极。

他诲人不倦地说：“撒谎是可耻的，这毋庸置疑，所以我说你母亲从前是对的。但说假话并不等于就是撒谎，甚至和撒谎有本质的区别。”

这一点，我的确没思索过。

我一向简单地认为，撒谎——说假话——乃是同性质的可耻行径，好比柑和橙是同一种东西。于是，我洗耳恭听。于是，友人娓娓道来：“撒谎，目的在于骗人，在于使人上当而后快，是行为。行为，听明白了么？撒谎之后果必然造成他人的损失，起码是情绪或情感损失。更严重的，是造成他人利益损失。所以，正派人是不应该撒谎的。而说假话，不过心口不一而已。心口不一不是严格意义上的行为概念，通常情况之下体现为态度问题。一个人对于任何一件事，有表明自己真态度的权利，也有说假话的权利。听明白了，说假话是人的权利之一。假话是否使对方信以为真，以及在多大程度上影响了对方，责任完全在对方。因为任何人都有不相信假话的权利。谁叫你相信的呢？举一例子，我们小学都学过一篇课文《狼来了》，那个撒谎的孩子之所以应该谴责，不可取，是因为他以主动性的行为，诱使众多的人上当受骗。如果你一个同事告诉你，他在西单商场买了一件价格便宜的上衣，并用花言巧语怂恿你去买，你果然去了，却没有那种上衣出售，或虽有，价格并不便宜，是谓撒谎，很可恶。但是，说假话的人之所以说假话，往往是被动的选择，通常情况是这样的——一个人指着一个茶杯问你——造型美观么？你认为不。但你看出了对方在暗示你必须回答美观极了，于是你以假话相告。你又何必因说了假话而内疚呢？如果对方具有问你的权利，你连保持沉默的权利也没有，而对方又问得声色俱厉，带有警告的意味，你更何必因说了假话而内疚呢？如果对方信了你的话，那么对方只配相信假话。如果对方根本不信你的假话，却满意于你说假话，分明是很乐意地把假话当真话听，可悲的是对方。应该感到羞耻的也是对方。对应该感到羞耻而不感到羞耻的人，你犯得着跟他说真话么？老弟，你看问题的方法，带有极大的片面性。你只看到人们在生活中说假话的一面，似乎没有看到生活中有多少人喜欢听假话，早已习惯于把假话当作真话听。他们以很高的技巧，暗示人们说种种假话，鼓励人们说种种假话，怂恿人们说种种假话，甚至维护种种假话。他们乐于生活在假话造成的氛围之中。他们反感说真话的人，因为真话常使他们觉得煞风景，觉得逆耳。一万个人或更多的人心口不一，他们根本不在乎，他们要的是一致的假话，而轻蔑一致的人心。正是这样一些人的存在，使说假话变成了似乎可爱的现象。所以，与其惩罚说假话的人，莫如制裁爱听假话的人。因为少了一个爱听假话的人的同时，也许就少了一批爱说假话的人。人们变得不以说假话为耻，首先是由于有些人变得以听假话为荣啊！另外，老弟，因为咱俩是朋友，我向你提几个问题，你坦率地回答我……”

我似乎茅塞顿开，有所省悟，又似乎更加糊涂，如堕五里雾中，只说：“请讲，请讲。”

“你说真话时，是不是感觉到一种人的尊严？”

我说：“是的。”

“当别人都说假话时，你偏想说真话，以说真话而与众不同，并且换取尊重，这是不是一种潜意识方面的自我表现欲在作祟呢？”

我从未分析过自己说真话时的潜意识，倒是常常分析自己说假话时的潜意识。尽管我似乎觉得“作祟”二字亵渎人说真话时自然、正常而又正派的冲动，但也同时尊重潜意识之科学理论。犹豫了一下，我点了点头。

“难道出风头就比说假话好到哪里去么？”

“强词夺理！”我终于按捺不住内心的气愤了。

友人自然是不屑与我斗气的。友人嘛。

他笑曰：“瞧你，瞧你。也听不得真话不是？一听真话也羞也恼也要跳不是？能听得进真话并不是舒服的事哩，它是一种特殊的，有时甚至非强制而不能自觉的训练啊！”

一番话，倒真把我说得虽恼羞而又不好意思成怒了。友人谈锋甚利，其言自是，又道：“你不要以为别人不说真话，便一定是怎样的见风使舵。其实，不屑于而已。与人家的不屑于相比，你自己每每足令大智若愚者扼腕叹憨罢了！”

友人辞去，我陷入前所未有的困惑。

后来，我又向几个惯常说假话，却又能与我推二三层心至腹外之腹的人请教。

皆答曰：懒得说真话。

何必说真话？

说真话，图什么？

我相信他们对我说的话句句是真话。所谓酒后吐真言。为了这样一些真话，我奉献出了几瓶真的而不是假的好酒，还有佐酒菜。从此，我观察到，假话是可以说得很虔诚，很真实，很潇洒，很诙谐，很郑重，很严肃，很正确，很令人感动，很精彩，很精辟的。从此，每当我产生说真话的冲动，竟有几分羞于说真话的腼腆，在意识——当然潜意识中作梗了！

后来，我做过一个梦：我因十二条大罪被判十二年徒刑。我望着法官们的面孔，觉得他们一个个似曾相识。我看出他们明知所有大罪都是无中生有，但他们一个个以假话把它说成是真的。他们那些假话同样说得水平很高，包容了我从生活中观察到的一切形式完美的假话之最……

我忍无可忍地咆哮公堂大喝一声——可耻！于是我醒了。我愿人人都做我做过的这个梦。那么人人都将不难明白，仅仅为了自己，也断不该欣赏假话，将说假话的现象营造成生活中氤氲一片的景致。无奈在非说假话不可的情况之下，就我想来，也还是以不完美的假话稍正经些。不完美的假话，仍保留着几分可矫正为真话的余地啊！

让我们爱憎分明

几经犹豫，我才决定写下这一行题目。写时我的心里竟十分古怪——仿佛基督徒写下了什么亵渎上帝的字句。仿佛我心怀叵测，企图向世人散布很坏的想法。我能预料到某些人对这样一个题目的忐忑不安，他们大抵是些丧失了爱憎分明之勇气的人。这使我怜悯。我能预料到某些人对这样一个题目的不以为然乃至愤然，他们大抵是些毫无正义感的人，并且希望丑恶与美好混沌在我们的生活中。因为他们做人的原则以及选择的活法，更适应于丑恶而有违于美好。唯恐敢于爱憎分明的人多起来，比照出了自己心态的阴暗扭曲，甚至比照出了自己心态的邪狞。我不怜悯这样的人，我鄙夷这样的人。

世上之事，常属是非。人心倾向，便有善恶。善恶之分，则心之爱憎。爱憎分明之于人而言，实乃第一坦荡，第一潇洒，第一自然之品格。

古人云："审其所好恶，则其长短可知也。"又云："民之所好，好之；民之所恶，恶之。"

怎么的，现在，不少人却像些皮囊里塞满稻草似的人？他们使你怀疑，胸腔内是否有我们谓之为"心"的器官，纵有，那也算是心么？

男欢女爱之爱，他们倒是总在实践着，不但总在实践着，而且经验丰富；窃恨妒仇，也是从不放过体验机会的；不但自己体验，还要教唆别人。于是，他们污浊了我们的生活环境。在这些人看来，世界大概是无是无非，无美无丑，无善无恶的。童叟仆跌于前，佯视而不见，绝不肯援一搀一扶之手，抬高腿跨过去罢了。妇妪呼救于后，竟充耳不闻，只当轻风一阵，何必"庸人自扰"？更有甚者，驻足"白相"，权作消遣。

苏格拉底说："有人自愿去作恶，或者去做他认为是恶的事。舍善而趋恶不是人类的本性。"

苏格拉底是对的么？

帕斯卡尔说："我们中大多数人欲求恶。"又说："恶是容易的。其数目是无限的。"还说："某些人盲目地干坏事的时候，从来没有像他们是出自本性时干得那么淋漓尽致而又兴高采烈了。"

帕斯卡尔所指的是人类生活现象的一方面事实么？

而屠格涅夫到晚年也产生了对人类及其生活的厌恶。他写了一篇优美如诗但情感色彩冷漠至极的散文——《山的对话》，就体现出了他的这种情绪。

当然，我们不必去讨论苏格拉底和帕斯卡尔之间孰是孰非。人性本善抑或人性本恶早已是一世纪的命题。并且，在以后的世纪，必定还有思想家们继续进行苦苦的思想。

我要说，目前我们中国人的某些人，似乎也得了一种"疾病"，可否叫作"爱憎丧失症"？

爱憎分明实在不是我们人类行为和观念的高级标准，只不过是低级的最起码的标准。但一切高尚包括一切所谓崇高，难道不是构建在我们人类德行和品格的这第一奠基石上么？否则，我们每个人的内心必将再无真诚可言，我们的词典中将无"敬"字。

中国人口占世界人口四分之一。如果我们中国人在心理素质方面成为优等民族，那么世界四分之一人类将是优秀的。反之，又将如何？

思想哲人告诫人类——对善恶的无动于衷，是人类精神最可怕的堕落。

生物学家则告诫我们——一类物种的灭绝，必导致生态链条的断裂，进而形成对生态平衡的严重威胁和破坏。

人类绝不是首先因憎激发了爱的冲动、力量和热情。恰恰相反，是由于爱的需要才悟到了憎的权利。好的教养可以给予我们爱的原则。懂得了这一点，才算懂得了爱的尺度，也就懂得什么是恶了，也就必然学会了怎样用我们的憎去反对、抵制和战胜恶了。

爱憎分明的人是我们人类不可缺的"物种"，是我们人类精神血液中的白血球，是细腰蜂，是七星瓢虫，是邪恶当前奋不顾身的勇敢的蚁兵。因了爱憎分明的人存在，才会使更多的人感到世上有正义，社会有良知，人间有进行道德监督和道德审判的所谓“道德法庭”。

我们中国人是很讲“中庸之道”的。但我们的老祖宗也留下了这么一句“遗嘱”——“道不同，不相为谋”，并指出——“物以类聚，人以群分”。

可是我们当代的有些人，似乎早把老祖宗“道不同，不相为谋”之“遗嘱”彻底地忘记了，似乎早把“物以类聚，人以群分”这凭以自爱的起码的也差不多是最后的品格底线擦掉了。仅只恪守起“中庸之道”来，并且浅薄地将“中庸之道”嬗变为一团和气。于是，中庸之士渐多。并经由他们，将自己的中庸推行为一种时髦，仿佛倡导了什么新生活运动，开创了什么新文明似的。于是，我们不难看到这样的情形——原来应被“人以群分”的正常格局孤立起来的流氓、痞子、阴险小人、奸诈之徒以及一切行为不端、品德不良、居心叵测者，居然得以在我们的生活中招摇而来招摇而去，败坏和毒害我们的生活到了随心所欲的地步。所到之处，定有一群群的中庸之士与他乘兴周旋、逢场作戏、握手拍肩，一团和气。

我们常常希望有人拍案而起，厉曰：“耻与尔等厮混！”

对这样的人，我们心中便生钦佩。

我们环顾左右，觉得这样做其实并不需要太大的勇气。然而，我们当中有许多人唯恐落个“出头鸟”或“出头的椽子”之下场。于是，我们自己便在一团和气之中，终究扮演了我们本不情愿扮演的角色。

更可悲的是，爱憎分明的人一旦表现出分明的爱憎，中庸之士们便会摆出中庸的嘴脸进行调和。我们缺乏勇气光明磊落地同样敢爱敢憎，却很善于在这种时候作乖学嗲。

我们谁有资格说自己从未这样过呢?

因而我觉得我们首先应该憎恶我们自己，憎恶我们自己的虚伪，憎恶我们已经染上了梅毒一样该诅咒的“爱憎丧失症”。

那么，便让我们从此爱憎分明起来吧!

将这一希望寄托在别人身上，莫如寄托在我们自己身上。倘你周围确实无人在这一点上值得你钦佩，你何不首先在这一点上给予自己以自己钦佩自己的资格呢？如果你确想做一个爱憎分明之人，的确开始这样做了。我认为你当然有自己钦佩自己的资格。你也当然应该这样认为。

以敢憎而与可憎较量，以敢爱而捍卫可爱，以与可憎之较量而镇压可憎之现象，以爱可爱之勇气而捍卫着可爱在我们的生活中发扬光大。让我们的生活中真善美多起来，再多起来！让我们在我们每一个人的生活范围内，做一块盾，抵挡假丑恶对我们自己以及对生活的侵袭，同时做一支矛。让我们共同体验爱憎分明之为人的第一坦荡、第一潇洒、第一自然吧！其后，才是我们能否更多地领略人类之种种崇高和美好的问题……

崇尚“曲晦”乃全社会的变态

一个国家封建历史漫长，必定拖住它向资本主义转型的后腿。比之于封建时期，资本主义当然是进步的。封建主义拖住向资本主义转型的后腿，也当然就是拖住一个国家进步的后腿。我们说中国历史悠久，其实也是在说中国的封建时期漫长。

不论对于全人类，还是对于一个国家，几千年封建社会的发展成就，怎么也抵不上资本主义社会短短一两百年的发展成就。在政治、经济、科技方面都是这样，唯在文化方面有些例外。封建历史时期，农业社会之形态，文化不可能形成产业链条，不可能带来巨大的商业利益，不可能出现文化产业帝国以及文化经营寡头式的人物，故比之于资本主义及之后的文化，封建主义时期的文化反而显得从容、纯粹，情怀含量多于功利元素，艺术水准高于技术水准。

封建历史越久，封建体制对社会发展的控制力就越强大。此种强大的控制力是一种强大的惰性力，不但企图拖住历史的发展，也必然异化了封建时期的文化。

而被异化了的文化的特征之一，便是“不逾矩”，不逾封建主义之“矩”。但文化的本质是自由的，它是不甘于被限制的。在限制手段严厉乃至严酷的情况下，它便不得不以“曲晦”的面孔来证明自身非同一般的存在价值，这也是全人类封建时期的文化共性。

翻开世界文化史一瞥，在每一个国家的封建时期，文化无不表现出以上两种特征——“不逾矩”与“曲晦”。越禁止文化“逾矩”，文化的某种面孔就越“曲晦”。中国封建历史时期的文化面孔，这种“曲晦”的现象尤其明显。

“曲晦”就是不直接表达，就是正话反说，反话正说。以此种方式间接表达，暗讽之意味遂属必然。“文字狱”就是专门“法办”此种文化现象及文人的，有些古代文人也正是因此而被砍头甚至株连九族的，其中不乏冤案。

于是，在中国，关于诗、歌、文、戏之文化的要义，有一条便是“曲晦”之经验。仿佛不“曲晦”即不深刻，就是不文化。唯“曲晦”，才有深刻可言，才算得上文化。

《狂人日记》是“曲晦”的，所以被认为深刻、文化。《阿Q正传》中关于阿Q之“精神胜利法”的描写，讽锋也是“曲晦”的，当然也是深刻的，文化的。

确实深刻，确实文化。

但是，若在人类已迈入21世纪的当下，一国的文化理念一如既往地崇尚“曲晦”，则其文化现象便很耐人寻味了。

在大学里，在中文课堂上，文学之作品的“曲晦”片段，几乎无一例外地成为重点分析和欣赏的内容。若教师忽视了，简直会被怀疑为人师的资格。若学子不能共鸣之，又简直证明朽木不可雕也。

“曲晦”差不多又可言为“曲笔”。倘“曲笔”甚“曲”，表意绕来绕去，于是令人寻思来寻思去，颇费猜心方能明白，或终究还是没明白，甚或蛮扭。

《春秋》《史记》皆不乏“益笔”。但古人修史，不计正野，皇家的“鹰犬”都在盯视，腐败无能岂敢直截了当地记载和评论？故“曲笔”是策略，完全应该理解。

可以直截了当地表达，却偏要“曲晦”，这属文风的个性化，也可以叫追求。

不能够直截了当地表达，但也还是要表达，不表达如鲠在喉、块垒堵胸，那么只有“曲晦”，是谓无奈。

今日之中国，对某些人、事、现象，其实是可以直截了当、旗帜鲜明地表明立场的。“某些”却已是权利，起码是网上权利。

我虽从不上网，却也每能间接地感受到网上言论的品质和成色。据我所知，网上“曲晦”渐多。先是，“曲晦”乍现，博得一片喝彩，于是“顶”者众，传播迅而广。“曲晦”大受追捧，于是又引发效尤，催生一茬茬的“曲晦”高手，蔚然成风。不计值得“曲晦”或并不值得，都来热衷于那“曲晦”的高妙。一味热衷，自然便由“曲晦”而延伸出幽默。幽默倘不泛滥，且“黑”，乃是我所欣赏，并起敬意的。但一般的幽默，其实往往流于俏皮。语言的俏皮，也是足以享受的。如四川连降暴雨，成都处处积水，有微博曰：“白娘子，许仙真的不在成都啊！”——便俏皮得很，令人忍俊不禁。

然俏皮甚多，便往往会流于油腔滑调、流于嘻哈。语言的嘻哈，也每是悦己悦人的，但有代价，便是态度和立场的郑重庄肃大打折扣。

故我这个不上网的人，便有了一种忧虑——担心中国人在网上的表态，不久从方式到内容到风格，渐被嘻哈自我解构，流于娱乐；而态度和立场之声，被此泡沫所淹没，形同乌有了。

我们都知道的，一个人在表态时一味嘻哈，别人便往往不将他的表态当一回事。而自己嘻哈惯了，对别人不将自己的嘻哈式表态当成一回事，也会习惯于自己不怎么当成一回事的。

之前听邱震海在凤凰台读报，调侃了几句后，话锋一转，遂正色曰：“刚才是开玩笑，现在我要严肃地谈谈我对以下几件事的观点……”我认为，中国网民都要学学邱震海——有时郁闷之极，调侃、玩笑，往往也是某些事某些人只配获得的态度，而且是绅士态度。

但对另外一些事一些人，则需以极郑重极严肃之态度表达立场。这种时候，郑重和严肃是力量。既是每一个人的力量，也是集体的力量、自媒体的力量、大众话筒的力量。

语言还有另一种表态方式，即明白、确定、掷地有声、毫不“曲晦”的那一种表态方式。

网络自然有百般千种方便于人、服务于人、娱乐于人、满足于人的功用，但若偏偏没将提升我们中国人的公民权利意识和公民素质这一功用发挥好，据我看来，则便枉为“大众话筒”“自媒体”了。

是谓中国人的遗憾。

也是中国的遗憾。

情怀的分量

Chapter 5

划时代

我们中国的当下主流传媒有一大弊端，

那就是——讳言贫困、落后、苦难和不幸，

却热衷于宣传和炒作所谓时尚的生活方式。

似乎时尚的、时髦的甚至摩登的生活方式，

便是幸福的生活。

而能过那种生活的人，

在全世界任何一个国家都是少数。

这个时代的“三套车”

我这个出生在哈尔滨市的人，下乡之前没见到过真的骆驼。当年哈尔滨的动物园里没有。据说也是有过一头的，后来饿死了。我下乡之前没去过几次动物园，总之是没见到过真的骆驼。当年中国人家也没电视，便是骆驼的活动影像也没见过。

然而，骆驼之于我，却并非陌生动物。当年不少男孩子喜欢收集烟盒，我也是。一名小学同学曾向我炫耀过“骆驼”牌卷烟的烟盒，实际上不是什么烟盒，而是外层的包装纸。划开胶缝，压平了的包装纸，其上印着英文。当年的我们不识得什么英文不英文的，只说成是“外国字”。当年的烟不时兴“硬包装”，再高级的烟，也无一例外的是“软包装”。故严格地讲，不管什么人，在中国境内能收集到的都是烟纸。烟盒是我按“硬包装时代”的现在来说的。

那“骆驼”牌卷烟的烟纸上，自然是有着一头骆驼的。但那烟纸令我们一些孩子大开眼界的其实倒还不是骆驼，而是因为“外国字”。那是我第一次见到外国的东西，竟有种被震撼的感觉。当年的孩子是没什么崇洋意识的。但依我们想来，那肯定是在中国极为稀少的烟纸。物以稀为贵。对于喜欢收集烟纸的我们，是珍品啊！有的孩子愿用数张“中华”“牡丹”“凤凰”等当年也特高级的卷烟的烟纸来换，却遭断然拒绝。于是，在我们看来，那烟纸更加宝贵。

后来我下乡，上大学，在十年左右的时间里，竟再没见到“骆驼”二字，也没再联想到它。

落户北京的第一年，带同事的孩子去了一次动物园，我才见到了真的骆驼，数匹，有卧着的，有站着的，极安静极闲适的样子，像是有骆峰的巨大的羊。肥倒是挺肥的，却分明被养懒了，未必仍具有在烈日炎炎之下不饮不食，还能够长途跋涉的毅忍精神和耐力了。那一见之下，我对“沙漠之舟”残余的敬意和神秘感荡然无存。

后来，我到新疆出差，乘吉普车行于荒野时，又见到了骆驼。秋末冬初时节，当地气候已冷，吉普车从戈壁地带驶近沙漠地带。夕阳西下，大如轮，红似血，特圆特圆地浮在地平线上。

陪行者忽然指着窗外大声说：“看，看，野骆驼！”

于是吉普车停住，包括我在内的车上的每一个人都朝窗外望。外边风势猛，没人推开窗。三头骆驼屹立风中，也从十几米外望着我们。它们颈下的毛很长，如美髯，在风中飘扬。峰也很挺，不像我在动物园里见到的同类，峰向一边软塌塌地歪着。但它们皆瘦，却都昂着头，姿态镇定，使我觉得眼神里有种高傲劲儿，介于牛、马和狮、虎之间的一种眼神。事实上，人是很难从骆驼眼中捕捉到眼神的。我竟有那种自以为是的感觉，大约是由于它们镇定自若的姿势给予我那么一种印象罢了。

我问它们为什么不怕车？

有人回答说这条公路上运输车辆不断，它们见惯了。

我又问这儿骆驼草都没一棵，它们为什么会出现在离公路这么近的地方呢？

有人说它们是在寻找道班房，如果寻找到了，养路工会给它们水喝。

我说骆驼也不能只喝水呀，它们还需要吃东西啊！新疆的冬天非常寒冷，肚子里不缺食的牛、羊都往往会被冻死，它们找到几丛骆驼草实属不易，岂不是也会冻死吗？

有人说：“当然啦！”

有人说：“骆驼天生是苦命的，野骆驼比家骆驼的命还苦，被家养反倒是它们的福分，起码有吃有喝。”

还有人说：“这三头骆驼也未必便是名副其实的野骆驼，很可能曾是家骆驼。主人养它们，原本是靠它们驮运货物来谋生的。自从汽车运输普及了，骆驼的用途渐渐过时，主人继续养它们就赔钱了，得不偿失，反而成负担了。可主人又不忍干脆杀了它们吃它们的肉，于是骑到离家远的地方，趁它们不注意，搭上汽车走了，便将它们抛弃了，使它们由家骆驼变成了野骆驼。而骆驼的记忆力是很强的，是完全可以回到主人家的。但骆驼又像人一样，是有自尊心的。它们能意识到自己被抛弃了，所以宁肯渴死饿死冻死，也不会重返主人的家园。但它们对人毕竟养成了一种信任心，即使成了野骆驼，见了人还是挺亲的……”

果然，三头骆驼向吉普车走来。

最终有人说：“咱们车上没水没吃的，别让它们空欢喜一场！”

我们的车便开走了。

那一次在野外近距离见到了骆驼以后，我才真的对它们心怀敬意了，主要因它们的自尊心。动物而有自尊心，虽为动物，在人看来，便也担得起“高贵”二字了。

后来，我从一本书中读到一小段关于骆驼的文字——有时它们的脾气竟也大得很，往往是由于倍感屈辱。那时它们的脾气比所谓“牛脾气”大多了，连主人也会十分害怕。有经验的主人便赶紧脱下一件衣服扔给它们，任它们践踏，任它们咬。待它们发泄够了，主人拍拍它们，抚摩它们，给它们喝的吃的，它们便又服服帖帖的了。

毕竟，在它们的意识中，习惯于主人是它们自身不可分割的一部分。

后来，我在内蒙古的一处景点骑到了一头骆驼背上。那景点养有一百几十头骆驼，专供游人骑着过把瘾。但须一头连一头，连成一长串，集体行动。我觉有东西拱我的肩，勉强侧身一看，见是我后边的骆驼翻着肥唇，张大着嘴。它的牙比马的牙大多了。我怕它咬我，可又无奈。我骑的骆驼夹在前后两匹骆驼之间，拴在一起，想躲也躲不开它。倘它一口咬住我的肩或后颈，那我的下场就惨啦。我只得尽量向前俯身，但无济于事。骆驼的脖子那么长，它的嘴仍能轻而易举地拱到我。有几次，我感觉到它柔软的唇贴在了我的脖梗上，甚至感觉到它那排坚硬的大牙也碰着我的脖颈了。倏忽间，我于害怕中明白——它是渴了，它要喝水。而我，一手扶鞍，另一只手举着一瓶还没拧开盖的饮料。既明白了，我当然是乐意给它喝的。可驼队正行进在波浪般起伏的沙地间，我不敢放开扶鞍的手，如果掉下去会被后边的骆驼踩着的。就算我能拧开瓶盖，也还是没法将饮料倒进它嘴里啊，那我得有好骑手在马背上扭身的本领，而我没那种本领。我也不敢将饮料瓶扔在沙地上由它自己叼起来，倘它连塑料瓶也嚼碎了咽下去，我怕锐利的塑料片会划伤它的胃肠。我真是怕极了，也无奈到家了。

它却不拱我了。我背后竟响起了喘息之声。那骆驼的喘息，类人的喘息，如同负重的老汉紧跟在我身后，又累又渴，希望我给“他”喝一口水。而我明明手拿一瓶水，却偏不给“他”喝上一口。

我做不到的呀！

我盼着驼队转眼走到终点，那我就可以拧开瓶盖，恭恭敬敬地将一瓶饮料全倒入它口中了。可驼队刚行走不久，离终点还远呢！我一向以为，牛啦、马啦、骡啦、驴啦，包括驼和象，它们不论干多么劳累的活儿都是不会喘息的。那一天那一时刻，我才终于知道我以前是大错特错了。

既然骆驼累了是会喘息的，那么一切受我们人所役使的牲畜或动物肯定也会的，只不过我以前从未听到过罢了。举着一瓶饮料的我，心里又内疚又难受。那骆驼不但喘息，而且还咳嗽了，一种类人的咳嗽，又渴又累的一个老汉似的咳嗽。我生平第一次听到骆驼的咳嗽声……一到终点，我双脚刚一着地，立刻拧开瓶盖要使那头骆驼喝到饮料。偏巧这时管骆驼队的小伙子走来，阻止了我。因为我手中拿的不是一瓶矿泉水，而是一瓶葡萄汁。我急躁地问：“为什么非得是矿泉水？葡萄汁怎么啦？怎么啦？！”小伙子讷讷地说，他也不太清楚为什么，总之饲养骆驼的人强调过不许给骆驼喝果汁型饮料。我问他这头骆驼为什么又喘又咳嗽的。他说它老了，说是旅游点买一整群骆驼时白“搭给”的。我说它既然老了，那就让它养老吧，还非指望这么一头老骆驼每天挣一份钱啊？

小伙子说你不懂，骆驼它是恋群的。如果驼群每天集体行动，单将它关在圈里，不让它跟随，它会自卑，会郁闷的。而它一旦那样了，不久就容易病倒的……

我无话可说，无话可问了。老驼尚未卧下，一动不动地站在原处，瞪着双眼睇视我，说不清望的究竟是我，还是我手中的饮料。

我经不住它那种望，转身便走。

我们几个人中，还有著名编剧王兴东。我将自己听到那老驼的喘息和咳嗽的感受，以及那小伙子的话讲给他听，他说他骑的骆驼就在那头老驼后边，他也听到了。

不料他还说："梁晓声，那会儿我恨死你了！"

我惊诧。

他谴责道："不就一瓶饮料吗？你怎么就舍不得给它喝？"

我便解释那是因为我当时根本做不到的。何况我有严重的颈椎病，扭身对我是件困难的事。他愣了愣，又自责道："是我骑在它身上就好了，是我骑在它身上就好了！我多次骑过马，你当时做不到的，我能做到……"我顿时觉他可爱起来。暗想，这个王兴东，我今后当引为朋友。几个月过去了，我耳畔仍每每听到那头老驼的喘息和咳嗽，眼前也每每浮现它睇视我的样子。

由那老驼，我竟还每每联想到中国许许多多被"啃老"的老父亲老母亲们。他们之被"啃老"，通常也是儿女们的无奈。但，儿女们手中那瓶"亲情饮料"，儿女们是否也想到了那正是老父老母们巴望饮上一口的呢？而在日常生活中，那是比在驼背上扭身容易做到的啊！

天地间，倘没有一概的动物，自远古时代便唯有人类。我想，那么人类在情感和思维方面肯定还蒙昧着呢？万物皆可开悟于人啊！

关于不幸、不幸福与幸福

希腊神话中有所谓“美惠三女神”，她们妩媚、优雅、美丽，乃三姐妹，都是宙斯的女儿。一位是优芙洛尼亚，意为欢乐；一位是塔里亚，意为花朵；还有一位是阿格拉伊亚，意为灿烂。她们喜爱诗歌、音乐和舞蹈。一言以蔽之，人类头脑中的文艺灵感，得益于她们的暗示、启发和引领。故她们也往往被称为“美惠三女神”。除了她们，希腊神话中还有所谓“复仇三女神”，“梦境三女神”，也都是三姐妹。而在美术创作中，有所谓“三原色”之说，即红、黄、蓝。

我想这么比喻——不幸、不幸福与幸福，也如同我们大多数人之人生的“三原色”，也如同我们大多数人之人生每将面对的“三女神”。她们同时出现在我们人生某阶段的情况极少，但其中两姐妹接踵而至甚至携手降临的现象却屡屡发生，于是有否极泰来、乐极生悲一类词。比如，苏三的人生可谓否极泰来之一例，范进的人生可谓乐极生悲之一例。

我将不幸、不幸福、幸福比作我们大多数人之人生的“三原色”，并非是指以上三种人生状况与红、黄、蓝三种颜色有什么直接关系，我的意思是——如同“三原色”可以调配出“七常色”及“十二本色”；不幸、不幸福、幸福三类人生状况，几乎是各种各样的人生的“底色”。世界非是固定不变的，人生更是如此。“底色”只不过是最初之色。

我认为构成人生不幸的原因主要有如下方面：

1. 严重残疾与严重疾病。

2. 贫困。

3. 受教育权利的丧失。

4. 由而沦为社会弱势群体。

5. 又由而身为父母丧失了抚育儿女的正常能力；身为儿女竟无法尽赡养父母的人伦责任……

也许还有其他方面，我们姑且举出以上几方面原因。

在以上原因中，有个人命运现象，比如先天失明、聋哑、智障、患白血病、癌等；也有自然生存环境和社会苦难造成的群体命运现象，比如血吸虫病、瘟疫、艾滋病、战争造成的伤残与疾病……

一个人的严重残疾与疾病，每每是一个家庭的不幸。一个群体的不幸，当然也应视为一个民族一个国家的不幸。个人的不幸命运，既需要社会来予以关怀，也需要个人来进行抵抗。

海伦·凯蒂、霍金、罗斯福、保尔，他们证明了人生底色确实是可以一定程度地改变的，有时甚至可以改变得比成千上万正常人的人生更有声有色。

但不论怎样，不幸是具有较客观性的人生状况。这世界上没有人因残疾和疾病反而有幸福感。而某些自认为很不幸的人之所以并不能引起普遍人的深切同情，乃因他们的不幸不具有较客观的标准。所以，我们才未将失恋也列入不幸范畴，尽管许多失恋的少男少女往往痛不欲生，自认为是天下第一不幸，第一值得同情者。当然，于连是有几分值得同情的，因为他的失恋也反映了一种社会疾病，那就是社会所公开维护的等级制。

很显然，同学诸位，皆非不幸之人。诸位能坐在我们北京语言大学的课堂上，应该说那还是比较幸运的。尽管大学一再实行扩招，却仍有一半以上你们的同龄人与大学无缘。其中，许多人不是由于高考竞争的能力问题，而是由于自幼家境贫困，根本就丧失了竞争机会……

据我所知，同学诸位中，很有一部分人觉得自己是不幸福的。为什么明明是幸运者，却觉得自己不幸福呢？这乃因为，对人间真不幸所知甚少，所见更少，几乎没有怎么接触过。而对所谓的幸福，却又欲求较多，定义得未免太过完满。窃以为，与不幸具有客观性相比，不幸福的感觉是常被主观所左右的。

我们中国的当下主流传媒有一大弊端，那就是——讳言贫困、落后、苦难和不幸，却热衷于宣传和炒作所谓时尚的生活方式。似乎时尚的、时髦的甚至摩登的生活方式，便是幸福的生活。而能过那种生活的人，在全世界任何一个国家都是少数。如此这般的文化背景，对新一代成长中的人，几乎意味着是一种文化暗示，即幸福的人生仅属于少数不普通的人；而普通人的人生是失败的，令人沮丧的，难有幸福可言的。

除了文化的这一种不是成心却等于成心的错误导向，我们国家十几亿人口的实际生活水平，也是每使普通人感觉不幸福的原因。普通人这一概念在中国与在西方国家是不一样的。在中国，即使是在北京、上海等大城市，普通人及普通人家的生活水平其实也是非常脆弱的。往往是一人生病（这里指的是重病），全家愁苦，甚而倾家荡产。现在情况好了一些，公费医疗、医疗报销、商业保险等社会福利保险制度有所加强，但仍处于初级阶段。粮食一涨价，人心就恐慌；猪肉一涨价，许多普通人家就奉行素食主义了；而目前的房价，使许多普通人家的“80后”一代拥有自己住房的愿望几成梦想……

这使新一代都市年轻人，包括同学诸位中的某些人看在眼里，心生大虑，唯恐自己百般努力，却仍像父母辈一样，摆脱不了普通人的命运。

如果将大学学子、研究生们与进城打工的农村儿女相比较，结果是十分耐人寻味的——如果非是家境凄凉或不幸，只要有钱可挣，后者们的日常快乐反倒还会多一些似的。

日常快乐的多少也往往取决于性格，不见得就是实际生活幸福程度的体现，好的性格能够大大削弱感觉人生不幸福的烦恼。

为什么那些农村儿女们的日常快乐反而会多一些似的呢？乃因为之于成为大学学子、研究生们的都市青年对不幸见得较多，知得较多，接触得较多。而他们对所谓幸福的企求又是较低的，较实际的。还有一点也至关重要，那就是，他们的人生是有“根据地”的，是有万不得已的退路的，即他们来自于农村。那里有他们的家园，有亲情和乡情；那里乃是没有什么生存竞争压力的所在。

而前者们却不同，如果是城市青年，则他们没有什么“根据地”，退回到家里就等于是失业青年了。如果是农村青年，则从怀揣录取通知书踏上求学之路那一天起，就等于破釜沉舟地踏上一条“不归路”了。他们从小学到高中以毅忍之心孜孜苦学，正是为的这样一天。如果他们考入的还是北京、上海，那么在他们的思想意识里，不但没有了什么退路，简直还没有什么别路了。那种留在北京、上海的决心，如同从前的节妇烈女，一厢情愿地从一而终，一厢情愿地为自己的“北京之恋”“上海之恋”而“守节”。这一种决心，是非常可以理解的。因为在常人看来，在北京，在上海，一个受过大学高等教育的人，终于成为不普通之人的可能性仿佛比别处多不少。即使到底还是没有不普通起来，但成了北京和上海这等大城市里的普通人，似乎那也还是要比别处的普通人不普通。这一种普通而又不普通的感觉追求，往往会成为一种“亚幸福”追求。但这一种决心有时候也是可怕的——因为对于人生，还是多几种生存、发展的选择好一些，还是有退路的状态好一些。我这里说的退路，当然不是指农村。大学生、研究生回到或去到农村当农民，是知识化了的人力资源的浪费。但除了北京和上海，中国另有许多城市，尤其南方城市，其发展是很快速的，对年轻人而言，人生机会也是较多的。

总而言之，我的意思是，不幸福的人生感觉人人都会常有，是生存竞争压力对人的心理造成的负面感觉。不同的人面临不同的生存竞争压力。但有时候，也与我们对人生的思想方法有关。如果能提前对人生多几种考虑、打算、选择，也许人生的回旋余地会大一些，压力会小一些，瞻望前途，会相对地乐观一些；那么，不幸福的感觉，自然会相对地少一些……

谈到幸福，有些人肯定会和我一样，联想到《安娜·卡列尼娜》开篇的那一句话——“幸福的家庭是相似的，不幸的家庭各有各的不幸”。是否也可以这样说呢？——幸福的人是相似的，不幸的人各有各的不幸。

我个人认为，幸福的人一定是生活在幸福的家庭里。我至今还不曾认识过，一个生活在不幸福的家庭里但自感很幸福的人。曾经生活在不幸福的家庭里，但后来另立门户，拥有了自己的小家庭以后，人生开始幸福了的人是有的。但前提是——他或她的小家庭，必是一个幸福的小家庭。或曰：幸福只不过是一种感觉。

此话对矣，但不够全面。确乎，幸福和不幸福一样，主要是一种心理感觉。然而，人的心理，通常不会无缘无故地产生感觉，心理感觉更多的情况下是客观外界作用于主观的反映。如果说不幸福之感觉往往是与不直接的客观外界的影响有关系，那么幸福的感觉像不幸的感觉一样，更是与特别直接的客观外界的实际状态有关系。也就是说，幸福像不幸一样，是由某些普世于人心的方面组成的。

1. 我们已经说过，幸福的人，肯定有幸福的家庭。2. 幸福的家庭，理论上肯定是人人健康，家庭关系和睦，夫妻恩爱，手足情深，家风良好，并由而受人尊敬的。3. 一个有着这样的家庭背景的人，他或她还须是起码具有大学文化知识的人。4. 而且，他所从事的职业，恰恰是符合他理想的，他很热爱的职业。5. 这一种职业，一般而言，还要有较高的工资和较有社会地位的特征。6. 于是，他本人的爱情和婚姻不但是一帆风顺的，还是如愿以偿的。7. 他们的小家庭起码是富裕的，当然应拥有宽敞的住房与一辆准名牌私车。8. 他们的孩子是漂亮的、聪明的，将来肯定有出息，甚至青出于蓝而胜于蓝……

我们还可以列出几条。

由是而论，我们不难看出，文化知识程度较高的人，比之于文化知识程度较低的人，对幸福指数的企求也是高的，即使口头上说自己只不过心存某些一般的幸福要求，综合起来，那些一般的幸福要求已是很不一般，太不一般了。更有的时候，人们甚至会将幸福误解为一种人生的完美状态，因而似乎应包含一切人生的美好。而实际情况却是——世界上只有极少极少数人的人生是接近完美的幸福的人生。

如果将人的一生比作由一点开始画起的一个圆，那么只有极少极少数人的人生画得接近标准的圆形；有些人的人生仅仅是半圆，或一段弧。大多数人的人生画成了一个圆，却是像蚀缺时的月亮似的圆。

我个人认为，能将人生画成一个近似的圆，那委实已经该算是不错的人生了。我个人认为，一个人的人生，只要在以上几条中实现了两条，比如有一个比较和睦的家庭和比较美满的婚姻，他或她就有理由感觉幸福多一些，感觉不幸少一些了。而居然实现了三四条，几乎可以说，他或她真的就是一个幸福之人了。

家庭和睦，手足情深，亲人健康，工作稳定，收入能够满足一般消费，月有节余，哪怕很少……这是一般普通人的幸福观。他们既为普通人，却并不沮丧于普通的人生，于是他们反而善于在普通的人生中企求普通的幸福，并珍惜之。

同学诸位，这样的一种人生态度，是否也可以给尚处于人生的一无所有阶段，但希望过上幸福生活的大家一点关于幸福的另类参考呢？

最后，我要讲一个汉语常识——“希望”一词中的“希”字，在古汉语中，同“稀”，是一个演化字。“稀”——大家都知道的，乃指“少”。在农业社会，稻粮是宝贵的，布匹是宝贵的，都是稀缺之物。生产力不发达，靠天吃饭，好收成非是自然而然的事，于是每每举行祈祷。在古代，“稀望”是祭典仪式中的心理。

同学诸位迈出校门以后，都是中国的新一代知识型人才了。大家打理自己人生的能力，毫无疑问将比古人们高出许多许多倍。所以，只要诸位善于理性地把控自己的人生，一步步走在实处，我相信每个人都会或多或少地获得某一部分人生的幸福。这是所有当大学老师的人对学子们的祝福。

关于有步骤建设城市医院的建议

“衣食住行”——这是中国老百姓所概括的，关乎生活需求的最基本的四个方面。所谓国家对民众的人文关怀，首先体现在这四个方面，同时还有其他。普遍的规律是——然后诉求其他。倘衣难遮体，食难饱腹，遑论其他。

改革开放以来，中国人在“衣食住行”四个方面，获得了有目共睹的改善、提高。总而言之，无论城市人口还是农村人口，穿衣问题早已不是问题，吃饱肚子也早已不是问题。

相比之下，另一个问题显得极为突出了，便是看病难的问题。没有人不会生病，生了病就要去医院。而在医院能得到怎样的诊治，直接关系到人的健康，直接关系到人的生命。所以，穿衣服的那个“衣”字，实应改为医院的“医”字。“医食住行”，医院的“医”字摆在第一位。以这么一种重点突出的理念来关怀老百姓的生活，也实应成为以后相当长一个时期内的国家的、政府的治国兴邦的理念之一。

关于老百姓看病难的问题，各方人士已从多方面呼吁——比如医生敬业问题、禁止收受“红包”问题、医疗保险问题、防止重大突发性疫病蔓延问题……

但有一个问题，却一直改善不力。那就是——对于我们这个十三四亿人口的国家，平均多少人口应该拥有一所医院？应该拥有什么规模、软硬件达到什么服务水平的医院？

而现在的状况是，即使在北京，不少医院的情形却特别不像医院，特别像超市，而且，特别像大甩卖日子里的超市。某些医院比肩接踵之现象，每令人望而生畏。

什么原因？无他，还是医院太少啊！

在许多城市，我们翻盖了某些医院，我们维修了某些医院，扩建了某些医院，但新建的医院，尤其是新建的面向平民百姓的医院，却少之又少。在许多城市，人口已翻了几番，由一百万而二百万而三四百万，可它所拥有的医院呢，也许还是从前的几所。

一个国家的发展程度和速度，有诸项世界公认的指标。我想，毫无疑问的——在一个国家里，究竟多少人口才能平均拥有一所面向平民百姓的医院，肯定也是世界公认的指标之一。所以，我建议：

一、恭请卫生部召集有关专家，就中国特色、中国现状进行研讨，制定出一套中国未来若干年内城市医院建设的大方向。亦即由现在的多少万人拥有一所医院，发展到将来怎样的一种合乎人文要求的比例。

二、此大方向或曰方针一经确定，应确定为一座城市所达到的文明程度的硬性评定指标之一。也就是说，一座城市即使有很大的广场，很宽的马路，不少的星级酒店，但医院里却一直人满为患的话，那么它还够不上是一座文明的城市。

三、新建的医院，必须是面向普通百姓的，也就是说大多数老百姓能看得起病的那一种。很“贵族化”的那一种，比如挂一次号几百元甚至据说一千元的那一种，不能算数。

四、五十万人口的小城市、一百万人口的中等城市或几百万人口的大城市，在未来若干年内，都必须努力实现平均人口与医院的合乎人文理念的比例。

五、一座城市在其人口尤其老百姓密集的区域，必须考虑解决老百姓的看病问题。即使暂时没有经济能力新盖医院，那也要长期保留地面。那种为了眼前经济利益，不顾百姓长远利益，将本该给老百姓盖医院的地面，迫不及待地占用了盖别的旨在快速牟利的建筑物的做法，是不对的，是最不符合科学发展观的。各市政府及人大、政协，都有权进行监督和劝阻。

六、本建议不是一个要求快速实现的提案，但我认为，在我们的国家越来越提倡“以人为本”的今天，此建议应得到重视。“以人为本”当首先理解为以老百姓为本。因为他们是这样的一种大多数——倘国家不为他们考虑得周到些，他们缺乏经济的实力掌控自己明天的总体命运。

有一种观点认为，大医院之所以人满为患，乃是由于老百姓迷信大医院。有这种原因，但非主要原因。主要原因还是医院少。而且，以上观点，暗示着一种不平等的意识，仿佛老百姓天生就是不该到大医院去看病的群体。这种意识是错误的。

还有一种观点认为，只要社区多建诊所，老百姓看病难的问题便迎刃而解。这不失为好的措施，但又必须承认——诊所就是诊所，与医院就是有区别。

我希望未来的十年内，首先是政府要求小城市将医院比例问题，纳入城市总体建设方案考虑，然后推广向中等城市，再然后在大都市实行。由小到大有一个好处，小城市的老百姓看病不再是难事了，可间接缓解大都市人满为患的现象。

我希望多年以后的中国，无论谁到医院看病，都不必起早去排队挂号了；都不必非托人找到一种院方关系才踏实了；而国人看病的感觉，不再如挤入超市去抢购甩卖商品。

总而言之，一个国家一座城市的医院与人口的比例，肯定意味着“以人为本”的人文程度。而这一项极具公益性的事情，不依赖国家理念去推动，是难以做好的。

关于城市建设的发言

一

任何一座城市都是它所属于的那一个国家的立体的说明书。

城市建筑和城市规划的背面，书写的是它的文化。

一座城市也像一个人一样，乃是有气质的。而所谓城市的气质，归根结底是由它的文化成因所决定了的。正如一个人的气质，肯定与之所接受的先天的文化遗传和后天的文化教养关系密切。城市文化作用于城市的各个方面，也必然作用于城市建筑和城市规划；城市建筑和城市规划怎样，是城市人居家有感，凭窗可望，出门面临，终日身在其中的事情。谁都承认环境对人的心理影响和生理影响，于是必须承认，城市建筑和城市规划的优劣，在一定的方面，往往也从正面或负面，决定着生活在一座城市里的普遍之人们的趋同心性，以及愉悦指数。而后一点，是在城市里构建和谐社会的一个重要前提。

既然由城市建筑和城市规划谈到了文化，那么我愿在此坦言我的当代中国文化观。

中国是世界上文化发展史源远流长的国家之一。而此点，每使我们的某些同胞，对于中国近当代文化状况，持有特别自以为是的心态。

我们承认我们在经济实力方面仍属于发展中国家；我们承认我们在科技方面显然落后于发达国家；我们承认我们在全民文明素质方面亟待提高……我

们常言要缩短这样的差距，要缩短那样的差距；要补上这样的一课，要补上那样的一课；但是，一论及文化，我们又似乎很感到安慰了。仿佛我们唯独没有什么差距可言的便是文化；仿佛我们唯独没什么课应该补上的也是文化；仿佛我们在文化方面，决然有理由一如既往地优越着。

而我以为实际情况不是这样。

对西方文化史稍有常识的人都知道——从十八世纪末起，贯穿整个十九世纪，对二十世纪的方方面面产生重要影响的那一种文化，史称启蒙文化。启蒙文化所要弘扬的，乃是人文主义。人文主义既是一种文化思想，又进而影响了人类方方面面的社会学思想。因而它是一种进步的思想，文明的思想，有益于人类的思想。没有每一个公民特别觉悟和能动的公民权利意识和实际获得，“以人为本”只不过是一句空话。

正是在此点上，中国近当代文化分明缺乏了宝贵的一课，基础性质的一课。西方人文主义文化的鼎盛时期，我们还处在晚清没落腐朽的朝代，人文思想是被视为大逆不道的。西方人文主义文化的历史使命已经基本完成的时期，我们刚刚开始人文主义文化的初级的“五四”启蒙。此后，中国沦为一个灾难深重的国家，“五四”启蒙近乎夭折。“文化大革命”结束，新中国的文化史，已然与它的政治史重叠在一起整整二十七年了。中国当代文化，曾经本能地试图进行第二次人文主义的初级启蒙，然而同样是功亏一篑。当三十七年四十年左右的时间过去了的时候，中国始终没能较成功地补上人文主义文化的初级的一课。而斯时的西方文化，早已进入了后人文主义时期。而斯时距离人文主义文化的初级时期，将近二百年过去了。当中国文化准备抓住机遇实行第二次人文主义文化之启蒙时，先是文化的商业时代席卷而至，后是文化的娱乐时代轰然到来……

诸位，我并不是一个西方文化的盲目的崇拜者。在文化上，我并没有过什么崇洋媚外的可鄙行径，我只不过以我的眼看到了中国当代文化的巨大“黑洞”。我认为应该有人指出它的客观存在，应该有更多的人正视它，应该有更多的人齐心协力，来为我们中国的当代文化补上那宝贵的一课。

中国文化部（现在文化和旅游部），为中国做了许许多多难能可贵的文化发展工作。但怎样尽快补上人文主义文化的重要一课，不仅仅是文化部的使命，也当是一切中国文化知识分子的责任。我要进一步指出——那宝贵的一课。

如若不以虔诚之心来热忱地补上，则我们必然总是会在政治、经济、科技、商业、教育、文化、全民公德等方面，看出先天素养不良的种种缺失。同样，在城市建筑和城市规划两方面，每见急功近利的种种现象，也实不足怪了。一座城市的最优良的气质，乃是人文主义的气质。它衬托在城市建筑和城市规划的背面，也必然体现在城市建筑和城市规划之中。

二

言说中国之一切事情，一切问题，往往都无法摆脱一个大前提的困扰，即中国是一个十三四亿人口的国家，是全世界人口第一众多的国家。十九世纪初，全世界的总人口也不过才十六亿多一点点。这么一对比，我们所面临的人口压力，往往会使人不禁地倒吸一口凉气，中国改革开放所取得的巨大成就，往往又被巨大的“分母”除得微乎其微。

一九四九年以后直至七十年代末的三十年里，依我的眼看来，中国根本不曾有过什么城市建筑、城市规划的总体性业绩可言。而只不过仅仅有过一些个别的，具有时代标志意味的城市建筑物罢了。它们矗立在极少数的大城市里，如北京早年的“十大建筑”。以我的家乡哈尔滨市为例，二十世纪六十年代初建起了一座“北方大厦”，高八层或十二层，当年它是天津以北最高的建筑物。同时还在沿江路建了一座友谊宫，它是市里官员接待中央首长和会晤尊贵外宾的场所。以现今的星级标准来评定，当年它们大约勉强够得上是“三星级”。

一个国家的普遍的城市三十年间没有进行过城市建筑，这在欧洲某些国家司空见惯。因为他们的城市里的一幢幢或大或小的建筑物，几乎一律是坚固的砖石结构的；而且，他们的人口，往往可以在几十年内保持在一个不飙升的衡数上。

但中国不同，从南到北，居民社区基本上是土木结构的。有些是“大跃进”时代的“突击成果”。解放前遗留下来的触目皆是的危旧房，解放后，其大部分根本不曾得到任何改造和维修。每一座城市里，砖石结构的建筑物的十之七八，要么是解放前大官僚大军阀的豪宅，要么是殖民主义和列强侵略的佐证。细分析起来，我们某些同胞崇洋心理的形成，实在也是情有所谅。想想吧，我们土木结构的，经得起百年以上风雨的东西其实是不多的，而某些殖民主义和列强侵略的佐证性建筑物，却在我们的城市里坚如磐石。

然而，新中国的人口，却已由一九四九年的四亿五千万，激增到了三十年后的七亿五千万。城市中三代同室、四代同室甚至同床的现象比比皆是。某些老人们睡觉的地方，往往是厨房里锅台后，比公共浴池里的床榻还狭窄的几条木板拼搭的所谓床位。老人半夜掉在地上摔折了胳膊摔断了腿，被炉盖子烫伤了，煤气中毒身亡了……诸如此类的事，我小时候真是听了一起又一起。在许许多多的城市里，到处是贫民窟似的城市居民区，一片，一片，又一片！

每一座城市其实都是一个极为缩意的概念，它往往只意味着是市中心的一小片区域和周边几条主要的马路。我是中国第一代建筑工人的儿子，我少年时期经常做的一个梦是终于在哪儿偷到了一盆水泥。因为我多么想把自己家的窗台和锅台抹上薄薄一层光滑的水泥啊！可是一直到我三十岁了，已经离开我下乡七年的北大荒了，已经从复旦大学毕业了，已经分配到北京电影制片厂两年了——我首次从北京回哈尔滨市探家时，那个梦想都没有实现。那时已经是一九八一年了。后来，我写了一篇散文《关于水泥》，以祭我那少年梦。

我的父亲在六十年代曾是建筑业的“群英会”代表，他的一项发明那就是——用西北的某种黏土再掺上煤灰掺上骨胶粉以替代水泥。在我上小学时，一位老师曾将一块砖带进教室，放在课桌上，兴奋地指着告诉我们：“看，我们新中国也造出了耐火砖！”——而我和我的同学望着那一块砖，像望着一块金砖。

一九八五年，我又回到哈尔滨一次，那时我少年时的家，已沉入地下二尺多了。二十六年来的所谓的家，前接一点儿，后接一点儿，住着三个新婚的三口之家，再加上父母和一个生精神病的哥哥，总计十二口人。因为我回家了，我弟弟只能在单位借宿。我们全院一共九户，都是居住情况相差无几的城市人家。整条街都那样，前街后街也那样。全哈尔滨市有八九处少则数万人口，多则近十万人口的，居住状况令人潸然泪下的如此这般的居民区！占全市总人口的三分之一左右……

而情况不是这样的中国城市，当年又有几座呢？

诸位，我想指出的是——中国的城市建筑，正是在这样的大背景下悄然兴起的。从二十世纪八十年代初到九十年代初，无论是国家建筑行为，还是民营企业的建筑行为，除了被列为重点工程重点要求的建筑物，仅就民居而言，标准都是不高的，有的可以说是很低的。但即使那样，住进八十年代的楼房里的城市人家，却又都是多么的倍觉幸运啊！以北京为例，前门西大街邻马路的几排楼房，都是八十年代中期的建筑。我们耳熟能详的许多文艺界、文化界先辈，当年都曾在那里住过，所分到的也只不过两室一厅、三室一厅而已。现在看来，它们又是那么的寻常，寻常得没有任何建筑风格、建筑美学可言。

由最初的建材业的兴起，牵拉了最初的建材业的热势，又由而造成过最初的行业污染，以及今天看来显然形成城市规划后遗症的不争事实。

然而，作为我个人，却宁肯多一些宽厚的态度，不忍过于苛责。当年那情形用“雪中送炭”来形容毫不夸张。对于在寒冷中渴求温暖的人，只要是炭，不管用什么东西盛装着，那都是他们所感激的东西。

三

据我所知，民间房地产业之兴起，在长江以北，当是二十世纪九十年代前后的事情。它们中一半左右的前身是民间施工队伍；另一半，大抵是有这样那样权力背景的人士在操盘。国营单位实行股份制改造以后，也从国营建筑行业分化出一些人士，形成以民间股份资本进行运营的房地产公司。

最初，它们只不过动作在大城市的边缘，悄然进行，并不太引起社会关注。动作也都不是很大，对城市规划不构成直接的影响——无论可喜的还是可忧的。

到了九十年代中期，它们开始深入城市腹地；而对城市规划形成凶猛的影响，则是在七八年后的事。

客观地说，这一时期的城市建筑，较之八十年代，质量有了多方面的提高。城市本身的容貌，由于民间房地产业加盟建筑而迅速改观，受益匪浅。中国第一批有经济能力购置私人房产的人士，对民间房地产公司的涌现亦多持肯定和欢迎的态度。至两千年前后，民间房地产业便如雨后春笋，遂成为利润回报最为丰厚的民间行业。

我个人认为，倘论及建筑风格、建筑艺术、建筑美学，仅就商品住宅楼盘而言，既不可要求甚高，亦不可评估太低。要求甚高，其价格将更加使一般城市居民望而生畏；评估太低，将有矫情之嫌。中式风格也罢，欧式风格也罢，二者结合的风格也罢，归根结底，一分钱一分货，风格和艺术是要作价买卖的，当由市场供求关系来调节。依我的眼看来，某些极其高档的商品楼住宅，不是还不够怎样怎样，而是里里外外已经太过奢华了。在一个发展中国家，在一个人口极多的国家，在一个贫富差距很大并且越来越大的国家，豪宅的不断推出而且当然都是隆重推出，显然具有超现实主义的意味。其品质无论多么的人性化，那也只不过是极少数人才配享受的人性化，与绝大多数的、一般的人没什么关系。北京的天通苑和回龙观大社区，那里的楼房是没什么建筑风格、艺术和美学的特别之处可谈的，离市区远，交通不便，生活配套服务设施很不完善（现在已完全不一样了，生活方便多了），但是巴望入住那里的楼房的北京人家，却有成千上万，而且要经过有关部门的资格审批。不是对富有程度的认定，而是对贫困程度的认定。

在我们接到的邀请函上，列出了种种建筑设计和城市规划的不良现象、堪忧现象。我的眼当然也看到了那些；我当然也承认那些现象对于城市自身容貌和气质的破坏。

但是我认为，在设计和规划二者之间，以上现象的责任，当主要归于后者，即当主要归于负责城市规划的部门。没有权力的批准，任何房地产商决然不可能在城市的任何地方动土开工。只有权力的批准，没有权力的要求，获得批准的房地产商，在设计方面必然乐得自行其是。希望房地产商在考虑自己商品设计的同时，也将其商品设计与整体城市规划的和谐与否来进行考虑，我以为这样的一种寄托是过于天真的。房地产商在设计方面，通常只为思想中所定位了的买方市场来考虑。有时他们很为自己的设计得意。事实上，孤立地看待他们的某些设计，也许还确有值得一鸣得意的地方。但摆放在城市规划的全局来看，则可能是不和谐的，甚至可能是破坏和谐的。或者，暂时看来与城市整体规划没有冲突，但在以后却会阻碍城市总体规划朝更美好的方面去拓展。是的，正是这种责任，我认为主要当由有权的部门来承担。

比如一位对家园极有责任感的成员，当他拥有出售家园占地的权力的时候，他一定会对买方有要求，甚至限制买方只允许盖成什么样式的房舍，不允许盖成什么样式的房舍。他一定不会表示这样的意思——“现在，我家园中的这片土地面积归你了，你想怎么盖就怎么盖吧，我一概不管了！”而且，究竟出售哪一片家园的土地，他一定是三思而后行的。他一定特别珍惜每一平方米的家园土地。他一定会每每这么想——这一块土地还要留一留，爷爷每天要在那儿锻炼身体；那一块也要留一留，可供小儿女在那儿荡秋千；还有另外一块，更要留一留，家园须有一块绿地啊……

我们的城市太缺少如此有责任感的总体的、具有长期考虑的规划者了。即使有，他们的责任感，他们的长期考虑，也往往是一厢情愿。因为事情往往也是这样——批售土地的是一些人，负责城市规划的是另一些人。前者是有实权的人，后者是有虚权的人。

一座城市，它的总体的，将来的，长远的规划究竟构思在什么人心里呢？它二十年后会是怎样的？四十年后会是怎样的？半个世纪后会是怎样的？——我们的城市，其实缺少如此为它鞠躬尽瘁的人，更缺少这样的固定的实权机构。

最后，我想说——我们的每一座城市，有必要产生某种固定的，规划水平很高的，由官员、专家、学者以及民众代表组成的规划权力机构。它所拥有的应是至高权力，超越于任何个人权力之上。它将只对人民负责，为人民大众，珍惜城市里的每一块土地。它将替人民大众构思城市总体的，长远的蓝图。它将更有效地鼓励房地产商加盟城市建设的能动性，同时也更有效地限制他们的资本的无孔不入以及见缝插针的牟利行为……

而我们的城市公民，应提升起这样的一种正当意识——归根结底，城市乃是人民的城市。城市的土地面积是极为有限的，作为特种资源，是尤其值得珍视的。每一个城市公民都有权睁大双眼，监督每一处城市土地的出售情况，要求那一过程的透明度。并且，每一个城市公民，都有权对自己认为不当的城市土地的出售和使用提出质疑和批评……

中国有句古话是——成也萧何，败也萧何，此言用以形容中国房地产业和城市的关系，对双方都包含警醒的意义。

不具备人文思想的头脑，作为公民难以产生自觉的公权要求；作为公仆难以产生自觉的公权意识；作为城市，难以有理性的现在和更人性化的将来的对接。

城市化进程化什么

中国之发展，看目前，忧虑在城市，机遇在城市，挑战亦在城市。看未来，忧虑在农村，机遇在农村，挑战亦在农村——我想，这便是促进农村城市化进程这一国家发展思路形成的初衷吧?

中国不但是世界上人口最多的国家，也是世界上农业人口最多的国家，而且是世界上农业人口比例最大的国家之一。几乎可以说中国是由两个“国家”合并而成的一个人口超级大国——一个正在现代化轨道上高速发展的城市中国；一个还不能完全达到机械化生产水平，小农生产方式比比皆是的农村中国。

这使中国的发展变化呈现撕裂状态。

城市化进程正是要弥合撕裂状态。否则，相比于农村人口仅占百分之几的欧美发达国家，中国不可能真正成为世界强国。

世界的发展也是一个农业的世界向城市的世界发展的过程。这一点究竟对于人类福兮祸兮，至今莫衷一是。有一点却已被事实证明了——哪一个国家的人口最大限度地城市化了，哪一个国家的综合强国指标更高一些。只能这么认为“祸兮福所倚，福兮祸所伏”。

而要使几亿多农村人口变为城市人口，“五年计划”这种计划是不适应的，“五十年计划”还较为现实。即使化几亿多农村人口的一半，那也需要在中国又涌现出六百几十个五十万人口的城市。而五十万人口的城市，在欧美发达国家是中等城市——那将靠多少个“五十年计划”才能实现呢?

故依我看来，“促进农村城市化进程”，首先是促进中国之乡镇的县城化，以及促进中国之县城的规模化。中国之乡镇的数量可用多如牛毛来形容，中国之县城也是世界上最多的。事实上，乡镇和县城都在本能地扩大范围，迅增人口。它们是进入大城市打工的当代农村青壮人口改变命运，成为城市人口的更实际的选择。

“农村城市化”只不过是一种姑妄言之的说法。农村没有必要城市化，但却一定要使一部分又一部分的农村人口“化”为城市人口。这是一个要由几代人来“化”的过程，大多数当今一代农村人口，只能先“化”为镇县人口。“化”得成功，亦属幸运。

这种“化”，首先要体现在两种人的思想方面——政府官员与向往成为城市人的青壮农民。

第一种人们，不要认为自己的使命仅仅是建设好省城；要替本省长远思考、规划，意识到将来省与省之间比的，肯定不仅仅是省城如何，而是县城面貌怎样？小镇风格怎样？对于本省甚至外省的农民，具有多大的落户吸引力？

第二种人们，也就是当下候鸟般的青壮农民，他们也有必要明了——与其自甘作为大城市的弱等市民生存在它的褶皱里，莫如带着在大都市辛辛苦苦挣的钱，赶快相中一个发展前景良好的小镇或县城，趁早置下一处房产，为打工人生未雨绸缪，妥备退路。别看某些小镇现在小，三十年后也许就是一座美丽县城了；别看某些县城现在不起眼，三十年后也许就出落得令人刮目而视了。

当然，以上是往好了说的。这种发展造成什么样的局面状况，例如耕地的滥占，环境的污染，建设的任意性、粗劣性、急功近利性——凡此种种，也是要在思想上“化”在前边的。

关于民族遗风的断想

●

有一所小学校的校长，在倡导孩子们自觉培养读书习惯的时候，脱口说出一句话——如果截止到某月某日，大家的读书量都达到了十五万字，那么我将会高兴地从家里爬到学校去……

也许孩子们都巴望着看到他们的校长是怎么样从家里爬到学校来的吧。总之，到了那一个日子，每人的读书量都达到了十五万字，有的孩子还超过了……

于是，他们在学校里给校长打电话，问他是否还记得自己说过的话？当然，首先是通报了他们的读书情况……校长听了很高兴，欣然答道：“那么你们等着吧，我这就从家里爬到学校去！”于是，他开始了他平生第一次长距离的爬行。马路上自然是不允许一个能够行走的人按自己的路线爬行的，他只得绕路从一块草坪爬向另一块草坪，曲折地接近学校……过往车辆的司机们明白了他为什么爬行后，纷纷鸣笛向他致意，为他加油。许多孩子得知自己的校长说到做到，离开学校迎接他，陪伴他爬行。他磨破了几双手套，磨破了裤子，磨破了膝盖。三个多小时以后，当他终于爬到了学校，全校学生为之欢呼，争着与他亲吻、拥抱……这件事发生在美国。我知道这件事，是因为它登在《译林》杂志二○○七年第十期，非原发之文，摘自《天津日报》。很短，题目是《信守承诺》。

有些短文受我喜欢，乃因使我联想多多。此短文便使我联想多多，而且都与信守承诺的榜样无关。首先，我想到的是孩子们和大人们的关系。说到底，我们人类社会也是由几种人类关系构成的，主要是男人和女人的关系。

其次是“治”和“被治”的关系。最后是强者和弱者的关系。当然，还有穷与富的关系，精英者与平凡者的关系，等等，不一而足。

所有人类之关系，说到底无非是两种关系，即现实关系和心理关系。现实关系主要由政治和经济所决定，心理关系则大受文化的影响。有时文化对人类之心理关系的影响，反而要强大过由政治和经济所决定的现实关系。进言之，没有文化作用的介入，人类对和谐社会的祈愿，是可望而不可即的。法国的《人权宣言》和美国的《独立宣言》不仅是政治纲领，更是文化纲领。

而孩子们和大人们的关系，在我们中国人这儿，虽然当下已被研究很多，关系很多，但基本立场往往是大人们的立场，即强者和优势者的立场。一方面，大人们对孩子们的越来越以自我为中心，甚至越来越霸悍忧虑重重；另一方面，孩子们却一向觉得，相对于大人，他们普遍是弱者，是“被治”之人。从心理学上分析，全世界的孩子都或多或少有一种接近着受大人们“压迫”的“小人儿”心态。这一种心态所巴望的，往往不是“再多爱我几分”或“我们是平等的”，有时直接就变弱为强，让大人们也尝尝弱者“下场”的机会。连所谓“女权主义”的产生，那也根本不是因为全世界的男人爱女人爱得不够了，或人类社会到了近当代，男女平等的意识反而比古代还倒退了。它也直接就是女人们企图“也让男人们尝一尝弱者滋味”之心理的社会反映。

女人们尚且如此“耍小孩儿脾气”，何况孩子们本身？

美国的孩子们伺机“报复”大人们的心理最强烈。美国佬深谙他们的孩子们的此种心理。他们以大人们的“老谋深算”应对之，方式方法之一便是以大量的娱乐文化加以抵消，所以美国拍出了世界上最多的儿童电影。而在不少美国版的儿童电影中，儿童不但是当之无愧的主角，还是强者、优势者、大人们的同情者、爱者和义不容辞的拯救者。他们足智多谋、临危不惧、举重若轻、英勇果敢，往往比大人更有责任感、使命感、道义精神。那一类美国儿童电影的主题一言以蔽之，便是——“感谢孩子们！没有孩子们，大人们可怎么办？美国可怎么办？”甚至，“世界可怎么办？”

同时，一切类型的、形形色色的、通常不被普遍的孩子们所喜欢尤其被他们所嫌恶的大人们，又尤其是在大人们看来也很坏的大人们，几乎皆在影片中被调侃过、捉弄过、帮助教育过和被惩罚过了……

再回到《信守承诺》这一篇短文来谈——老实说，我不太相信那是一件真事，猜测其很可能是某一部影视剧中的情节。但不管其真实与否，都不妨碍我们借此来分析一下孩子们的心理。为什么当校长承诺“自己将会高兴地从家里爬到学校去”，孩子们读书的“热忱”就那么高涨、那么一致起来了呢？起码有一部分孩子，肯定是为了看到校长从家里爬到了学校才决心读书读够了十五万字的。于是，事情成了一场心理战争，许多是小学生的孩子和一位是小学校长的大人之间的。

在许多孩子一方，为了看到一位他们生活中的“一号权威人物”在光天化日之下的爬行，他们宁愿完成一项自己们并不情愿的“任务”。在校长亦即大人一方，你寄希望于某种结果，你就得为自己那一种希望付出一定的代价。

这是那些小学生们头脑里的公平法则。

在大人一方，初衷是良好的。在“小人儿”们一方，心诚很有些“吊诡”。而结果呢，同样是良好的，可谓“双赢”。并且，每一方都获得了双份的正面收获。于“小人儿”们，皆读了十五万字的书籍（我想那位校长的希望是以读好书为前提的），还被大人信守承诺的诚意感动了。于那一位校长，他倡导孩子们自觉培养读书习惯的愿望实现了（起码实现了一次），同时还提高了声望，赢得了意料之外的爱戴……

结果怎么会这么良好呢？

结果当然会这么良好！

因为绝大多数孩子们的心灵本色是良好的。

还因为世事往往有自己的法则，那法则有时其实并不多么复杂，倒是某些人的头脑太过复杂，于是将有些世事也搅得复杂了。比如还是以上一件事，倘发生在中国，将会变得怎样呢？首先身为小学校长之人那一句话，就难免会引起腹诽或公开的非议：“当校长的人是可以跟学生那么随便说话的吗？太没水平！”接着兴许就会有孩子告密：“×××同学和×××同学暗中串联了许多同学，他们准备在某月某日集体向校长发难，专等着看校长的笑话！”不幸得很，我们的不少孩子认为只要能在老师和校长心目中成为好孩子，揭发其他孩子的“劣迹”不但是正确的，而且是光荣的。再接着就会有大人们郑重其事地进行调查，很可能如同有关方面调查贪污受贿一样严肃认真。

再再接着，大人们就会习惯性地施展大人们的谋略，对孩子们实行分化瓦解，各个击破，一举揪出主谋。不获全胜，决不罢休。家长们也会被动员起来，与校方统一认识，配合行动。孩子们迫于压力，那也一定会互相揭发，彼此推诿“罪责”，都力争使大人们相信，自己只不过是盲从，绝不是主谋，并指证主谋是张三或李四。

然而，“主谋”必定是要揪出来的。一经“坐实”，遂成“反面教材”——公开检查，当众警告……

从此是“主谋”的孩子，成了老师们眼里的“坏孩子”。起码，是“问题孩子”。于是，他们仿佛有了“前科”。他们以后的一言一行，将受到好孩子和老师们的格外关注。他们等于上了“黑名单”。学校再发生什么不良事件，他们首先是被怀疑的对象……

而年终总结的时候，此事将被重点提及，记载入册，自我评价为“一场争夺孩子们心灵的硬仗”云云……

也许，还会被当成“经验”，四处介绍。

不消说，有的学生和老师将因而受到表扬。

如果事情并不是这么发展的，以上过程都没有发生——到了某月某日，某一位中国的小学校长，也像那一位美国的小学校长一样，信守承诺地在光天化日之下从家里往学校爬去，结果又会怎样呢？能够以理解、包容的心态笑对之的人又会有多少呢？趁机起哄对其羞辱、大行恶搞之能事的人又会有多少呢？有人会把他当成疯子吗？交警或治安警察会将他怎么样呢？当一切混乱过后，传媒会甘于寂寞吗？家长、教师、学生、学者，将会有多少人介入此一番大讨论、大辩论之中呢？教育官员们会站出来表态的吧？那将会是怎样的表态呢？当一切传媒也沉寂了下去，他将在本校学生和老师心目中变成了一位怎样的校长呢？依我想来，普遍的中国人将认为他是本年度最拙劣之“作秀”的人吧？那除了是“作秀”，还会是什么呢？于是，这一位小学校长差不多也就接近着是小丑了吧？那么，他以后还怎么能当好一位小学校长呢？

同样一件事，总体的民族心性不同，文化成因不同，文化的日常形态不同，日常熏染也不同，结果将多么的大相径庭啊！套用一句当下说法——在别人那儿起码是“好玩”的事，在我们这儿将被弄得一点幽默感都没有了，一点儿都“不好玩”了……

然而，有人讽刺我的推测纯系“强迫型思考症”，属于精神病的一种。

讽刺我的人是犬子。

他说——你以为中国的小学生们会像美国的小学生们那么弱智，那么意气用事吗？我问此话怎讲？

犬子又道：“我大中华民族的当代小学生才不那么容易集体地情绪化呢！别说爬到学校了，就是像朝圣者那么一路磕头磕到学校，只要不是硬性要求，也和考试没有关系，那么那一位校长的话对于小学生就等于根本没说，也就等于不给他留半点儿一厢情愿地爬到学校的可能性。所以说了也白说，其后什么事儿都不会发生。”我沉默有顷，意觉欣慰。

“奥运”精神意味什么

我从不是一个能久坐在电视机前观看什么体育赛事的人。无论多么重大的赛事都难吸引我，我更不会花高价买一张体育赛事的门票。即使许多男人们都迷得不得了的足球赛，我也从不感兴趣。我想我这一辈子，是绝不会被刺激起观看的冲动坐在体育场里了。

但电视转播的“奥运”实况，我还是看的；并且看时总不禁地想——如果这世界上没有了“奥运”，人类精神中最宝贵的那一种质量，还该朝哪些方面去弘扬呢？其实我不仅仅是将“奥运”实况当成一场体育盛会来看的，而是当成一场体现人类顽强拼搏之精神的生动大剧来看的。唯有“奥运”，其现代性和古典性，史诗性和现实冲击性才结合得那么壮观，体现得那么无与伦比。

“奥运”乃是人类在商业时代为自己紧紧拥抱住的永具经典性的传统的“保留节目”。

我凝视我所活着的这个当今世界，常常想到，所谓商业时代，本质上也许是相当寂寞的时代。

和平制止战争——于是最广大的人类赢得了和平，持久地小心翼翼地以极高的艺术性维护着和平；于是保家卫国的崇高与悲壮也同时渐渐从我们人类的精神中逸去。今人若不触动某一页历史，便只能从字典上去寻找崇高和悲壮的注脚。无论怎样深入地理解都再难领悟那沉甸甸包含着生命和鲜血的分量……

商业时代迅速地大面积地从世界上消弭着许多属于从前的事物，包括从人类的精神中消弭一些最可宝贵的质量。

但商业时代又是我们人类目前最理智的选择。一个和平的、安定的、经济繁荣的成熟的商业时代，比一个战乱不断的、极端政治结构的、国与国间到处进行着政治冷战的时代何止好一百倍！一个人出生不久后便明白了，他来到这世界上的第一件大事是掌握和积累谋职的学识与技能，第二件大事便是靠此挣钱争取过上一种稳定的体面的生活，又比一个人出生后便看到战争的疮疤便被打上政治的烙印，便被指定为士兵发给一支枪到战场上去出生入死，何止幸运一百倍。尽管前一种命运每使人感觉到生命所拒绝的那一种“轻”，后一种命运充满了崇高和悲壮。

但是，人类毕竟是人类。一片自然动物保护区所达到的生态平衡，足以使动物们代代繁衍于安乐之中。而人类仅仅如此还不够。人类总希望时时擎举起一面精神的大旗，上面写着人类千百代后也难忘怀的激情。

当运动员站在自己国家的国旗下，仰望着它冉冉升起，同时屏息敛气倾听自己国家的国歌时，有人说那是为国争光者最自豪的时刻，是某一个国家最荣耀的时刻。而我却感到，恰恰是在那一时刻，国的概念消弭了，与全人类的世界精神沟通了，汇合了。每一名运动员，每一面升起的国旗，每一首奏响的国歌，都不再是一人一国的自豪和荣耀，而是全人类的。那是全人类的精神自豪感接受检阅之际。其魅力和意义都在于此。尽管这意义这魅力只不过是我们人类的某一个兄弟某一个姐妹通过体能所发挥和显示的……

我一向所感动的正是“奥运”精神原本的单纯的魅力和意义。

这世界上许多事情原本的单纯的意义已被附加了太多太重的别种性质的意义。许多事情的开始和结束已变得相似。许多事情彼此之间的意义的区别已变得越来越模糊。

我们人类差不多只剩下了最有可能不被同化的“奥运”精神。当这一“可能”也变为不可能时，人类还能寻找到另一种弘扬共同精神的方式么？所以，我看世界各国运动员站立在颁奖台上的时刻，内心里的激动是相同的。所以，我看世界各国的国旗缓缓升起，听世界各国的国歌庄严奏响的时刻，内心里的激动也是相同的。

尽管，“奥运”精神仍是最纯粹的体育精神，但我相信，我的儿子像我这种年纪了再看“奥运”实况转播时，他一定会承认，那乃是人类为自己的精神有所寄托而代代保留的最具古典意味的“大剧”。它只是为了通过人类体能的竞技证明人类精神的豪迈，除此再不意味着别的，除此再不意味着任何其他。因为，并没有其他的什么，比“奥运”精神原本的意义更具有世界性的意义……

“划时代”
——韧性和力度

我觉得——“划时代”三个字是令人肃然的。它体现出锋利的韧性和直接的力度。它意味着对某种绵软无边或坚硬如磐石的现实，进行一举到底的切入，并对其进行终结式的分离。我们今天在此纪念的，便是一篇毫无疑问当得起“划时代”的重要的文章——《实践是检验真理的唯一标准》(以下简称《标准》)。数十年已经过去了，它成为“划时代”的重要的历史文献。

一个极端政治性的国家，一般不太可能“自然而然”地过渡向正常的经济时代。因为当国家一旦视政治为灵魂，政治必不甘于其灵魂地位的被取代，必顽强地干预国家向其他原则的过渡。当然，这里指的是专制的政治，“以阶级斗争为纲”的政治。不幸的是，一九七八年前的中国，正是这样一个典型的国家。过渡既然难以顺利，“转型”就将付出沉重的代价。某些与中国类似的国家的“转型”，说明了这一点。

所幸中国的“转型”较为平稳。我们几乎果断地转了一个直角弯，但是中国没有因而折断。《标准》这一篇历史文献，当年功不可没。它切入的韧性和力度，引导中国于迷惘中做出了坚定的抉择。实际上我们也付出了沉重的代价，只不过代价付出于《标准》之前，代价之沉重和巨大，觉悟了人民。因而人民对于《标准》是拥护的。《标准》在当年是顺应民心党心的产物。它代表人民做出的抉择是负责任的。

《标准》本身也受实践的检验。尽管中国的商业时代还不够成熟，但是正在渐趋成熟，尽管我们的改革开放还时有剧烈的震荡现象发生，阵痛还在这些或那些方面延伸、持续，但是绝大多数中国人都不至于因而动摇和怀疑四十年前的抉择。只不过要求和希望做得更好、更稳，最大限度地平息震荡，减轻阵痛。我们的人民是相当可敬的，承受力越来越强了。理性程度越来越高了。《标准》经受住了近半个世纪的实践的检验，人民的可敬乃以此为前提。

今天毕竟是四十年以后了，如果我们的思想再解放一点儿。如果我们对“真理”二字的理解再宽一点儿，比如是否可以理解为一切正确的认识、观点、方针、政策、国家原则、发展大略，等等？对“唯一”也不可作机械的理解，因今天的世界，乃是一个信息迅猛发达的世界。国与国仿佛离得非常之近，空间感紧密了；现在与从前与将来可自由调度地进行参照了，可同日而语了，时间感压缩了。这提供了正确的抉择，共性的经验，典型的教训，在实践之前就不妨进行初级理念检验的极大可能性以及必要性。我的意思是对一切正确的事物，今天看来，是完全可以逐渐进行检验的。实践前期的理论检验，包含有他人别国之丰富的经验和教训，也是间接实践性的产物。理念的检验与实践的检验相结合，理念的检验在前，是初级的；实践的检验在后，是最终的。最终以实践的检验，校正初级的理念的检验，这更符合认识和实践的规律。

税是社会公平的砝码

我在《光明日报》曾发过一篇体裁上颇难归类的文章——《地税征收员的告白》，蒙倪红日女士不但读了，而且在一次会议上提及了。并且，我又应《光明日报》编者之请求，于百忙之中撰文予以评论。《光明日报》将报转来，令我倍感荣幸。于是再写此文，续谈我关于“税”这个话题的一些浅见，权作向红日女士所呈的一种汇报，以谢一位财税研究专家对我这个作家的勉励。

我言税是社会公平的砝码，而不直接说它是天平本身，乃因在我看来，天平本身当是一个国家的财税体制。若体制并不完善，再加上砝码摆放失衡，天平必然严重倾斜，贫富悬殊遂成不争之事实。

我这里所言“公平”，自然是相对的。全部人类的物质文明史，说到底是这么一部史——生产更多的面粉和奶油，做成更大的蛋糕，将蛋糕越来越相对公平地进行分配。

我进一步认为，“公平”在人类的词典中是这样的一个词——若抽掉其“人文”的，亦即自觉自愿地关怀弱势群体的内涵，那么也就失去了人类社会学的主要含义。这时的“公平”一词，只不过成了“弱肉强食”的丛林法则而已。人类社会若依据丛林法则行事，“泛达尔文主义”必成独步天下的主义。而“泛达尔文主义”是反人类的。

人类进入文明时期以后，在任何一个国家，税收的种类和额度都是要由法律来决定的。有时增加某些种类，有时减少某些种类；有时提高某些额度，有时降低某些额度——这往往由国家的经济状况所决定。

税的现象，在人类的“氏族公社”时期就已经存在着了。强壮而勇敢的猎手单独猎杀了一头动物，“公社”在对这一“财富”进行分配时，首先割下一部分肉，放置一旁。为什么？因为氏族里还有需要全体强壮者予以关怀的老人、妇女、儿童、病残者，氏族集体有义务关怀他们。猎手有功，理应分到较大较好的一部分肉，氏族其他成员不应对此提出异议。但是，若那有功的猎手自恃有功，企图独占好肉，只将蹄蹄角角、筋筋骨骨抛给别人，那么他将受到严厉地谴责。如果他拒不服从氏族之“公平”原则，偏执地坚持胜者通吃的“公平”，那么等于自己不愿承担氏族义务，不愿作为氏族一员而存在。这样的猎手，即使是狩猎英雄，也将被氏族驱逐，甚至会受到惩罚。

现在我们人类的财富早已极大地丰富了，钱钞、股份代替了兽肉兽皮，如何体现分配公平的问题，于是变得更复杂了，也需要以更“人文”的思维来对待了。世界上没有在此点上解决得无比良好的国家，只有解决得尚好的国家。解决得好与不好，人们都知道的，有一个评判标准叫“基尼系数”。又一个不争的事实是，中国的贫富对比系数差距太大了。不愿承认此标准是人当然可以嗤之以鼻，但社会现实却是无法否认的。

我由而联想到了两件事：

一是在一次全国政协会上，有人士言之凿凿地指出——某国有企业，多年以来，很少向国家主动纳税。至那时，账面上已累积“趴”着数百亿元了，却似乎一向无人问津，其实是畏其强势背景，一向无人敢问津。那么，几百亿元岂不是形同“小金库”了吗？这不是危言耸听，后来由小组会上的发言而通过为全体大会发言，并引起强烈反应。会后又怎样，我就不得而知了。

二是我访问日本时，晚间曾从电视新闻中看到这样一幕——警车呼啸至某处，荷枪实弹的法警包围了一座豪宅。警犬吠叫，细致地搜查，严肃地讯问——皆因宅主被怀疑巨额逃税。

在“氏族公社”时期，倘一名成员有所猎获而不公开，藏匿独享，重则被处死刑。今天，在很多国家，坐实了的逃税是大罪，是和强奸一样可耻的罪。

国企对国家经济命脉的贡献甚大。

我很欣赏孟德斯鸠就税及税法所写过的一段话：“国家的收入是每个公民

所付出的财产的一部分，以确保他们所余财产的安全和快乐地享受那些财产，同时因对社会、他人尽到了帮助而可以心安理得……”

国家必须在“财富”方面有所储备，以应对灾难，以图进一步发展。这的确是关系到国家每一个成员切身利益的问题，也是关系到子孙后代切身利益的问题。然而，国家财富之积累是有前提的，那就是——必须充分考虑到全体公民人人富有积累并增长财富的积愿诉求。考虑到这一种积愿诉求，即国家理念的人性化体现。否则，便会导致国富民穷，而那时的国家不仅不是稳定的，而且是危险的。

“放水养鱼”不仅是对扶持中小企业而言，也是对全体公民而言。全体公民都是“鱼”。民富之国才是真正的富强之国，国富才有了首要意义。

故税及税法乃法中大法，乃调解社会财富相对公平分配的最直接措施，也是维护社会稳定的最直接措施。

就此点而言，税及税法是由钞票来体现的政法；与刑法和宪法，共同构成其他一概政治的三脚架。

《圣经》中似乎有这么一句话——上帝说：“给出自己多余的面包，使正在挨饿的人不再挨饿吧！”

这听起来像施舍。

为了使受助济的群体不觉得仿佛是在接受慈善，国家以税法的名义来做同样的事，以区别于一般慈善。对于国家，这样做正是公平。

税收是符合“上帝”意志的。

这个“上帝”不是万能之神，而是人类对同胞的仁爱之心……

关于“事实”的杂感

古今中外，“事实”二字与人类的关系颇为紧密。以小言之，肯定地，每一个人都会经常面临“事实”二字；以大言之，每一个民族，每一个国家，也都会经常面临“事实”二字。一个人也罢，一个国家也罢，一旦面临“事实”二字，则就意味着面临严肃甚至严峻的问题了。而对待“事实”的态度，证明着一个人的品格如何，也证明着一个国家的形象怎样。

故汉语言中有一名词曰“实事求是”，毛主席当年曾亲笔书写过这四个字，至今这四个大字，仍是人们在各级党政机关会经常见到的，并且必然会镶在庄重的框子里。

“实事”与“事实”是一个意思，都是指一事发生，便有真相。而所谓“真相”，乃指实际之情况。西方曾有一派什么哲学，认为“事实”只不过是一种主观印象，主观结论；既掺杂了主观，便不复是纯粹的客观。客观既难以纯粹，那么人所言之“事实”，其实多少已不是事实。故这一派哲学认为，所谓“事实”是并不存在的。

此一派哲学的观点，有一定的逻辑学道理。但逻辑学本身是有区分的，比如辩证逻辑学、实用逻辑学、常规逻辑学……还有，庸俗逻辑学。庸俗逻辑学自然是贬义的逻辑学。搞逻辑学的人，倘被视为庸俗逻辑学者，肯定没有不愤慨的。庸俗逻辑学是指这样一种思维方式——如果某人有敌人，那么敌人的敌人一定可以成为某人的朋友，而敌人的朋友自然也必是某人的敌人。反之，某人的另一敌人必定迟早会成为敌人的朋友；而某人的朋友若与敌人有往来，不论是怎样的往来，则必定等于是对某人的背叛，因而是比敌人更危险的敌人。

这样的逻辑，显然愚蠢可笑到极点。因为它完全忽略了别种人与人、民族与民族、国家与国家的关系之可能性。比如化敌为友的可能性；比如争取敌人的朋友之理解，进而也与敌人的朋友达成良好关系，进而发展为朋友的可能性；比如尽量不使敌人与敌人结成联盟的可能性；比如通过与敌人有往来的朋友，逐渐消弭与敌人之间的敌对心理的可能性……

美曰美，不一毫虚美；过曰过，不一毫讳过。

这是海瑞的话。

我们今人大抵知道的，海瑞是明代清官。“清正廉明”四字中，那个“正”字，意指正直、正派也。一位正直的官员，他就应该具有实事求是之品格。一个正直的人，也应该那样。否则，即使其他方面无可质疑，终究还是谈不上有多么正派的。正直之“直”，针对的是曲意逢迎的“曲”。人的品格若“曲”，他对“事实”之态度之立场就暧昧背反了。而这样的人多了，“事实”必然便被遮蔽了，并且每被涂上种种极为任意的色彩。

“不一毫虚美”，“不一毫讳过”之“一毫”，形容而已，是根本无法用尺加以度量的。海瑞的话，其实更是一种对人对事的思想，亦即实事求是的思想。秉持这种思想的人多了，多数人之主观看法，毕竟可以最大限度地接近客观事实。

一种规律特别值得认真思考，即——事虽已成史，人虽已死去，但活着的人们，一代又一代的，一些又一些的，却总在研究资料，总在对早已成为所谓“定论”的“事实”提出质疑。这样的一些人，有时是当事者的后人，他们提出质疑，再容易理解不过了。却也有一些人，与当事者其实没有任何瓜葛。故他们的质疑也每受到质疑。以我看来，他们之中大多数人的动机，其实非是政治的，而是文化的。

文化具有某些能动力，如凝聚力、解构力、教化力、美育力……还有，便是修正力。文化总是力图修正那些不符合事实以及与事实有出入的事情。这是文化的本能，也可以说是文化的自觉，文化的责任。文化叩问事实的本能，如同植物有向阳的本能。说这也是一自觉和责任，乃因人比植物高级。植物没有同情心，而人有。某些人不但同情那些被不符合事实或不完全符合事实的事所压迫并且活着的人，也同情那样一些死去了的人。因为后者不再能活转来替自己辩说，文化对他们的同情便也更执着。此种同情，体现着文化的良知和文化的温暖，也体现着人的良知和人性的温暖。这是文化的宝贵品质，绝不是文化的恶习，更不是文化人的恶习，是应爱护而不是应禁止的。并且，终究也是禁止不了的，禁得了一时，禁不了永远。

一种事实乃是——普遍之人心与事实的关系，如同人心与美丑的关系。一个国家的现实之事与成史之事，越接近着事实，则人们对国家的信任度越高，亲和力越强。国人会以审美般的愉悦心情来看待自己的国家，于是油然而为自己的国家感到荣耀和自豪。并且，这种愉悦是超乎阶层与贫富的，是超乎物质的。一个国家的国人超乎物质的愉悦指数，乃是他们的幸福指数不可或缺的组成部分。

苏轼者，文人也。

曾曰："事有是非，义难隐讳。"

曾曰："事当论其是非，不当问其难易。"

有些事，相对于中国之国情，实难也。但若关事实，便总得有人来做。真做了，结果其实未必多么可怕。倒是，必显示我们国家之大自信、大胸怀、大形象也……

冰冷的理念

事实上，我是一个非常崇尚理念思维的人。依我想来，理念乃相对于激情的一种定力。当激情如烈马狂奔，如江河决堤，而理念起到及时又奏效的掣阻作用的时候，它显得那么的难能可贵，甚至显得那么的峻美。

我崇尚理念，恰因我属性情中人。性情中人，一般是较难本能地内敛自己对人对事的态度、立场、观点、好恶而又不动声色的。理念的定力是我身上所缺少的。这缺少每使我的言行不禁地冲动起来。一旦冲动，几乎无所顾虑，无所讳畏。四十岁以前的我，尤其如此。

我的档案说明了这一点——当年我是知青，从连队调到团部，档案中有一条是“思想不够成熟”。而“思想”在当年，不消说是指“政治思想”。是“机关”知青了，“思想”还是一直没能成熟起来。结果，我从团部被“发配”到木材加工厂，档案里又多了同样的一条。上大学前，连队对我做的鉴定仍有这一条。大学毕业的鉴定中有，但措辞是善意的“希望思想早日成熟”。从北影调至童影的鉴定中一如既往地有，措辞已经颇具勉励性——“希望思想更成熟些”。

故四十岁前的我，对“成熟”二字，几乎可以说是抱着一种对天敌般的厌憎。好比素食主义者从生理上反感荤腻大餐。

其实，我是想向读者坦白——我这个崇尚理念思维、赞赏理念定力的人，后来竟对理念之光的瑰丽，更确切地说，是对理念所产生的逻辑方式，心生出了不可救药的动摇和怀疑。动摇和怀疑是由一件具体之事引起的。一名大学里的在校硕士生，为救一位落水的老人，自己反倒淹死了。当然，老人是获救了，或者我的记忆有误，老人竟也没有获救。总之，在我看来，这是一件高尚的、感人的事。那名大学生的行为，似乎怎么也不至于遭到舆论否定的吧？当年却不然。较热烈的讨论首先在几所大学里展开了，后来竟由讨论而辩论。

一种我不太能料想到的观点是——一名硕士生，为救一位老人而冒生命危险，难道是值得的么？那老人即使获救，究竟还能再活几年呢？他对社会还能有些什么贡献呢？他不已经是一个行将寿归正寝的自然消费人了么？这样的一位老人的生命，与植物人的生命又有什么区别呢？其生命价值，又究竟在哪一点上高过一草一石呢？而一名硕士生，他的生命价值又是多么的宝贵！何况当年中国的硕士生并不像今天这么多！他也许由硕士而博士，而博士后，而教授，而专家学者，那么他对中国甚至对世界的贡献，不是简直没法预估么？更何况他的生命还会演绎出多姿多彩的爱情哦！而那位老人的生命再延长一百年也显然是黯然无光的啊！

这分明是一种相当理念的观点。这一种相当理念的观点，当年在大学里代表了似乎绝对多数的学子们的观点。你简直不能说这一种观点不对。但正是从那时起，我感觉到了理念所产生的逻辑方式的冰冷……和傲慢。于是，当年又有另一种观点介入讨论。这另一种观点是——如果那名硕士生所救非是一位老人，而是一个儿童，也许就比较值得了吧？显然，这是一种很缺乏自信的，希望回避正面辩论，达到折中目的之观点。但这一种折中的观点，当年同样遭到了义正词严的驳斥：如果那儿童弱智呢？那儿童将来一定能考上大学么？如果考不上，他不过是一个芸芸众生中的平庸之人。以一名硕士生的生命换一个平庸之人的生命，不是对其更宝贵的生命的白白浪费吗？即使那儿童将来考上大学了，考上的肯定会是一所名牌大学吗？肯定会接着考取到硕士学位么？再假设，如果那儿童长大后堕落成罪犯呢？谁敢断言绝对没有这一种可能性？

当年这一讨论和辩论曾在报刊上报道过，似乎还在电视中进行过，最后不了了之。但给我留下的印象却是——“不值得”派引起的共鸣似乎更普遍……

当年我便隐隐地感到，那讨论和辩论，显然与当年的中国人，尤其青年人，尤其当年的大学生对人性的理念认识有关。翻一翻我们的祖先留下的五千余年的思想遗产，这一种讨论和辩论，即使在我们祖先中的哲人之间，似乎也是从来没涉及过的。甚至全世界的思想史中，也没有留下关于这一话题的讨论的残迹。

当然，我们谁都知道——老父与稚子同时沉浮于波涛，或老母与爱妻同处生死倏忽之际，做儿子、做父亲、做丈夫的男人究竟先救哪一个的古老人性考问。

还没有一个男人回答得最“正确”。

因为这种考问在本质上是根本没有所谓“正确”答案的。它呈现的是人性每每陷入的两难之境，以及因此而感到的迷惘。这迷惘中包含着沮丧。

但由于这一人性考问限定在与人最亲密的血缘关系和爱恋关系之间，故无论先救哪一个，似乎又都并不引发值得不值得的思索，仅只与人刹那之际的本能反应有关。在现实中，一般情况下，人总是先救离自己最近的亲人，不太会舍近救远。

而那名硕士生舍命所救的，却是与自己毫无血缘亲情、毫无爱恋关系的陌生人。依我想来，值得与不值得的讨论、辩论，盖基于此。倘他所救是他的老父，世人还会在他死后喋喋评说值得与不值得么？倘他所救是他的幼弟，世人还会在他死后假设那被救的孩子长大了是否成为罪犯么？那么，何以只因他所救的是陌生人，在他死后，值得与不值得的讨论，这样那样的假设就产生了呢？一针见血地说，这显现了人类理念意识中虚伪而又丑陋的一面。即——我不愿那么做的，便是不值得那么做的；别人做了，便是别人的愚不可及。死了，也是毫无意义的死。并且，只有将这一种观点推广为理直气壮的不容置疑的观点，我的不愿、不能，才进而成为不屑于。无论什么事，一旦被人不屑于地对待，那事似乎就是蠢事了，似乎就带有美名可图的色彩了。于是，倒似乎反映出了不屑于者的理念定力和清醒。

我敢说，在全世界，自从“人性”二字被从人类的生活中归纳出来至今，从顽童到智叟，除了在当代中国人之间，在其他任何国家都没有仿佛那么严肃认真地，煞有介事地讨论过，更没有辩论过。

讨论和辩论发生在中国，是非常耐中国人寻味的。而这正是我们中国人抱怨人世变冷了的原因。

那一场讨论和辩论，与今天关于“英雄流血亦流泪”的讨论是不一样的。后一种讨论并不贬低英雄的行为，批判性是针对于使英雄流泪者们的。而前一种讨论和辩论，用理念的棉团包缠了的批判性的锋芒，却是变相地针对于流血甚至舍生了的英雄们的。

其实，连我也不能对那名硕士生的死作出非常自信的评价。普遍的舆论倾向和人性观点，使对它心生怀疑的人有时也不禁三缄其口，保持暧昧的沉默。

直至一天，我才对印在记忆中的，靠头脑封存了十几年之久的话题豁然想明白了些。某日与友人、北影厂文学副厂长史东明相遇，他扯住我说：“晓声，有一部美国片如果上映了，你一定应该看看。”

我问片名，他摇头说还不知道，说他也没看到过，是听别人将内容讲给他听的。于是扯我至路边开始讲给我听……

内容如下：“二战”时期，一位美国母亲的三个儿子都上了前线。而在同一天里，她收到了两个儿子的阵亡通知书。斯时，第三个儿子正在诺曼底登陆战役行动中，生死显然难料。如果第三个儿子也阵亡了，谁还能硬起心肠向那位母亲送交第三份阵亡通知书？于是此事逐级上报，迅达总统办公室。于是，总统下令，组成一支特别能战斗的营救队。唯一的任务是，不惜任何代价，将那位母亲的第三个儿子活着带回美国。当然，此战斗行动，那位母亲并不知道。于是，营救队一路浴血奋战，个个舍生忘死地扑到了诺曼底前线，当寻找到了那名战士时，一支营救队已仅剩一人。当那名战士明白了一切后，他宁肯战死也决不离开战场的恒心，又是多么能够被人理解啊！

据说这就是美国影片《拯救大兵瑞恩》。据说剧本依据生活原型而创作。据说奥斯卡奖的评选已格外关注这部影片。据说它深深地感动了每一个观看过它的人……牺牲那么多士兵的生命只为救另一名士兵，这值得么？问题一被如此理念地提出，事情本身和一切艺术创作的冲动，似乎顿时变得荒唐。

多么冷冰冰的理念质疑啊！我们可拿这一种冷冰冰的理念原则究竟怎么办呢？它不但仍被奉行为多种艺术门类的创作前提，而且似乎渐渐成了国人面对一切现实事物的原则。

让我们还回到人性的话题上来。

人救人，关于这样的事，根本不存在值得与不值得的——讨论和辩论的任何一点儿积极的意义。无论少年救老年，或反过来；无论男人救女人，或反过来；无论知识者救文盲，或反过来；无论军人救百姓，或反过来；无论士兵救长官，或反过来；甚至，无论警察救罪犯（只要后者非属罪大恶极理当枪毙的），或反过来；无论受降的士兵救俘虏，或反过来……只要人救人，皆在应该获得人性正面评价的范围以内。若不幸自己丧生，更是令人肃然的。

人救人之人性体现，是根本排斥什么“值得与不值得”的讨论和辩论的。进行这种讨论和辩论的人，其思想意识肯定发生了“疾病”。这种“疾病”若不被指出是“疾病”，传染开来，肯定将导致全民族的冷血退化。一头象落入陷阱，许多象必围绕四周，不是看，而是个个竭尽全力，企图用鼻将同类拉出，直至牙断鼻伤而恋恋不忍散去。此兽性之本能。人性高于它，恰在于人将本能的行为靠文明的营养上升为意识的主动。倘某一理念是与此意识相反的，那么实际上也是与人性相悖的，不但冰冷，而且丑陋的理念。人性永远拒绝这一种理念的“合理”性。人性之光，正是在此前提之下，才是全人类心灵中最美最神圣的光耀。其美和神圣在于，你根本不必思考，只要永远肃然地、虔诚地“迷信”它的美和神圣就是了。

首先我要声明——我的文章，并非是为又一部美国大片所做的广告，具体关于《拯救大兵瑞恩》的评价是另一回事。人性及人道主题在该片中体现得究竟深浅，或极端或偏执，甚至，究竟有无必要从这一主题去谈论该片，则属艺术评论和接受美学的范畴。仁者见仁，智者见智，众说纷纭，殊不为怪。

其次我想强调——这一部影片，并不仅仅使我联想到十五六年前的那一场讨论，还使我联想到了很多，很多，很多。即使没有这一部影片的公映，我也还是打算写出些文字发表的。只不过这部影片的公映，使我打算以后写的文章提前了。

我联想到了如下的往事种种：

我的同代人以及我的上代人上上一代人，大约都不得不承认——自从一九四九年以后，在我们这个人口众多的国家，人性及人道主义教育是那么的薄弱，根本不曾形成为什么“环节”。一切文艺及文化载体中，稍涉对人性及人道主义的反映，便会被扣上种种政治性质的罪名，遭到口诛笔伐。而作者也往往从此厄运降临。纵观新中国成立后十七年间文艺和文学的全貌，几乎没能向中国读者和我们的青少年，提供什么人性及人道主义的优良营养。与此相反，阶级斗争的哲学，上升为唯一正确的社会原则。这一理念，一旦在青少年的头脑中被当成“真理”，当成至高的原则接受，在“文化大革命”中冷酷地予以实践，便是符合规律的了……

我是哈尔滨人。哈尔滨这座城市，当年也有养鸡的人家养猪的人家。故我小时候，常听到孩子们间这样的呼应声：

“杀鸡啦，快去看呀！”

“杀猪啦，快去看呀！”

围观如看戏，饶有兴味。

终于有一天我听到的是：

“杀人啦，快去看呀！”

“文化大革命”前，少年们虐杀小猫小狗之事，我至少见过三四次。无“戏”可看，他们便自“导”自娱。他们后来成为“红卫兵”，其“革命”行径也就可想而知。

党的十一届三中全会前，有关部门曾组织各界知识分子讨论《政府工作报告草案》。我有幸应邀参加。记得在会上，我提出建议——在进行社会主义政治思想教育的后边，是否可考虑加上亦进行人性及人道主义教育？

后来的《政府工作报告》中，确实加上了。只不过概念限定为“无产阶级的”和“革命的”。我极感动，亦大欣慰。

大约是一九九〇年或一九九一年，我受某大学之邀“讲座”——谈到发生在深圳的一件事——几十名打工妹，被活活烧死在一玩具厂。上了锁的铁门，阻断了她们逃生的唯一出口，讲述之际，不免动容。

而我当时收到的一张条子上写的是——“中国人口太多了，烧死几十个和计划生育的意义是一致的，你何必显出大发慈悲的样子？！”

这是冰冷的理念的又一实例。

我针对这个条子，不禁言语呕呕。

结束——学生会一男一女两名学生干部拦了一辆“面的”送我回家。

途中，那名女学生干部说：“改革开放总要付出点儿代价。农村妹嘛，她们要挣钱，就得变成打工妹。既变成了打工妹，那就得无怨无悔地承受一切命运。没必要太同情那些因企图摆脱贫穷而付出惨重代价的人们。她们不付出代价，难道还要由别人替她们付出么？”

文质彬彬的模样，温言款语的口吻——使人没法儿发脾气，甚至也不想与之讨论。但我当时的感受确实是——“如酷暑之际中寒”。

我说：“司机同志请停车，我不要他们再陪送我了。”

待我下车后，我听三十多岁的司机对他们吼：“你们也给我滚下去，小王八蛋！还有点儿人味吗？”

如此这般的实例，我“遭遇”得太多太多，只不过由于篇幅的考虑，不能一一道来。我想，是否便是人救人“值不值得”之讨论的思想前延与后续呢？

现在，让我们来谈谈救人的问题。

有朋友似乎担心，否定了他们不救的行为选择，等于在呼唤多一些人性的同时，剥夺了他们的人性的自由，异化了他们对人性更高层次的理解。于是，似乎呼唤多一些人性，动机倒变得可疑和有害了。那害处据说是——有强迫人们变成为“道德工具”之嫌。

我看这种担心大可不必，实在是太夸张了。我活到今天，竟还不曾经历过一次要么舍了自己的命去救别人的命，要么眼看别人顷刻丧生的考验关头。因而也就真的没有在那一关头考虑值得救与不值得救的体会。我所认识的一切人，也皆和我一样不曾经历过。以此概率推算——据我想来，恐怕十万分之九万九千九百九十九的人，终生都不太会经历舍身救人的事件。故担心的朋友可以完完全全地把心放在肚子里——包含他自己在内的九万九千九百九十九比一的人，几乎终生并无什么机会成为“道德的工具”。我们所要心怀的，恐怕只不过是这么一回事儿，对于为救别人而死了自己的人和事，得出令死者灵魂安慰、令世人不显得太缺少人味儿的结论——而这一点儿都不损害我们活着的人的利益，更不危害我们的同样宝贵的生命。放心，放心！

如果大学生救掏粪的老人是“不值得”的，那么反过来呢？——如果掏粪的老人眼见一名大学生掉进了粪池里，他是否有充分的理由抱臂而观幸灾乐祸呢？他是否可以一边瞧着那大学生挣扎一边说：“啊哈，你也落此下场了吧？世人虽然认为你救我大不值得，但却还没有颁布一条不合理的法律规定我必须救你。即使我的命是卑贱的，但也只一条，那么等死吧您哪……”

倘我们将人的生命分为宝贵的，不怎么宝贵的和卑贱的，倘社会和时代认为只有后者们对前者们的挽救和牺牲才似乎是应该的，合情合理的，值得的；否则，大不值得。倘这逻辑不遭到驳斥，渐变为一种理念被灌输到人们的头脑中，那么——一切中国人其实有最正当的理由拒绝挽救一切处于生命危难的中国人。每一个中国人的理由都将振振有词。男人拒绝挽救女人生命的理由将是——上帝不曾宣布女人的生命比男人的生命更宝贵，法律不曾明文规定男人有此义务；大人拒绝挽救儿童和少年生命的理由将是——谁知道小崽子们长大了会是些什么东西？！至于老人们——住口，你们这么老了，还配开口呼救，还痴心妄想别人来搭救么？！

这么一来，事情将变得多么简单啊！

每个人的理念中似乎只明确一点就足够了——我个人的生命是无比宝贵的！至于某些人以他们同样宝贵的生命挽救了另外一些人的生命，那就只能说明他们自我生命意识的愚昧和迂腐了！

这么一来，倘男人与女人在危难之际同时扑向救生出口，而男人将女人推开不顾其死活先自逃出，不是也很天经地义了么？

这么一来，大人在海难中夺过一个儿童的救生圈将其一脚蹬开，不是也很正常了么？

这么一来，我们人类行为中一切舍身救人的事迹，不但全没了人性和人道上的意义，而且似乎是比我们的理念还低级的行为了。

那么，周恩来在飞机发生空中故障凶吉难料之际，将自己的降落伞给予一个小女孩儿，并指导她如何在必要时使用——我们对此又该怎样评说呢？

那么，戴安娜王妃以她高贵的手去握艾滋病人的手，对他们和她们绝望的心灵给予人性的温馨慰藉——是不是成了世上很傻之人和很傻之事？

那么，世上不少文明之士，为了将文明传播到非洲的土著部落去，而历尽千辛万苦，甚至反遭愚昧地杀害，是不是就更惹我们的某些中国同胞嗤之以鼻了？

而另一个事实是——在中国，人围观人死于危难之事，几乎年年都有发生。少则十几人几十人的围观，多则上百人几百人的围观。上海《劳动报》曾报道，某市有父亲抱女儿投湖，围观者达四五百人，眼见那父亲从离湖岸几米处溺向十几米处三十米处——一名个体户救起了那女孩，央求岸上的围观者搭一把手，竟无一人协助之。警车来了，竟无法直接开近湖岸——我们斗胆恳求我们的人生理念很“高级”起来了的同胞，再稍微将他们的理念降低那么一点点，给前来营救一个也许“不值得”救的人的警员们让让道——这该不是很非分的恳求吧？

一个高大健壮的男人骑着自行车下班，驶过桥上，见河中有一少年在挣扎——那河并不太深，没不了那男人的顶——但他有不救的自由啊！于是，他视而不见地骑过去了。喊一阵，引来别人救行不行呢？但他认为没有这义务啊！他回到家里若无其事地吸烟，吃饭，再吸烟，饮茶，看电视——人们将那淹死的少年送到他家里了——那是他的宝贝儿子啊！

一家人的儿媳妇很晚了还没下班归来——儿子和他的父亲终于不放心了，结伴出去迎接，在距家不远的一幢楼的拐角处，在黑暗中，他们分明听到女人被捂住了口所发出的呼救声……

儿子说：“咱们过去一下吧！”

父亲说：“千万别管这类闲事！”

而第二天，是妻子和儿媳妇的女人被证实惨遭杀害了——就在那一楼角，就在那一片黑暗中，就在口被捂住仍呼救不止之际……

我们——我们如何去安慰那失去了儿子的父亲，那失去了妻子的丈夫，那失去了女儿的老母以及那失去了儿媳妇的公公呢?

我们自以为，某种并不光彩的理念只要经由我们一而再，再而三地强调性地诉说，就足以自欺欺人地被公认为最新理念，就足以帮我们摆脱掉人作为人的最后一点儿人性原则，但正如一位外国诗人说的，那不过是——“带给我们黑暗的光明”。

更多的时候，情况其实是这样的——你并不需要去死，你的一声呼喊，一个电话，拦一辆车，伸出一只手臂，抛出一条绳子，探过去一根竹竿，一个主意，一种动员，就可以救一个人甚至几个人的命，问自己的良知，你觉得值得么?

值得!

那么为什么——少女欲跳楼围观者众，无人劝阻却有人狂喊怪叫促她快跳?为什么妇女被强暴于街头，亦围观者众，竟无人去报警?为什么心脏病人猝倒人行道上数小时，几百双脚先后从其身旁走过竟无驻足者?为什么儿童落水，会水的伸手要几万元钱才肯跳水去救?为什么同乘一辆长途汽车的姑娘在车上遭歹徒轮奸在小镇停车时，又于众目睽睽之下被劫持走而无一人开其尊口——警察的身影就在不远处!

我们面对如此这般林林总总人性麻木的现实，一而再地喋喋不休地讨论人救人值得不值得，并且一而再地强调不值得的自由权利的重要——难道这就是我们的本来面目么?

法乎其上，仅得其中；法乎其中，仅得其下——这“法”，也包含理念原则的意思。

我们所强调的那种自由选择的权利，究竟是其上呢?其中呢?还是其下呢?

若不幸是其下——我们中国人以后在人性和人道方面又将变得怎样呢?古人没说“法乎其下”仅得什么，我们自己去想象吧!

某些人终于有了实话实说的机会和权利固然是一件相当重要的事；说的是什么也很重要；其所强调的理念对时代和社会的人性以及人道准则的影响是什么，尤其重要。

据我想来，人类社会，目前恐怕还不会将以往一向令人保持肃然之心的人性及人道准则抛弃掉。至于百年后怎样，我就说不大准了……

张华的事带给我们的思考其实更应是另外的一些内容——时代和社会怎样在更多的方面为一切人的生命安全施行更周到的保障？在什么情况之下，人应具有哪些救人的常识和有效的方法？我们应该怎样培养我们的儿童和少年的自我保护意识？我们应该教给女性哪些自卫的方式？对于我们中国的男人，我认为，则主要是教育——使之懂得，在面对儿童少年、妇女和老人陷于险境之时，多少体现出一点儿男人的勇敢，是应该的。

但实际上恐怕是——长期憋闷在心里一直在寻找时机一吐为快地说出——我的生命也很宝贵！我有不救的自由选择的权利！——是的，恰恰是我们中国的当代的某些男人们！持此种理念的男人，肯定多于持同样理念的儿童少年、妇女和老人。他们年轻、强壮、有文化，可能还风度翩翩。

他们头脑中的不少理念都是冰冷的。

他们绝不希望自己的心也变得温热一点儿。

他们所强烈要求的是——这社会这时代不但应该非常尊重他们自身理念的冰冷，而且简直应该将他们那一套冰冷的理念奉为新的超前“文明”了的准则。

而我的回答乃是——我将捍卫他们坦言自己理念、观点的自由，但我永远不苟同于他们。

《冰冷的理念》发表在《文汇报》，实不过是一次寻常之写作行为——一因关鸿同志曾约稿，拖怠久矣，寄予了却承诺；二因纵观中国之人性及人道现状，每叹思多多，竟遇触机，有感而发，一吐为快罢了。拙文坦语，一己陋见，字数所限，议意难全。初衷简单——试图唤起点儿同胞对同胞的人性温情而已。不料在中国的首都北京，又一次“引爆”关于什么人救人什么值得不值得的讨论，而且据说还讨论得很热烈，令我怔愕且又懵懂，三思而后，仍不能太明白其讨论的意义和价值。我仅知目前已讨论出了这么个结果——“救人当然光荣，不救也不可耻”。所谓“救”与“不救”，前提当然是在人命危险、生死瞬间之际。否则不是就不存在“救”与“不救”的问题了么？故那一种关于人性和人道的新观点，又可以更直截了当地说成是——见死而救“当然光荣”，见死不救“也不可耻”。

我想，我们一切人，见了人命危险、生死瞬间的情形，无外乎四类选择——或智勇救之；或视而不见，悠然自去；或亦不去，驻足安全线内，抱臂旁观，“白相白相”；或虽有一救的实力，但声明议价在前，救命在后。价钱满足，救之；不满足，人命危险者，也便只有“死你妈的去了”！

某些人士所言的“选择的自由”，也不知除了以上四类，是否还有别类？据我想来，怕是没有了吧？

那么，见死不救“也不可耻”；抱臂旁观，“白相白相”就一定可耻么？倘同样的并不可耻，又据我想来，接钱在手才肯一救的人，便自有他们的不可耻的理论逻辑了。起码的一条也许是——现在是商业时代，一切按经济规律办！

这样的推论实在不是妄论啊！近十几年间，此类事在中国各地发生得还少么？

最令我们国人目瞪口呆的，要算发生在南方沿海某市的那一件事了——台风骤起，数艘渔舟难以归港，求救泊于港口的机轮船。那机轮船如果前去营救，既完全来得及，自身也毫无危险。

但并不即刻起锚营救，而是命岸上渔民们的亲人先回家取一大笔钱去。仓促之间，哪里能凑足一大笔钱呢？于是任凭风浪起，“我自岿然不动”。那理由也是言语铿锵，掷地有声的——“领导”指示，不交足钱，不发动船！领导者，可是国家的官员啊！那船，可是国家的机轮船啊！结果是十几名渔民丧生大海，十几个家庭成了残破的家庭。这不是我胡编之事——中央电视台报道过此事。当记者问那“领导”——何以始终不改变那么冰冷的命令？答曰：怕去救了，被救的渔民过后不交钱（这也是完全可能的），白救。一笔营救费在三十几名渔民的性命（几条渔船皆翻，半数渔民劫后幸存）之上！如此冰冷的理念之下，能不有那么冰冷的命令么？十五六年前，我们中国人多么热烈地讨论人救人值得不值得啊！十五六年后，我们仍多么热烈地讨论同一问题——这真的是个需要动员了有思想的中国人进行空前大讨论的问题么？

两次讨论之间的现实，无须我赘言，每一个中国人都是十分清楚的。倘认为第二次讨论比第一次讨论“更深入了”，“层次更高了”，关于人性和人道的“思想内涵更丰富了”——则真的令我越来越糊涂，越来越自惭浅薄了。

不就是讨论出了见死不救“也不可耻”，每人都有“选择的自由”——之新理念么？

我并不提倡人人都不顾自己的能力，遇险皆一逞“英雄本色”。非但不提倡，而且坚决反对。因为这是莽勇，而莽勇往往适得其反。

北京发生过这样一件事——一名歹徒企图骗劫一名女中学生，她的两名男同学恰巧赶来。歹徒心怯，欲转身逃跑，被那两名男同学紧紧揪住不放。他们欲将歹徒押往派出所去。歹徒央求再三,二少年不放。扯扯拽拽，行至黑处，歹徒向其中一名少年猛刺一刀，结果是少年因失血过多，亡命于医院抢救室……

这是很悲痛的教训。

那少年的母亲我见过——她要为她的儿子出一本纪念册。请我写序。我写了，是作为悲痛的教训来写的。后来，在团中央的一次座谈会上，我提出过关于加强青少年自我保护意识，切勿炒作式宣扬“青少年英雄主义”的观点。这是那次座谈会上最一致的观念。包括团中央的一位副书记也完全赞同。

我甚至认为——老人、妇女、儿童和青少年一样，也都是需要我们的社会特别加以保护的。也根本不应在他们之间过分号召什么不适当的“英雄主义”。

谁来保护他们和她们？

法律和治安部门。

仅仅如此还不够！

还要有全社会的男人们自觉自愿地肩负起这一社会义务。

一个无可争辩的事实是——在两次关于人救人值得不值得的讨论之间，生命受各种各样危害最多的，乃是中国的许多老人、妇女、儿童和青少年！而见死不救的，又大抵是男人！而抱臂旁观的，也大抵是男人！而明明有能力救，却要等钱递到了手里才肯一救的，还是男人！

请有良知的人们回忆回忆，你听到的，从报刊上从电视里了解到的，甚至当时在场目睹到的此类事件，是不是这样？！

而另一个事实是——第二次热衷于讨论人救人值得不值得，并且要求社会承认“不救也不可耻”，有权进行“多种选择”的——据我所知，多数仍是中国的当代男人们！

我真的不知该对此怎样评说了。

似乎也只能这样感想了——明明白白某些中国男人的心。

在中国的某一城市（姑隐确切市名，否则人家的领导会不高兴）发生了这样一件事——两名歹徒追杀一名手提拷克箱的男子（大约猜测其箱内有很多现金），那男子逃入一个楼院，不料那楼院并无另一出入口，于是等于自闯入“笼”，无处可逃。两名歹徒追杀得他满院四处逃窜，挨了一刀又挨一刀，浑身鲜血淋淋。其呼救惨叫，耳不忍听。时值盛夏，许多人家都将家门紧插了，而一些男人们，则站在各家的窗口、阳台上，吸烟观看，如看警匪片。那男人企图从来路逃去，但那唯一的楼口，早已被街上里三层外三层的观看者堵住了（天地良心，观看者中，确实很少老人、妇女、儿童和青少年，真的多数是所谓大男人！）——他们观看得投入，竟没人说一句“我们该给他让出条逃路”！——我说“耳不忍听”，是我的想象。观看者中，只怕没什么“不忍听”的。否则，不就不观看了，捂双耳离去了么？

结果当然只有一个——那男子被乱刀砍杀死于血泊之中。

观看的男人们，却那么自觉地，一致地给两名杀人的男人闪开了去路——因为他们凶恶、危险，自觉地为他们闪开去路是明智的。也许还因为——被杀的，已死了；没第二个将要被杀的了；“戏”已结束，“演员”退场……

而我要举的另一个例子，是我的中学同学也是我的知青战友告诉我的。他叫杨志松，是北京《大众健康》的主编。

某日晚七点多钟，家家吃晚饭的时候——忽听楼道里有女人尖声呼救。情况不明，实在没胆量一个人冒险出去。怎么办啊，急得在屋里团团转。充耳不闻，他是做不到的。他对人性和人道的理解，还没达到有充耳不闻的“自由”和“权利”的高度。望着妻儿惊悚的表情，他忽然明白了自己起码应该做些什么——于是将自家防盗门摇晃得一阵猛响，并且站在防盗门内大吼："想杀人啊？没王法了？还不快滚！"

于是，楼上楼下都发出摇晃防盗门的响声……

于是，楼上楼下都发出了男人们的吼声……

借助这一种人性和人道的起码良知的威势，他手持木棒第一个跨出了家门……

尚是少年的儿子欲紧随其后，被他喝止在家里。

其实，在他摇晃防盗门后，在他发出第一声大吼之后，歹徒已丧胆而逃。

那女人仅被抢去了皮包，受了一刀轻伤。她报警时说："幸亏有人摇晃防盗门，有人喊，否则我完了！"有时，救人一命，只要想救，只要不理念地选择"也不可耻"的不救，既不但是完全可以救成的，也是完全可以不必搭上自己性命的。

如果坚持"也不可耻"的不救，并且从"自由"和"权利"的"高度"去强调"也不可耻"，如果这不但仅仅是某些人士，而且逐渐成了大多数中国人，主要指中国男人的理念——那么，我也只有从此对这一讨论永远地沉默了……

至于那女人是什么样的女人，值不值得想救她一命的人们摇晃几下防盗门，发几声大吼，值得很有讨论的必要么？

张华的死，依我浅薄的头脑想来，提供给我们讨论的话题意义恐怕更应该是，主要应该是——在具体的情况下，怎样救人是经验？怎样救人是莽勇？而怎样救人是教训？蹈了那样的教训为什么不可取？

怎样救？——值不值得救？在我看来，是两种根本不同的讨论。如果我们由张华而进行前一种讨论，我想，包括张华及其亲人，都是会多少感到些欣慰的。而我们中国人，主要指中国的大男人们，究竟是从一种什么心理出发，一而再地一味地热衷于后一种讨论呢？值不值得救——这根本不是关于人性和人道的什么新的理念。在"文化大革命"中，在几乎中国的每一座城市，都进行过完完全全一样性质的讨论。"我为什么要救那个我不认识的人呢？他也许是'黑五类'！""他也许是'黑五类'的狗崽子！"只不过当年还没发生过伸手要钱的事。我们当代人，在这一点上，真的像我们自以为的那样，比"文化大革命"时代的人长进了很多么？请更有思想的人士解答解答吧！

“理想”的误区

依我看来，“理想”这一词的词性，是不太好一言以蔽之地确定的。我总觉得它也可以被当成形容词。因为它所意象着的目标必是引诱人的。它还可以被当成动词，起码可以被当成动词的前导词。因为有了理想往往接着便有追求，追求跟着理想走。

人类有理想，国家有理想，民族有理想，每一个具体的个人，通常也都有理想。而具体的个人的理想，皆以他人的人生作参照。在我们这个地球上，有一些人，一出生就已经是贵族了，甚至是王储，或公主……有一些人，一出生就已经是亿万富豪了，因为他或她命中注定是庞大遗产的继承者……有一些人，生逢其时，吉星高照，以几十年的苦心经营，终换来了累累商业硕果……有一些人，靠着天才的头脑，抓住了机遇，成了发明家，名下的专利自然而然地转化为滚滚钱钞……有一些人，有赖于父辈的家族的权势背景而立，捷足易登，仅仅几步就走向了奢侈的生活水平……有一些人，受“上帝”的青睐，胎里带着优秀的艺术细胞，于是而名而富……有一些人，由时代所选择，青年得志，功名利禄集齐一身……商业时代的媒体，一向对这一些人大加宣传。仿佛他们的人生，既不但是大家的人生的样板，也是大家只要有志气，便都可以追求到的“理想”似的。

这一种宣传的弊端是，使我们这个时代的，尤其是中国的青少年群体之相当多的一部分，陷于对社会普遍规律、对人生普遍规律的基本认识的误区。

我这样说，并不意味着我对以上“一些”人之人生持什么否定的态度。我又不是傻瓜，和每一个不是傻瓜的人一样，毫无保留地认为以上“一些”

人的人生，乃是极其幸运的人生。谁若能成为以上“一些”人中的任何一类，无疑将活得特别潇洒。那样的人生确是一种福分。姑且不论那样的人生也包含着可敬的或可悲的付出。

我要指出的是，那样“一些”人，实在是我们这个地球上极少数的一类人，统统加起来，也只不过是几百万分之一。这还是指那样“一些”人中的“普通”类型。至于那样“一些”人中的佼佼者，则就是千万分之一了。比如整个亚洲半个世纪以来只出了一位李嘉诚和一位成龙。

那样“一些”人之人生，有的足以为我们提供成功人生的经验，有的却几乎没有任何可比因素。时代往往一次性地成全“一些”人的人生。时代完成它那一种使命，往往要具备不少先决的条件。时过境迁，条件改变了，那样“一些”人的人生，便非是靠志气和经验所能“复制”的了，只在精神激励的方面有“超现实”的积极意义了……

我主张有理想有志气的青少年，不必一味地仰视着那样“一些”人开始走自己的人生之路；而首先要扫视一下自己的周围，再确立自己的人生目标，再决定自己的人生究竟该怎么走。

扫视一下自己的周围便会发现，许许多多堪称优秀的男人或女人，在物质生活方面，其实都正过着仅比一般生活水平稍高一点儿的生活。他们毕业于名牌大学，他们留过学，他们有双学位甚至顶尖级的高学位，他们敬业而且在自己的专业领域有所成就，他们已经青春不再人届中年，他们有才华和才干，也有所谓的“知产”……

但他们确乎地非是富有的“一些”人。

他们的月薪相对高点，但绝非“大款”。

他们住得相对宽敞但绝不敢奢想别墅。

他们买得起私车但未必是“捷达”或“普桑”。

他们的人生能达到这样的程度，少说是在大学毕业后靠了五年的努力，多说靠了十年、十五年的努力……

如果算上他们从小学考初中，从初中考高中，从高中考大学，进而考硕考博所付出的孜孜不倦丝毫也不敢懈怠的学习方面的努力，那他们为已达到的现状，在激烈竞争的社会中付出了多么沉甸甸的代价可想而知……

对于最最广大的中国人而言，没有他们那一种付出和努力，欲使自己的人生达到他们那样的程度，也简直是异想天开！或曰：那也算是成功的人生吗？究竟可不可以算是成功的人生，我不敢妄下断言。但我知道，那一种人生在中国已是很不容易争取到的人生。即使在日本，在美国，在我们的同胞世代生存的香港和台湾，普遍的努力的人生，也只不过便是那样的……我主张正为自己的人生蓄力储智的青少年，首先应将这样的人生定为追求的目标。它近些，对它的追求也现实些。我并不是在主张“无为”的人生。我只不过主张人生目标的追求要分阶段，每一阶段都要脚踏实地去走。至于更高的人生的目标，更大的人生的志向，似应在接近了最近最现实的人生目标以后再拟计划……这便是我认为的社会的普遍规律和人生的普遍规律。倘连普遍都还难以超越，竟终日仰视“一些”人的极个别的人生，并且非那一种“理想”而不“追求”，则也许最终连拥有普遍的人生的资格都断送了……